崩壊を加速させよ

「社会」が沈んで「世界」が浮上する

宮台真司

映画批評 2011→2020

MOVIE REVIEW 2011 → 2020
by SHINJI MIYADAI

blueprint

カバー写真＝坂本淳 Winter River / 2018
装丁＝川名潤

まえがき

僕らが奇蹟を知るために

～「世界」を浮上させる映画たち～

社会が崩壊してゆく

この30年、先進各国でかつてない政治的混乱が続いている。1990年代に入ると欧州で極右化が起こった。日本でも1997年の「新しい歴史教科書をつくる会」発足に続いて、嫌韓厨からネトウヨへという動きが生じた。今世紀に入るとアメリカでは同時多発テロ後のアフガン攻撃に続いて大量破壊兵器の存在というデマを口実としたイラク攻撃が行われた。

それを決定したジョージ・W・ブッシュ大統領を誕生させた2000年大統領選挙では、「南部高卒白人」をターゲットとした感情的動員が共和党によって図られた。2003年に誕生した第2次小泉内閣では「非戦闘地域とはどこか」と問われて「自衛隊が行く場所が非戦闘地域だ」と答えた小泉首相の有名な台詞に代表される〝新しい言葉遣い〟が登場。以降常態化した。

2005年の郵政選挙では竹中平蔵が関わる広告会社スリードが提案した「B層狙い」が図

られた。Ｂ層とは「低ＩＱで、弱者なのに弱者意識のない層」＝騙しやすい層を指す。２００８年のオバマ政権誕生に際しては、六つの「感情の押しボタン」を押すという機能的視座からスピーチが設計されていた（道徳心理学者ジョナサン・ハイトの分析）。

こうしたマーケティング的手法は更に洗練された。２０１６年トランプ政権誕生は選挙コンサルティング会社ケンブリッジ・アナリティカの手法の成果だった。直前のイギリスのＥＵ離脱国民投票（ブレグジット）もそう。ネットユーザーをFacebookへのアクセスの仕方からＡＩが複数の型に分類、型毎にＡＩがリアルタイムで選んだ効果的メッセージを流す。

手法自体はクラスターマーケティングと呼ばれる１９８０年代から用いられてきた広告戦略と同じだ。大きな会社や大学に大型計算機が導入されて可能になった手法で、宮台も80年代前半にマーケターとして深く関わった。だが、政治的動員に使われる点（かつては経済的動員）と、ＡＩが上記手順をリアルタイムに展開する点（かつては質問紙調査⇒多変量解析で型分類⇒型毎の広告戦略立案という１カ月以上の手順）が、新しくかつ危険な点だ。

危険なのは、メッセージが正しいか否かでなく、感情のフックとして機能するか否かだけが問われるからだ。経済システムでは問題にならない手法が政治システムでは直ちに問題になる。以上のようにトランプ政権以降に人口に膾炙した「ポスト真実」的なものは既に30年の歴史を持つ。正しいか否かではなく享楽を与えるか否か。まさに「正義から享楽へ」。

これは前著のタイトルでもあるが、「正しくかつ楽しい＝正義でかつ享楽」が追求されないと社会が確実に終わる理由を述べた。享楽の追求だけでは社会は回らない。アメリカのＱアノン現象を見れば思い半ばにすぎる。だが正しさの追求だけでも動員合戦に負ける。ヒラリー大統領候補がトランプに破れたのが象徴的だ。実はこれら全てが映画に関係している事実を示した。

社会と実存との関係

「正義から享楽へ」と同じ内容を25年前から「社会から実存へ」という物言いで繰り返してきた。社会問題が実存問題に変じること。問題が解決するか否かが、気分が晴れるか否かに変じること。実はそこに大量の政治動員リソースがあるがゆえに危険であることを統計分析から明らかにして、ナチス誕生の背景だとしたのが、20世紀半ばの批判理論＝フロイト左派だった。

但し、社会問題と実存問題を明確に切り分けられるという意味ではない。むしろ切り分けられない。かつて切り分けられるように見えたのは、人々に共通前提があって、何が社会問題かについて分岐がなかったからだ。だから、共通前提が空洞化すれば、何が社会問題なのかという意識が個々人でバラバラになり、意識が個人の実存に帰属され始めるのだ。

だが、万人を浸す共通の社会問題が不在なのではない。個人の実存云々に関係なく、地球環境問題は社会問題としてある。ただ地球温暖化がフェイクニュースであるか否かで意見が分岐する場合、互いに相手方の意識が実存に由来する妄想に見える。そこには言語ゲームとしての優劣はない。経年データが「世界からの訪れ」を通じて帰趨を決めるだけだ。

むろん地球平面説論者のように自然科学のデータも組織的捏造だと主張できる。その多くはディープ・ステイトの存在を主張するトランピストと重なる。だがこうした議論が出て来る理由の説得的な説明（宮台なら［血に紐づけられた人／土に紐づけられた人］の対立における後者の劣位性）と、予測の的中・非的中が、「世界からの訪れ」を通じて帰趨を決める。

だがここで述べたいのはそれではない。地球が球体だとか、地球が太陽のまわりを回るとか、水はH_2Oとかは自分で体験していない。地動説から相対性理論まで観測されたデータと矛盾しない仮説に過ぎない。より単純な連立方程式で表現できる仮説が妥当とされるのも、神は単純さを好むとする約束事に過ぎない……。としても、だからどうだというのか。

過去30年間述べてきたが、そもそも社会は底が抜けている。僕が勤務する都立大はあるのか。建物はある。だが閉学を思えば建物が大学なのではない。登記簿を見る他ない。だが登記簿やそれを見せてくれる役人は本物か。これまた別の書類に当たるしかない。その書類の真正性も……と無限後退する。所詮は、皆があると言うからあると思っているだけなのだ。

これは、底を掘らないという実践（不作為）に支えられる。その実践が可能なのは皆も底を掘らないことで支えられる。底を掘らないという実践はある種の〈閉ざされ〉だ。〈閉ざされ〉として認識しないで済むのは、皆もそうは認識しないという共犯関係に拠る。だから共犯関係を支える共通前提が消えれば、社会を生きることが直ちに〈閉ざされ〉として意識される。

前著『正義から享楽へ』（２０１６年）では「僕らが社会（の一部）を現実だと思う」という営みの「ありそうもなさ」を主題的に論じた。本当は底が抜けているのに、底が抜けていないかのように振る舞えるのは、何が働いているからなのか。逆に言えば、何が働かなくなると、社会の底が抜けているという真実に直面せざるを得なくなるのか。それを論じた。

この前著では、社会の底が抜けている事実に気づくことが、社会への〈閉ざされ〉から世界への〈開かれ〉に通じる扉であることを描く、幾つかの映画を論評した。それを踏まえて本書では「世界への〈開かれ〉がどんな意味でいいのか」を中核モチーフにする。コロナ禍での社会の自明性の崩壊こそ、社会から世界へと開かれる、またとないチャンスだからだ。

社会が崩れゆく理由

僕らが生きる社会は「クソ社会」であり、そこを生きる人間の多くは「クズ」だ。近代社会がやがてクソ社会に行き着き、人間の多くがクズになることを、100年以上前に社会学者マックス・ウェーバーが予言した。クソやクズといった宮台用語のルーツはウェーバーだ。彼の図式は多くの映像表現者をインスパイアするはずなので、丁寧に説明してみる。

前著で説明したが、クズ＝「言葉の自動機械・法の奴隷・損得マシーン」。クソ社会＝「(言語外・法外・損得外などの)社会の外が消去された社会」。社会のクソ化と、人間のクズ化で、民主政も資本主義も回らなくなりつつある。人間がクズ化すると社会が回らなくなるという命題は、18世紀後半アダム・スミスとジャン＝ジャック・ルソーが示した。だが、なぜ人間がクズ化するのかを示したのが、これから述べるマックス・ウェーバーだった。

アダム・スミスは1776年『諸国民の富』で、人々が同感能力（他人の苦を自分の苦と感じる能力）を持つ場合にだけ市場が「見えざる手」を働かせると述べた。ジャン＝ジャック・ルソーは1762年『社会契約論』で、人々がピティエ（政治の決定で各人がどんな異なる影響を被るかを想像でき、気に掛ける能力）を持つ場合にだけ民主政が機能すると述べた。

産業革命による急な社会変化——自営業者から被雇用者へ——を前にした直観的危惧が背景にあった。19世紀末からの大衆社会論のように、危惧の現実化に警鐘をならす議論もあった。だが20世紀半ばには、第2次大戦後の先進国における製造業の内需を背景にした、広汎な中産階級化によるソーシャル・キャピタル（社会関係資本）の醸成で、危惧は忘れられた。

だが1980年代からのネオリベ化と並行して、何もかも市場化する資本主義化の下で、スミスが言う「市場の市場以前的な前提＝同感能力」や、ルソーが言う「民主政の民主政以前的な前提＝ピティエ」の感情的前提が崩れた。人はシステム（市場と行政）を頼れば済むので人を頼らなくなって共同体が空洞化し、共通前提に支えられた感情の働きを失ったからである。

これを資本主義化というより、それを含んだ近代化の趨勢だとしたのがウェーバーだった。近代化とは合理化で、合理化とは計算可能化だ。だから複雑化や投資が可能になる。然るに計算可能化とは手続主義化＝広義の官僚制化だ。手続主義化は役所を超えて拡がる。学校も病院も会社も手続主義化する。最終的には手続主義の外が消える。彼は「鉄の檻」と呼ぶ。

万事が手続主義化したのは、市場を行政官僚制に置き換えた旧東側社会も同じだった。手続主義化とはマニュアル通り役割を演じられれば誰でもいいという入替可能化だ。当初は手続主義化には外があった。だが外もまた手続主義化に組み込まれることで、人は24時間入替可能なロボットになってゆく。ウェーバーは「鉄の檻」による「没人格化」だとした。

ウェーバーは最後に残る「べき」没人格ならぬ存在として政治家を挙げた。人々を守るべくイザとなれば血祭りになる覚悟で法を破る覚悟を持つ政治家が必要だとした。市民社会だけでは統合があり得ないとして全体性を担保する国家を持ち出したヘーゲルに、似た図式だ。だが、ヘーゲルやマルクスと違うのは、市場をも含んだ手続主義を持ち出した点だ。

手続主義とは、文脈無関連化としての没人格化（入替可能化）だから、没人格化した市場取引も含む（商店ならぬコンビニ）。狭い意味の行政官僚制化の特徴は、合法枠内での予算と人事の最適化だが、広義（手続主義一般）では「言葉の自動機械・法の奴隷・損得マシーン」化だ。それが役所や会社で働く時の「なりすまし」を超えて人格全体に及ぶと、クズが出現するのである。

記憶喪失とネオリベ

以上を踏まえてウェーバーの諸概念を宮台用語で整理すると、市場に及ぶ手続主義化＝広い意味での行政官僚制化を「システム化」と呼び、それによって外が消える事態を「汎システム化＝クソ社会化」と呼び、更にそれによって人格の感情的劣化が生じる事態を「クズ化」と呼べる。それゆえ、クソ社会化とクズ化は、論理的に相即する事態である。

ウェーバーはヘーゲルの影響下で近代社会は国民化を要するとした。国民化とは、たとえ自分が市民社会化＝損得マシーン化しても、市民の経済ゲームの基盤を担保すべく、損得マシーン化していない政治家を選ぶ能力を育てること。英仏と違って国民化が未然のプロイセンには偶々優れた独裁的行政官ビスマルクがいるが、その間に国民化を遂げようと呼び掛けた。

だが、ヘーゲルからニーチェの影響下に移行した後年の彼は、近代化＝手続主義化が加速する「条件プログラム化（if－then化）によってヴィルトゥ（内からの力＝目的プログラム）が失われる」という初期ギリシャが嫌悪した動きが、止まる可能性はなく、やがてヴィルトゥある政治家を選ぶ能力も、かかる政治家が育つ土壌も、消えるしかないと考えるに到る。

抽象的には手続主義化とは文脈無関連化だから（ニクラス・ルーマン）、汎システム化＝外の消去で、どの国もいずれ似たり寄ったりになる。縄文時代から一貫して共同体従属規範はあるものの共同体存続規範を欠く日本は、事実的にトゥギャザであるべき条件を失えば、何の抵抗もなく汎システム化する。それが土地に縁なき者の多数派化としての80年代の新住民化だ。

ウェーバーの予言を踏まえれば、汎システム化を日本の脆弱さにだけ帰属させる訳にいかない。実際どの国も、90年代半ば以降のテック化＝インターネット化による「いいとこ取り化（見たいものだけを見、会いたい人にだけ会う）」によって、意見が違ってもトゥギャザであるがゆえにあり得た人格的信頼が消失。価値を共有できるアジェンダが激減して極化した。

米国が象徴的だ。価値を共有できるアジェンダがなくなるとは「価値観が違っても、共有財たるプラットフォームを互いに保持する構え」が消えること。すると過剰な敵味方図式が蔓延する。過剰とは「共通プラットフォームの保全を言うと利敵行為だと見做される事態」を指す。

ゆえに更にプラットフォームが毀損され、不安による疑心暗鬼と陰謀論を生む悪循環になる。プラットフォームは、古きよきものの記憶で支えられる。「トゥギャザネスの記憶」が消えればプラットフォームは消え放題。それゆえ、市場原理主義化したネオリベが出現する事態になった。マルクスの言い方に倣えば、これは思想ではなく自然過程である。保守主義もリベラリズムも「古きよきものの記憶」に依存する。汎システム化で記憶が消えればネオリベ化する。

80年代以降の、汎システム化による自然過程としてのネオリベ化に抗って、古きよきものの記憶が場所（ナチスが言う「土」）に結びつく事実を喝破したのが、人類史を参照するイーフー・トゥアンとJ・ベアード・キャリコットだった。共に空間spaceと場所placeを区別した。場所は、量子力学の場fieldと同じで、全域が質的なもので充溢すると見做される。

アピチャッポンの森

場所から空間へ。人格から没人格へ。「人を頼る」から「システムを頼る」へ。「外がある社会」から「外がない社会」へ。「言外・法外・損得外」への〈開かれ〉から「言葉の自動機械・法の奴隷・損得マシーン」という〈閉ざされ〉へ。こうしたシフトは、1990年代以降の（30年前からの）映画に——ドキュメンタリーならぬ劇映画に——刻印されている。

中でも数多の作品を通じて一貫してこのシフトを描いてきたのがアピチャッポン・ウィーラセタクン監督である。僕が見てきた全映画で最も好きな作品が彼の『トロピカル・マラディ』（2

004年）だ。2004年の東京フィルメックスで英語字幕で上映された際に見た。こんな素晴らしい作品なのに今も日本語字幕版がない。仲間のために私的に日本語字幕版を作った。

彼の全長編映画には、必ず神話的な二項図式がある。一つ前の『ブリスフリー・ユアーズ』（2002年）には、森と里の対比が出て来る。森は「目に見えるもの」から成り立っているのに「得体が知れない」。里は「得体の知れない」ところがなく「規定されたもの」から成り立つのに、「先生だ」「ミャンマー人だ」と「目に見えない」カテゴリーが支配する。

若いタイ人の女の子ルンがミャンマー人の男の子ミンに惚れる。森ではカテゴリーや言葉を超えた関係が成り立つからだ。同じく森で、中年の女オーンが、見知らぬ男と性交する。ルンはオーンが嫌いだが、森を流れる川では思わず戯れる。森では社会の関係性が消える。社会の関係性は目に見えないカテゴリカルなものだが、森に入るとそれが失われる。

森は「目に見える」が「得体が知れない」もので、社会は「得体が知れている」が「目に見えないもの」に支えられる。思えば1980年代半ばから11年間のナンパ人生ではいろんな「なりすまし」実験をした。カテゴリーを捨てたらどう振る舞えるか。相手のカテゴリーを無視できたらどうか。どんなカテゴリーを自称しようと互いに本当のことは分からない。

人が社会を生きる時、カテゴリーに加えて過去や未来にも縛られる。過去や未来は目に見えない。だから森では消える（後述）。僕の映画評はしばしば「かつて森のような街があった」という物言いをする（本書でもする）が、「森のような街」でも消える。だから、森が社会ではないように、「森のような街」も社会ではない。双方とも「社会の外」である。

その意味で、本書で詳述する『トロピカル・マラディ』が描き出す「森のような街」とは、かつて社会の周辺に存在した「社会でありながら社会でないような曖昧な何か」だ。翻ってみれば、かつて社会にそのような「曖昧な場所」が存在したという歴史自体が、一つの奇蹟に思えてくる。この奇蹟を映像化することがアピチャッポンの重要なモチーフなのだ。

森のような微熱の街

社会はコミュニケーション可能なもの（コミュニケーション自体も含まれる）の全体だ。だから規定された関係の全体である。他方、世界はあらゆる全体だ。だから社会は世界の極く限られた界隈である。他方、世界は「社会の外＝得体の知れないもの」を含む全体。ゲーデルが明らかにしたように全体は規定不能だ。

全ての存在物は何かの中にある。さて世界が何かの中にあれば、世界はあらゆる全体だから、その何かを含む。ならば世界は何かの中にはない（証明終わり）。世界は何かの中にないから規定できない。社会にあるものはシンボルで示せる。シンボルとは規定された表象のこと。シンボルの語源はギリシャ語の割符で、割符は片割れが決まっている。

他方、広大な社会の外を含む世界は、シンボルでは示せない。辛うじてアレゴリーで示唆できる。映画や小説に耽っていて「あっ、確かに世界はそうなってる」と感じることがある。だがどうなっているのかを言葉で示せない。ベンヤミンは「砕け散った瓦礫の中の一瞬の星座」

と呼ぶ。実際すぐ忘れてしまう。言葉にできないものは忘れるからだ。

『ブリスフリー・ユアーズ』にあった森と里の逆説──「目に見えるが規定不能な森／規定可能だが目に見えないものに支配される里」──は『トロピカル・マラディ』にもある。この逆説に感動したから日本語字幕版を作ったのだった。映画は前半と後半の二部構成である。第一部は「森のような街イサーン」が、第二部は「森に飲み込まれた死」が、モチーフだ。

前半は「微熱の街＝森のような街」を描く。90年代半ばまでは同じタイの首都バンコクにも同じ雰囲気があって何度か出かけた。夜になると大通りの両側1車線ずつが全て屋台になる。同じ頃までは渋谷も「微熱の街」だった。街を歩けば目が合い、目が合うからこそフィールドワークやナンパができた。今は誰も目を合わせない。皆が全力で視線を避ける。

「微熱の街」は目が合う街だ。冒頭近くでトンの実家にケンが呼ばれて会食する。若い男女の目が合う。女が恥ずかしそうにする。直後にケンがトンを見つめる。トンは気づかない。両方の視線劇にトンの母親が気づき、若い男女を、次にケンとトンを、見つめる。続く場面。バスで、知らない女が携帯をいじるのをトンが眺める。目が合って女が恥じらい、視線を意識しながら電話する。目が合うことから始まるナンパはそんな感じだったな、と思い出す。

蜜蜂が花に寄るとき、花は誘っている。蜂は蜜を吸いに行くが、花は蜜を吸わせようと華美に装う。蜂にしてみれば、誘われて気がつくと花に立ち寄っている。能動と受動の混在＝受動的能動。これを中動態と言う。トンがバスの羞じらう女に声をかけたら受動的能動＝中動だ。女も目が合って羞じらうことで男を誘っているが、これも受動的能動＝中動だ。

この映画を見るたびに、90年代半ばまではバンコクも渋谷もあんな感じだったことを思い出す。そしてしばし感慨に耽る。眼差しの交叉が生み出す受動的能動＝中動態の時空間。それが僕がいう「微熱の街」＝微熱感に満ちた街だ。今の若い読者が一度も体験したことがない時空間、これからも永久に体験できない時空間、しかしかつては普遍的だった時空間である。

街のエピソードは時間軸の物語になっていない。過去や未来はなく、現在しかない。それは森そのものだ（前述）。アピチャッポンは森を憧憬するから、物語を軽蔑する。「森のような街」に物語はふさわしくない。物語とは「あの時こうだったから、この時こうなった」という条件づけ（if−then文）の羅列だ。彼の映画には、そうした条件付けの羅列がない。

その場にトゥギャザであることで、女は相手に「誘わされ」、男は「誘われたから」誘う。そうやって「目に見えるもの」を契機に中動態の「フュージョン」が生じる。だが社会的な意味では互いに相手が何者かを知らない。名前さえ知らない。だからそこで起こることが何なのかを当事者も理解できない。思わず羞じらい、思わず誘わされ、思わず誘うのだ。

そこには、相手をどうこうしようと思う「コントロール」がない。性愛ワークショップで、そうしたあり方を「フュージョン」と呼んできた。中動態的に誘い誘われる時には相手の視座への「なりきり」がある。性愛ワークショップでは、「フェチ系」と対比させて「ダイヴ系」と呼んできた。ダイヴしてフュージョンするあり方を「アメーバになる」と表現してきた。

映画には他にも視線の交わりが多数あった。前半の最後、森林警備隊員がトラックで移動する。荷台に集う森林警備隊員の男たちの姿が映る。誰もが思い思いに過ごしている。風の匂いを嗅ぐ者もいれば、中にはカメラ目線もいて、観客と視線が交わってしまう。バスで羞じらう女（前述）と視線が交わった瞬間と同じで、観客はすごく誘われてしまう。

前半の横⇓後半の縦

前半は、視線の交わりが織り成す規定不能な関係を描く。視線が交わる時、互いに相手の目が「目に見える」一方、「目に見えない」カテゴリーは消える。だから、街は森なのだ。街には森と同じ微熱がある。微熱とは変性意識状態のこと。カテゴリーの消滅が非日常だから人は変性意識状態に入る。だからそこで想定外のことが起こる。例えば立ち小便——。

立ち小便の場面が2つある。まず昔のゲイ仲間らしき男とケンが映画館で連れションする場面。次に前半ラストでトンとケンが別れる場面。立ち小便した後のトンの手をケンが舐める。立ち小便は無防備だ。だから昔は友達だから連れションし、子供同士だから引っ掛け合った。無防備さは、社会の中なのに互いに未規定な存在として現れる瞬間を、示す。

立ち小便する時、人は何者でもない。微熱の街で視線が交わる時も、何者でもない。「何者でもない」が鍵だ。その事実をトンが象徴する。トンは無職で何者でもない。ケンには森林警備隊員のステータスがある。規定されたケンが未規定なトンに惚れて、自らも未規定な存在になる。アピチャッポンがカテゴリーや物語を嫌う理由の開示になってもいる。

トンにはカテゴリーがない。だからケンはトンに惹かれる。そんな関係性を愛でるのが前半だ。未規定な関係を育む「森のような街」が愛でられる。そこでは、未規定な時空＝森＝世界と、規定された時空＝草原＝社会が、対比される。草原＝社会で起こらないことが、森＝世界で起こる。それを知るからケンは、草原＝社会から、森＝世界に入ろうとする。

　だから前半は「草原から森へ」のモチーフを繰り返す。ケンとトンがゲームセンターから夜の屋台街に繰り出すのも「森に入る瞬間」だ。そこから二人が歩くと歌謡レストランに遭遇、唐突にカメラ目線で歌うおばちゃんに出会う。「微熱の街」ならではの、鳥肌が立つ邂逅だ。歌いかけられた二人は＝観客は、ざわざわする。それが「森のような街」を生きることだ。

　ところが、視線の邂逅の奇蹟をもたらす前半の森が「横」のモチーフだとすると、後半で「縦」のモチーフに移行する。前半ではケンがトンに恋をする。ケンは「追う男」で、トンは「追われる男」だ。後半では、ケンが「追う森林警備隊員」役、トンが「追われる虎＝シャーマン」役。前後半とも、追う側が合体を希求するものの、互いに意味が違っている。

　だが前後半とも「追う／追われる」という共通の形式があるので、滑らかに繋がる。こうした形態的類似による接続をメトニミー（換喩）と言う。メトニミーで繋がるからこそ、逆に前後半のモチーフの違いが際立つ。ここからが後半の「縦の合体」の話だ。前半は性愛での「横の合体」が、後半は虎に食べられることでの虎との「縦の合体」がモチーフになる。

　なぜ虎による捕食が「縦の合体」なのか。人と虎が対等ではなく、虎が森の守護神だからだ。なぜ虎なのか。インド、中国、タイを中心とする東南アジア、1万年以上前の縄文時代が始まる前の日本にも、虎がいた。日本では「草原」が「森」に飲まれ、獲物が少なくなって絶滅した。虎は「草原」と「森」が適切な比率でないと生きられないからである。

人は「草原」に住み、虎は「森」に住む。そして虎は「森の守護神」だ。だから前半の性愛による「人と人の合体」は「横」、後半の捕食による「虎と人の合体」は「縦」のモチーフになるのだ。映像もパン（横移動）からティルト（縦移動）になる。「縦」とは、人が「森で」他の人や生き物と合体するのでなく、「森そのものと」合体することを意味してもいる。

このモチーフは幾つかの映画で反復される。ジャック・マイヨールを描くドキュメンタリー『ドルフィン・マン　ジャック・マイヨール、蒼く深い海へ』（2017年）もそう。不呼吸潜水記録保持者だったマイヨールは「海でのイルカとの合体」からやがて「海そのものとの合体」へとシフトして自死した。『トロピカル・マラディ』の後半が実話であり得ることを理解して貰うべく説明しよう。

後半も実話たり得る

マイヨールは2001年に自殺するまで105メートルの無呼吸潜水の世界記録保持者だった。世界記録が46メートルだったのを50メートル、60メートル、100メートルと順次更新。105メートルまでいった。上海フランス租界生まれで、僕の母も上海共同租界生まれ（7歳若い）なので長く近しく感じてきた。だから1990年代以降、彼の動向をツブサに追っていた。

高校時代に耽溺したSF作家ジェームズ・G・バラードも少し年長だが上海共同租界生まれ

だった。これらは偶然の一致ではない。現実と非現実が混融した戦間期の上海が関係している。そのマイヨールは「イルカを愛でた人」というより「イルカになろうとして現にイルカになれた人」。だからまさにドルフィン・マン――彼の言葉でホモ・デルフィナス――だった。

彼の考えでは、ヒトには元々両棲性があったのに――ホモ・デルフィナス（イルカ人間）だったのに――それが消え、世界への〈開かれ〉から、社会への〈閉ざされ〉へと頽落した。だが100メートルより深く潜ると肺が潰れて血中酸素濃度が極大となり、イルカが現に生きている世界との滑らかな一体性――世界への〈開かれ〉――を回復する……そう信じていた。

それを達成、現に世界との滑らかな一体性を生きた。だがドキュメンタリー『ドルフィン・マン』が意図的に深めない問題がある。兄ピエールの証言（『ジャック・マイヨール、イルカと海へ還る』講談社、2003年）によれば、誰よりイルカに近づけた人間なのに、理解しがたい理由で「自分が体験した全ては無駄」「天国はどこにもない」と言い残し、2001年に自殺した。

彼は晩年に房総の海沿いに住んだ。来日しては与那国島の海に36回潜った。僕も沖縄の海に潜るのが好きだ。母と故郷が同じだったのもあり、僕のアイドルになった。誰より世界への〈開かれ〉を求め、それに成功したアイドルが、むしろ世界との一体化によって自殺した。その自殺は、世紀末から鬱化した僕が、沖縄の海でやっと鬱明けした直後だった。

彼はイルカと合体したイルカ人間になることで世界への〈開かれ〉を手にした。だが、自分一人が世界への〈開かれ〉を手にしたところで社会が何も変わらない事実に絶望した。それゆえに彼は社会を捨てて、イルカとの合体ならぬ世界との合体を企図した――それが彼の死だと思った。そう考え始めた2004年、『トロピカル・マラディ』を観たのだった。

クソ社会とクズ人間

「見えているのに規定不可能な関係からなる森／見えていないのに規定可能な関係からなる里（社会）」という冒頭の二項図式に戻ろう。人間は、草原や、森を切り開いた場所に、里を作った。つまり「森／草原」に「森／里」が上書きされた。二つの二項図式に共通して「渾沌／輪郭」というメタコードが貫徹する。それを踏まえて後半の意味を論じる。

後半では、森林警備隊員が、合体を目指して、虎（虎と化したシャーマン）をひたすら追う。虎は森の神である。だがそれが「虎になったり人間になったり」を繰り返す。輪郭が定かではないのだ。思えば森の中には輪郭がない。だから森の神にも輪郭がない。輪郭のない森の中で、森林警備隊員だけが輪郭を保つ。そのことがとりわけ強烈な印象を残す。

核心に入る。なぜ二部構成なのか。「森のような街」での水平的合体（イルカとの合体）を描く前半に、森そのものとの垂直的合体（海に還る＝海との合体）を描く後半が続くのか。映画は時間的にリニア（線形）だ。だから前半に後半が続く。でも僕らには記憶がある。だから後半を観ながら前半を重ね、観た後に後半を重ねて前半を思い出せる。それが演出の狙いである。

実際二度目に観ると前半の印象が変わる。それ自体が隠喩だ。僕らは社会にいる。そこから世界に出て、渾沌に塗れ、社会に戻る。すると社会が違って見える。この通過儀礼が映画の仕掛けだ。後半が、前半を再体験する際に必須の世界体験を与える。一度目に観ると、僕らの空虚な街に比べるから前半の「森のような街」が奇蹟に思える。二度目に観ると、後半を体験した後だから少し違った意味で奇蹟に思える。渾沌の海に浮かぶ奇蹟の小舟のように見えるのだ。視線の邂逅で花と蜜蜂のようにフュージョン的に誘惑し合い、名前も身分も知らない相手と不思議に燃え上がる、そんな「森のような街＝微熱の街」が存在した事実が二重に奇蹟だと感じられる。第一は、僕らの冷え切った街との対比ゆえ。第二は、いずれ渾沌に飲み込まれるという予感ゆえ。だから「微熱の街」を失ったことの痛切なリグレットが襲う。

2004年当時のイサーンがそんな「森のような街＝微熱の街」だった事実がポイントだ。僕の体験では、だから、1990年代後半にはバンコクは冷えていた。40年間過ごした渋谷も同じ時期に冷えた。だから、アピチャッポンは映画制作段階で、イサーンがどのみちバンコクや渋谷のように冷えると知っていたはずだ。現にイサーンが冷えつつあるとも感じていただろう。

僕は渋谷が冷える90年代後半に鬱になった。アピチャッポンもそうだったのではないか。鬱的な感覚がないと作れない映画だと感じる。この街は奇蹟だ、でも程なく消える、そして街はクソになる……との確信に満ちているからだ。そこがこの作品の、若年層にとっての困難になる。アジア各都市が急に冷えた記憶を持つのは当時のハイティーン（今の40歳前後）以上だからだ。

彼の作品は難解だと言われる。一つは、あれがあったからこうなった（あれがなければこうならなかった）という if − then 文からなる時間的な物語がなく、非時間的な隠喩と換喩からなる神話的な思考があるからだ。もう一つは、記憶資源がないと隠喩と換喩が浮かび上がらないからだ。

僕には彼の表現が直接刺さるが、若い世代には刺さりにくい。

だが、鑑賞の事前ないし事後に、この文章のような語りを通じて僕の記憶が与えるクオリア（体験質）を伝えて疑似記憶を移植すれば、アピチャッポン作品が若い世代にも享受可能になる事実を、ゼミやラボでの実践・実験を通じて確かめてきた。彼の作品が例外なくクソ社会（鉄の檻）とクズ（没人格）を批判している事実は、さもないと理解できない。

それが社会学者である僕が映画を批評する理由を与える。言外・法外・損得外を消去したクソ社会や、言葉の自動機械・法の奴隷・損得マシーンであるクズを批判する僕の価値基準（前述）は、記憶資源が与える一定のクオリアがないと自分のものにできないが、その困難を克服するには、彼の映画を直ちに理解できる素養を醸成する必要があるからだ。

ちなみに『ブリスフリー・ユアーズ』の舞台でもあるイサーンは、アピチャッポンが育ったタイ東北の街。昔はイーサンと呼ばれた。国境沿いにあって不法移民が入り、カルチャーをミックスしたスポットがある。僕の家の近所（神泉駅前）には、イサーン出身者が経営する小さなイサーン料理屋「モーラム」があって、普通のタイ料理とは少し違った家庭料理が食べられる。

二十年がもたらす鬱

最近（2019年）にアピチャッポンの『フィーバー・ルーム』（2015年初演）を観た。前半が映画で、後半がライトショーだ。二部構成自体は『世紀の光』（2006年）等とも同じだが、前半で「街（社会）」が、後半で「社会の外（世界）」が描かれるのは、『トロピカル・マラディ』を除けばこの作品だけだ。だから『トロピカル・マラディ』の続編とも言える。

『トロピカル～』では前半で草原＝社会としての「微熱の街」が、後半で森＝世界として輪郭なき渾沌が描かれた。そこは社会を超越した時空。社会の外の未規定な世界だ。ところが『フィーバー～』に愕然とした。前半で描かれるのは「微熱の街イサーン」ならぬ「冷え切った街バンコク」。後半が与える体験は、冷えた高山の雲海で眺めるブロッケン現象のイメージだった。

前半について。90年代まで黒煙をもくもく出す日野のディーゼルエンジンを先につけた長い棒を船頭が操る十数人乗りの舟が、衝突が危ぶまれるほど所狭く動き回っていたチャオプラヤー川だったが、この作品で描かれるのは静かな水面をたたえたガランドウの川。人々は川辺に影絵の如く静的な佇まいを見せる。僕が２００４年に訪れて落胆した風景そのものだった。

後半について。ドライアイスのスモークをＬＥＤの複数のビームが突き抜け、スモークの先に緩やかに動く人々の影が映る。かつて見た残雪の乗鞍岳山頂に生じたブロッケン現象そのもの。当時の寒さを思い出して震えた。『トロピカル～』では前後半が微熱感によって換喩的に接続されていたが、『フィーバー～』では前後半が冷感によって接続される。

全ては『トロピカル～』で監督が予感していた通りになった、という諦めを含んだストレートな批判を、突きつけられる。但し『トロピカル～』が90年代以前の「微熱の街」の記憶資源を用いたように、『フィーバー～』は『トロピカル～』に痛切な感情を抱いたという記憶資源を用いる。だから「突きつけられる者」は限られるだろう。

その上で言うと、『トロピカル～』の「微熱の街」が〈開かれ〉を与えたのとは対照的に、『フィーバー～』の「冷え切った街」は〈閉ざされ〉の感覚を与える。相即して『トロピカル～』の渾沌の森が「この街も程なく終わる」という予感を惹起するのとは対照的に、『フィーバー～』における山頂のブロッケン現象は、「冷え切った街」への〈閉ざされ〉からの、解放を与える。『トロピカル～』のイサーンと『フィーバー～』のバンコクの間に10年の時が流れた。だがそのイサーンはその10年前のバンコクの隠喩だ（前述）。バンコクに定位すれば、「微熱の街」から「冷えた街」までの20年を突きつけられる。20年間の「安心・便利・快適」化＝社会への〈閉ざされ〉＝外の消去＝汎システム化を思い、僕はリグレットで鬱化した。

同じ鬱を、『トロピカル～』の翌々年に公開された『世紀の光（英題：SYNDROME AND CENTURY／和訳すると「百年間の症候」）』が既に与えていた。前半は「田舎風の病院」、後半は「近代風の病院」を描く。前者は「微熱の街」と同じ機能を果たし、人と人、人とモノがフュージョンする感覚を体験させる。後半はタイムラプスのイメージで、ガランドウな感覚を体験させる。

長い間隔を置いて無数にシャッターをきり、それを並べて24時間を30秒で見せるのがタイムラプス。雲の動きや、日出から日没までの明暗を、早回しで体験できる。それとは別に、街を撮れば、ビルだけが残り、動く人や車は消える。これは極めて重要なモチーフだ。「動き回る者たち」と「動かない物たち」との間に何の関係もないことが示されるからだ。

そこで僕らが体験するのは、世界とのフュージョンならぬ切断の感覚だ。人も動植物も所詮は入替可能。存在してもしなくても同じという感じだ。そこには森の動態はなく、無機物の静的配列だけがある。人は既に滅びたという終末論的な冷感を与えもする。そこからこの20年ほど存在論的感覚が急浮上した理由も伺える。世界と切断されたがゆえに、世界から復讐されることへの脅え——人新世の概念に刻まれた脅え——に苛まれ始めたのだろう。

この『世紀の光』後半の終末論的な冷感が、換喩的に『フィーバー～』前半の冷感に繋がる。『世紀の光』を中心に置くと、『世紀の光』の前半の「微熱」が、以前に作られた『トロピカル～』の前半の「微熱」を尻取り的（換喩的）に引き継ぐ一方、『世紀の光』の後半の「冷感」は、以後に作られる『フィーバー～』の前半の「冷感」に尻取り的に繋がっている。ゆえに『トロピカル・マラディ』『世紀の光』『フィーバー・ルーム』は三部作だとも見られる。

ロウ・イエとの同期

［社会／世界］、［熱感／冷感］、［渾沌／秩序］、［過去／現在］、［神話／物語］、［動的／静的］、［開かれ／閉ざされ］などのコードを用いて、アピチャッポン作品と僕らの社会の関係、作品同士の関係を論じてきた。概念的構造が分かった段階で、全て忘れて何も考えず彼の作品を観るといい。心の中にレセプターができているから、もう難解には感じないはずだ。

神話分析的に言えば、これらのコードつまり二項図式は監督が意識せずに使うものだ。記憶がコードに従って格納されたものが無意識を構成するからである（ジャック・ラカン）。監督にとって自らの表現がクオリアを持つのは、これらコードに裏打ちされているからなのだ。観客が、考えずにコードを直感できれば、記憶と結合したクオリアが自動的に召還されるだろう。

受容体験を操縦するこの理路は、映画やその他の表現に限らず、僕らの複雑な社会の諸要素を関係づけ、社会のどこが間違っているのかを評価するためにも使える。僕が「実存批評」と銘打つ映画論を展開するのは、映画が好きだからというよりも、記憶が失われゆく中で（前述）、何事につけ「評価に必要な評価以前的な前提」としての感情を確保するためである。

こうした理論的な方法論については別著に譲り、過去30年余りの汎システム化（「言外・法外・損得外」の消去＝「社会の外」の消去）が著しいアジア諸国に、アピチャッポン作品のモチーフに同期する映画表現が、この20年目立つ事実に触れる。アピチャッポン同様、複数の作品を跨いでモチーフを尻取り的に引き継いできたといえば、ロウ・イエ監督作品だろう。

ゼロ年代の南京市を舞台にした『スプリング・フィーバー』（２００９年）には「言外・法外・損得外」の異性愛・同性愛・複数愛が混融した渾沌が描かれた。日本では１９９０年代後半以降は性愛からの退却が進んだ。退却は統計的にも明らかだが、〈愛のセックス〉を核とする〈祭りのセックス〉であるスワッピングの、２００２年以降の急速な衰退が問題を如実に示す。

２０１３年にロウ監督と対談した際、ゼロ年代後半の南京が90年代半ばまでの渋谷に似ると告げた。その頃の渋谷が援交だけでなくスワッピングのブームだったことも僕がナンパ師だったことも知っていた彼は、既にあの南京はないと答えた。実際彼の『二重生活』（２０１２年）を観ると、同じ南京市なのに、性愛的出会いの大半が「出会い系」と化しているのだ。

スペック検索して高速スクロールないしスワイプしまくる出会い系サイトやアプリが、性愛の営みの計算不能性への〈開かれ〉から計算可能性への〈閉ざされ〉への頽落を象徴すると話したところ、それこそ『二重生活』を構成するモチーフの一つだと彼は答えた。『二重生活』が描く出会い系には援交募集や愛人募集が満載だが、全て事実なのだと彼は言う。

計算不能性への〈開かれ〉から、計算可能性への〈閉ざされ〉へのシフトは、世界への〈開かれ〉から、社会への〈閉ざされ〉へのシフトである（前述）。興味深いことに、数学者・生物学者・人類学者などのアカデミズム界隈でも、映画や小説の表現界隈でも、世界への〈開かれ〉から、社会への〈閉ざされ〉への頽落が、同時多発的に主題化され始めている。

数多の学問との同期

1990年代半ばから人類学にダン・スペルベルやブリュノ・ラトゥールの営みに代表される存在論的転回が生じた。次いでゼロ年代半ばの哲学に各種の実在論系の営みが生じた。クァンタン・メイヤスー系とマルクス・ガブリエル系はかなり違った議論をするが、議論の異同を横に措くと、そこには後述するような地滑り的な社会意識の変動を見て取れる。

ニクラス・ルーマンの社会システム理論や、影響を与えたヴィトゲンシュタインの言語ゲーム論に見るように、僕らが社会を営む以上――社会と呼ばれる言語ゲームを営む以上――社会への〈閉ざされ〉が当然だとの感覚が、20世紀半ば以降支配的になる（＝ポストモダン）。その劣化版が（社会学的）構築主義と呼ばれるが、劣化し過ぎていたので反発が生じた。

存在論的転回が記すのは、人間界（社会）の外に人間にはどうにもできない動き（世界）があるとする共通感覚だ。カントの「物自体」とは全く違い、スペルベルで言えば表象（≒記号）の、ラトゥールで言えばモノの、人間の営みをシャーレの如き培地とした増殖や変異があり、そのダイナミズムが人間を方向づけ、翻弄するのだ、というイメージになる。

これを映画連載の当初（2000年）から僕は「世界からの訪れ」と呼んできた。ほぼ同じ事態を郡司ペギオ幸夫が「やってくる」と呼ぶ。人間の営みは必ず未規定性を残すが（シニフィアンとシニフィエとの間に隙間が生じるが）そこに外部から何かが「やってくる」ことで辛うじてかりそめの規定可能性が得られると。議論の本体はメイヤスーやハーマンなどよりも遥かに厳密だ。

絶えず外部が「やってくる」。それを見ないふりをしてきたのが、「人間中心主義の非人間性」をもたらす、近代を含んだ文明＝大規模定住社会の営みだ。「文明の終わり」を予感させる今日の非人間的な出鱈目を克服するには、「脱人間主義の人間性」にシフトする必要があり、それには存在論的思考≒生態学的思考（後述）にシフトする必要がある。そんな構えが、90年代前半に社会学にかわって政治学、ついで人類学の浮上をもたらした。

90年代に入って冷戦が終わると程なく右派ポピュリズムが欧州を席巻。世紀の変わり目に米国に飛び火した（前述）。民主政の盤石さを前提としてジャスティスやフェアネスを（ミクロな権力に注目した民主政批判を含めて）追及してきたのが社会学（フェミニズムやカルチュラルスタディーズ）だったが、民主政が機能しなくなって、瞬く間に「お花畑」に変じた。

ポピュリズムの背後にある「感情の劣化」に対し、まず政治学がファシリテイター付き熟議やコンセンサス会議や二階の卓越主義を提案した（ここでは説明しない）。だが問題が大き過ぎてマクロには意味を持たなかった。その事実を、熟議体であるネイバーフッド・アソシエーション（ＮＡ）で有名になって世田谷区が姉妹都市に選んだオレゴン州ポートランドの、無惨な凋落が象徴する。問題は民主政の制度の修正程度では済まない本質的な問題だったのだ。

結果、僕らが文明＝大規模定住社会ゆえに「言葉や法や損得勘定への〈閉ざされ〉」を示す事実を問題にする「脱人間主義の人間性」の人類学が生き残った。それがオントロジー問題（世界はそもそもどうなっているかという全称命題）を蝶番にＡＩ研究に飛び火し、いわゆる理系に拡がった。数理生物学者・郡司ペギオ幸夫の『天然知能』（２０１９年）や数学者・新井紀子の『ＡＩ vs. 教科書が読めない子どもたち』（２０１８年）の上梓によって象徴される。新井を例に嚙み砕こう。

彼女は東ロボくん（ロボットは東大に入れるかプロジェクト）を終了させて先の本を上梓、大ベストセラーになった。東ロボくんの目的はＡＩの限界を見定めることだったと彼女は言う。ＡＩに入試問題を解かせると、選択問題はイケルが、偏差値65以上の大学の記述式問題はオントロジー問題ゆえに歯が立たない。オントロジー（世界はそもそもどうなっているか）問題とは、郡司が注目するフレーム問題（無限退行問題）に象徴されるものだ。

郡司によれば、何かを規定するには文脈が必要だが、文脈を規定するにも文脈が必要で……という無限退行を、経験的帰納（自然知能）や論理的演繹（人工知能）では避けられない。だから狭義の主観では解決できない。主観の外から何かが「やってくる」ことでオントロジカルな全称命題の機能的等価物が得られる。郡司と同じく、脳の神経網の処理は所詮アルゴリズムで、オントロジーはアルゴリズムを超えるとするのが、ゼミで扱ってきたペンローズの量子脳理論だ。新井と郡司の議論は直ちに「感情の劣化」への批判に繋がる。新井は、AIとブロック・チェーンに置き換えられる人は、要らないとする。郡司の『やってくる』（医学書院、2020年）に出て来る官邸官僚のような忖度マシーンの扱いも、同じだ。そこには人間はそんなクダラナイ営みへの〈閉ざされ〉に甘んじてはいけないとの批判がある。これらは、先に述べた人類学ルネッサンスを駆動している批判と見事に同じ形をしている。そこには同時代性を見てとれよう。

黒沢清作品との同期

分かりやすさを期し、同時代性を再び映画で再確認する。一見そうは見えないがアピチャッポンに比較的近いモチーフを映像化する、日本で唯一の存在が黒沢清監督だ。だから前著でも本書でも黒沢作品評をフィーチャーしている。彼の作品は商業映画デビューから全て観て、何度も対談し、劇場パンフに書いてきた。ここでその基本モチーフを確認する。

主人公は当たり前の世界（だと思っているもの）を生きている。ある日、そこにストレンジャーが訪れる。どんな意味であるにせよ、それはこの世ならぬ存在だ。その訪れで、当たり前の世界が突然廃墟に変じる（映像では色調が変わったりモノクロームになったりする）。今までの生き方は不可能になる。世間的な意味ではそれは「悲劇」だが、主人公にとっては、社会への〈閉ざされ〉から、世界への〈開かれ〉に向けた「福音」だった……。

注目すべきは、当初の当たり前の世界が、例外なく郊外（東京近郊）に設定されてきたことだ。郊外こそ、生活が「市場化・行政化（手続主義化）・技術化」に覆われた、つまり「汎システム化」を遂げた社会だ。そこで、主人公は自分が単なる影絵に過ぎなかったこと、風景が単なる書割に過ぎなかったことに気づく。気づいた主人公は、「社会の外」に出るしかない。そこは未規定で不可解な場所だが、むしろだからこそ、そこを生きるべきなのだ……。

まさに〈閉ざされ〉から〈開かれ〉へ──。僕が黒沢作品が堪らなく好きなのは、「ＡＩなどと違って、人間には、そうした未規定で不可解な場所をこそ生きる力があるのだ」という根源的な肯定性があるからだ。別言すれば、「規定された明解な場所を生きるのであれば、別に人間でなくてもいいんだよ」という〈閉ざされた〉人間たちに対する嘲笑が聴けるのだ。

言うまでもなく、これは数理生物学者・郡司ペギオ幸夫や数学者・新井紀子の嘲笑と同じものだ。そこには共通して、「世界はそもそもそうなっている」というオントロジーへの、〈開かれ〉を推奨する「存在論的感受性」がある。つまり「お前たちは〈閉ざされ〉に安住したままでいいのか」という微発的な問い掛けがある。これまた同時代的なシンクロだと言える。

ちなみにクリストファー・ノーラン監督『TENET テネット』（２０２０年）やその原型『メメント』（２０００年）にも似たモチーフがある。僕らが前向性健忘症だったら（メメント）、時間を逆行できたら（テネット）、むしろ世界の本当の姿を目撃できるのではないか、という反実仮想だ。そこには「僕らは世界（だと思うもの）に慣れ親しみすぎている」との批判がある。

森に飲まれる終末論

僕はよく高校で授業する。今日もしてきた。よく訊かれる質問がある。自分はなぜ生きているか。今日も訊かれた。答えはいつも同じだ。犬はそう問うか。花は問うか。そう。生きているのは事実性だ。理由は関係ない。問うべきは別のことだ。なぜそんな事実性に満ちた世界があるか。それを問え。自分を探して意味を問うのではない。世界を探して意味を問うのだ。長くそう思ってきた。「だから」数理社会学者として博士号を取った。フィールドワーカーにもなった。人畜無害な制度化されたフィールドワークではない。誰もしたことのない援交フィールドワークだった。その前には、誰もしたことがない数のナンパを重ねた。世界にはどんな事実性があり得て、なぜそんな事実性に満ちた世界があるのかを、問うためだった。

お気づきだろうか。アピチャッポン監督の『トロピカル・マラディ』の前半が、「森のような街」(＝横の合体)の奇蹟を描き、後半が、「森に飲まれる人」(縦の合体)を描く理由に。今述べた「世界にはどんな事実性があり得て」＝前半、「なぜそんな事実性に満ちた世界があるのかを問う」＝後半、という対応がヒントになる。答えは、そう。究極の存在論を示すためである。世界はなぜあるのか。それが究極の存在論だ。なぜ究極か。世界の存在理由は論理的に「世界の外」にある。然るに世界はあらゆる全体だ。すると世界の存在理由は「世界の中」に含まれる。これは背理だ。世界の存在理由は存在できない(証明終わり)。だが、世界はなぜあるかという問いは直観的には意味を持つ。意味がない問いが意味を持つ。究極である所以である。

存在論的思考は生態学的思考を含む。生態学的思考とは、存在物の文脈依存性（関数のパラメータ）を辿る思考だ。文脈依存を辿ると一方向性のみならずループ（前提循環）やジャンプ（階層跨ぎ）が見出される。その意味で「存在の森〟を捉える思考だ。というと生態学的思考＝自然大切論と誤解されるが間違いだ。所謂「自然」は「存在の森」の一部分に過ぎない。その意味で「自然」はさして大切ではなく、むしろ大絶滅こそ大切だとさえ言える。説明しよう。

宇宙生誕から現代まで語るビッグヒストリー論の通奏低音は、大絶滅だ。大絶滅で生まれた生態学的ニッチに進化の大爆発が生じた。大絶滅は6回起こり、多くが全球凍結で生じた。全球凍結は、宇宙線による雲核生成で生じた。宇宙線は、超新星爆発で生じた。超新星爆発は、暗黒星雲や矮小銀河との衝突による星間ガス圧縮で生じた大量の恒星のうち寿命が数千万年と短いものの最期に生じたものだ。その意味で大規模進化の契機は宇宙から来た。

スティーブン・J・グールドの断続平衡説（絶滅による進化）は、従って正しい。だがグールドの勘違いとは違い、それはドーキンスの利己的遺伝子説（生体が遺伝子の乗物とする説）を否定しない。否定するはずだと勘違いした理由は何か。生態学的思考を地球生態系に留めようとしたからである。ということは、宇宙全体を生態系として考えなければいけないということなのだ。

ちなみに生態学的思考は「地球生命圏が全ての母体」「自然は大切」みたいなガイア思想とは本来は無関係だ。生態学的思考とは「前提・被前提」関係の非線形ネットワーク全体を捉える思考、つまり「森の思考」である。それに従えば、人間は地球生態系という「森」の1エピソードに過ぎないが、地球生態系自体も宇宙生態系という「森」の1エピソードに過ぎない。

人間活動が地球生態系を壊して大絶滅をもたらし得る「人新世」も、宇宙生態系の1エピソードだ。パンスペルミア説（宇宙に生命胞子が充溢するとの説）を唱える松井孝典に従えば、異星人同士が出会えないのは、距離が遠いからでなく、文明の寿命が短いからだ。膨大な数の知的生命が作り出す文明は大方「人新世の大絶滅」の如き道を歩むのだろうと言うのだ。

「人新世の大絶滅」も生態学的ニッチを帰結し、進化の大爆発を帰結する。だから、人間が主役でないだけでなく、地球生態系ですら主役ではない。人類が1エピソードに過ぎないだけでなく、地球生態系も1エピソードに過ぎない。つまりビールジョッキの泡が、消える傍らで生まれるのと同様、人類の知的文明も宇宙という「森」の生態系の1コマなのである。

6億年前からマントル上部が650度以下になり、マントル対流が海水を引き込み始めた。10億年後、海水をベアリングにするプレート移動が止まり、プレート低温部が核に落ちなくなる。すると外殻の冷却力が弱くなり、対流が止まって磁場が消える。すると太陽風が大気と海の成分を奪い、動植物が絶滅する。15億年後、海が消えて最後の単細胞生物が絶滅、地球表面が500度になる。そう。人類は、常に既に、「森」に飲まれかけているのである。

他の恒星系や銀河に脱出できても本質は変わらない。太陽は、寿命が百億年に及ぶことで惑星に生命を育める中型（G型・F型）恒星の一つで、宇宙歴92億年（約46億年前）にできたが、既に中型恒星が誕生する頻度は当時の10分の1に落ち、今後も急速に落ち続ける。やがて生命を育める恒星はなくなる（ちなみにその後の宇宙の終焉シナリオは大きく4つある）。

先の地球生命の絶滅シナリオは、小惑星や系外惑星の衝突を除く楽観的なものだ。宇宙の終焉シナリオは、ビッグリップ説の220億年から、熱的死説の10の100乗年まで、寿命の開きを見せる。だが宇宙の終焉=時空の消滅そのものに、異説はない。だが宇宙はなぜ終わるのかが問題ではない。問題は「どうせ終わるのに、宇宙はなぜあるのか」に尽きる。

どうせ「森」に飲まれるモノがなぜあるのか。無に帰するのに「森」がなぜあるのか。『トロピカル〜』の「森に飲まれる人」を描く後半は、前半の「微熱の街」の奇蹟を際立たせる。だがそれはただのお話ではない。生態学的思考は、必ず存在論的思考で、かつ終末論的思考を伴う。答えは一つ。「僕らが奇蹟を知るため」だ。目的論的な書き方は何ら誤記ではない。

崩壊を加速させよ 「社会」が沈んで「世界」が浮上する――目次

まえがき 僕らが奇蹟を知るために～「世界」を浮上させる映画たち～ …… 003

第1章 〈森〉のような「微熱の街」はどこにいったのか

『寝ても覚めても』 …… 045
意味論的にも視覚論的にも決定的な難点がある

『愛しのアイリーン』 …… 059
「愛」ではなく「愛のようなもの」こそが
「本当の愛」であるという逆説に傷つく体験

『ザ・スクエア 思いやりの聖域』 …… 071
この世に存在しながら存在しない、子供の指し示す幽霊性

『万引き家族』……079

「法の奴隷」「言葉の自動機械」となった人間達が
社会を滅ぼすことへの激しい怒り

『A GHOST STORY／ア・ゴースト・ストーリー』（前編）……095

『アンチクライスト』に繋がる〈森〉の映画

『A GHOST STORY／ア・ゴースト・ストーリー』（中編）……113

〈森〉の思考が思い描く〈世界〉を『トロピカル・マラディ』に見る

『A GHOST STORY／ア・ゴースト・ストーリー』（後編）……129

「存在」から「存在の記憶」へ、
さらには「存在したという事実は消えないこと」へ

第2章　震災後の日本が露呈させた空洞

『ヒミズ』『KOTOKO』『RIVER』……151
3本の「震災映画」から映画の可能性を見通す

『サウダーヂ』……165
「自意識に由来する痛さ」ゆえの酩酊から
「社会構造に由来する痛さ」ゆえの酩酊へ

『冷たい熱帯魚』『悪魔を見た』……177
想像を絶しているのは〈システム〉に依存しているからではないか。
ポストモダン的観察を踏まえた傑作と、踏まえない駄作。

『スプリング・フィーバー』『ノルウェイの森』……191
「あの時代だからこそあり得た」を可能にする「主観化された風景」

第3章　社会は世界を拒み、クソとなった

『アンダー・ザ・スキン　種の捕食』……205
社会は本当に生きるに足るかという痛切な問い

『ニンフォマニアック Vol.1／Vol.2』……215
キリスト教を前提とした不完全な社会への福音

『メビウス』……225
男根に〈対他強制〉としての性を見出し、男根争奪戦を嘲笑する

『コングレス未来学会議』……235
夢と現実の関係についての最高峰の考察

『ゴーン・ガール』……247
ベタ女の〈委ねによる眩暈〉に対抗するメタ女の〈眩暈〉

『アクトレス ～女たちの舞台～』……257
「老いの受け入れ」を超えた通過儀礼映画だ

『野火』……267
塚本晋也監督の25年に及ぶ進化の最終地点を示唆
『Mommy／マミー』……277
社会をクソ社会と断言し、想像的楽園からの離脱を拒否した
『彷徨える河』……289
世界からの原的な贈与を描き出す
『ハイ・ライズ』……299
子宮回帰と乱痴気騒ぎのどちらが楽園なのか
『東京無国籍少女』（前編）……309
まどろみから覚醒し、戦闘態勢で生きよ
『東京無国籍少女』（後編）……319
社会を生きるのをやめろと布教する

『マジカル・ガール』『リップヴァンウィンクルの花嫁』……331
滅んだはずのバンパイヤの回帰

『さようなら』『ひそひそ星』……341
ヒトよりもモノに思いを託す

『呪怨：呪いの家』……353
「場所の呪い」を描くJホラーVer.2、
あるいは「人間主義の非人間性＝脱人間主義の人間性」

［特別収録］
宮台真司×黒沢清……377
〈閉ざされ〉から〈開かれ〉へと向かう〝黒沢流〟の反復

宮台真司×ダースレイダー……391
『TENET テネット』は『メメント』と同じく「存在論転回」の系譜上にある

あとがき……417

第 1 章

〈森〉のような「微熱の街」はどこにいったのか

『寝ても覚めても』

意味論的にも視覚論的にも決定的な難点がある

キスと性交を描かない（描けない）真の理由

『寝ても覚めても』の物語は単純です。主人公・朝子が、1.激しい恋に落ちた麦《ばく》に逃げられた後、2.瓜二つの亮平に出会い夢中になるものの、3.やがて麦と再会して駆け落ちし、4.しかし最後は思い直して亮平の元に戻る。「瓜二つの男に夢中になる」と「駆け落ち後に思い直して戻る」という契機が、「意味論的・視覚論的に説得的かどうか」がポイントです。

最も素晴らしかったのは、朝子が亮平らと会食をしているときに麦が突然現れ、朝子を奪い去るシーンです。麦はまず亮平を見、「この男は朝子に、どれだけのものを与えられるのか」と値踏みする。そして、「この程度の男なら、自分が朝子に手を差し出せばついてくる」という確信を持った——このプロセスが視線の劇で分かる。演出力があります。

男が他の男を値踏みしてその場で女を奪う——濱口竜介監督はこのシーンに賭けたのでしょう。成功しています。一つのシーンに全てを賭ける映画があっていいと僕は思います。でも、そのことを踏まえても、この映画には決定的問題が幾つかあることが気になります。それをクリアすればもっと素晴らしい作品になっただろうという意味で、率直に指摘します。

まず意味論な説得性から語ります。結論的には説得性を欠きます。官能文学やエロ小説では双子の姉妹や兄弟を相手に性交する話が繰り返し描かれてきましたが、双子の兄を好きになったから瓜二つの弟も好きになるという話は、たぶん皆無です。理由は、外見が同じでも、キスの味や性交の仕方が違い、そのことで期待外れに大きく打ちのめされるからです。

「似ている」事実から、「表層の合致／深層の乖離」の意味論が生成します。具体的には、「表層が惹起する期待を深層が裏切る」という事柄です。「似ている」は、現実には様々な次元で問題になり得ます。関西弁の男が初恋の相手だった場合、初恋に破れた後に別の男と「この人も関西弁だから」と付き合い始めれば期待外れが生じます。「どこが似ていても」同じです。

表層（外面）と深層（内面）は異なるので、表層によって築き上げられた期待は深層に触れて裏切られます。これは「世界はそもそもそうなっている」というontological（存在論的）な摂理です。存在論的な摂理を敢えて無視して「表層だけを生きる」仕方もあり得ます。存在論を踏まえるrealism（実在論）に対し、敢えて無視するesthetism（美学）に当たります。

朝子は顔が似ているという一点に受動的に引き摺られます。敢えてする美学がないという意味で「凡庸な女」です。凡庸であるほど期待外れに打ちのめされます。だから1.〜4.の展開は本来あり得ません。だから嘘臭さを打ち消す必要からキスも性交も描かないという意味論的・視覚論的戦略を採ります。これは少女漫画の戦略で、有効なのは中高生相手に限られます。

というのは、しかし過去の言い草です。ここ20年の性的退却は統計的に実証されています。今は、20年前の中高生レベルの観客が溢れます。男が違えばキスの味も性交の仕方（手順や愛撫法や挿入ピッチや持続時間）も違う。そもそも体臭が異なる。複数の男を知る女であれば自明に弁えているはずの事実です。20年以上前であれば到底通用しない設定です。

実際に、映画を見た大学生や大学院生の反応は、キスや性交を消去することで辛うじて成り立つ意味論や映像に対して、違和感を抱く向きと、抱かない向きとに、二分されます。そして僕が見るところ、違和感を抱くか否かは、彼ら彼女らの性的経験値に正確に対応しています。同じ問題を、別の側面に見出すこともできます。それを確認しておきます。

映画の意味論に反発する女が目立つ理由

麦と亮平の対比は平明です。「超越系」（ここではないどこか）と「内在系」（ここ）との対比、「非日常愛」と「日常愛」の対比です。写真なんて分からないと宣う亮平と、牛腸茂雄の写真展を訪れる麦。お前のことをたぶん一生信用できないなどと中二病的な発言をする亮平と、亮平の元に戻りたいとする朝子の構えを一瞬で理解して一人旅立つ麦。などなどです。

多くの恋愛は「非日常愛＝ここではないどこか」として始まります。脳生理学によれば「非日常愛＝情熱としての愛」は二年しかもちません。これを「日常愛」に変換できれば関係を続けられ、変換できなければ関係は終わる――といった認識に留めれば、単なる男の願望です。以下に紹介するように、多くの女は「非日常愛」を断念せず、「別口で」確保しようとします。

朝子の選択可能性を吟味しましょう。亮平は退屈な男ですが、麦であれば退屈しない。でも麦を独占できず、彼との関係を「日常愛」には変換できません。麦が「日常愛」の相手として相応しくない以上、「亮平と日常愛の関係を築きながら、麦を時々食べる」というのが多くの女のrealismになります。実際にそういう感想を口にする女が多数存在しています。

それがいいか悪いかの規範に関係なく、「世界は確かにそうなっている」というontologyです。ontologyを踏まえて生きようとする通常の構えがrealismです。realismに則った場合、「起」＝愛する麦が失踪、「承」＝麦と似た亮平に出会って好きになる、「転」＝麦が突然現れて車で逃避行、「結」＝気が変わって亮平の元に帰郷、という展開は不自然なのです。

「非日常愛」の男に逃げられ、容姿が似た「日常愛」の男にハマったが、「非日常愛」の眩暈が忘れられず、再会した「非日常愛」の男に再び傾斜したものの、「非日常愛」がどのみち続かない事実と「日常愛」の積み重ねが与えた機微を思い出し、「日常愛」への帰還を決意する……。「日常と非日常」即ち「法と法外」の構造に即せば、確かにありそうに思えます。

でも単なるお話（メロドラマ）としてありそうなだけ。観客の一部がこれを不自然だと感じるのはrealismから外れるからです。観客の一部が踏まえるrealを統計的に示します。１９８０年代のモア・リポートが報告した通り、日本人既婚者の婚外性交渉割合は先進国の中では高い。この20年で性的退却が進みましたが、婚外性交渉割合はむしろ激増しました。

性愛研究の界隈では有名な２０１３年に実施された相模ゴムによるＷＥＢ調査を紹介します。「結婚相手・交際相手がいる」人のうち男の約27％、女の約16％に性交する浮気相手がいます。次に日本老年行動科学会の２０００年と２０１２年の比較調査を紹介します。40代以上だけが対象ですが、男女とも全年代で「配偶者外の親密な関係を持つ割合」が激増しています（次頁の

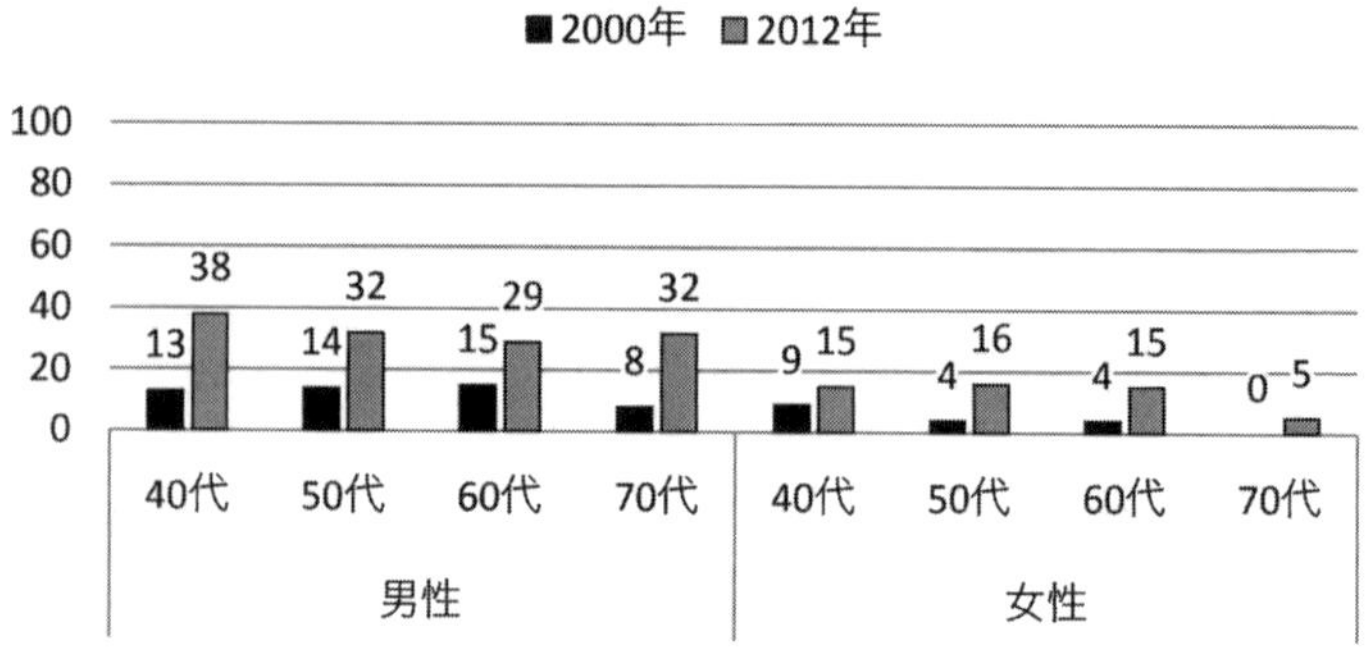

異性との親密な付き合いがある

図を参照）。

　性体験率・交際率・交際経験率に注目する限り「性的退却」は著しく進んでいるのに、パートナーがいる男女に限って言えば浮気割合・浮気経験人数が激増して活動水準が上がっている「ように見える」のはなぜなのか。「ように見える」と但書をつけたのは、僕が設計したZ会名簿を用いた２０００年の大学生調査のデータとの兼ね合いがあるからです。説明しましょう。

　それによれば「両親が愛し合っている」と答える男女と「性情報を家族や友人などの人間関係から得てきた」と答える男女は、そうでない男女に比べて「ステディがいる割合が多い」のに「性体験人数は少ない」。ここに性愛の交際の「密度」と「体験人数」が反比例する関係が見られます。密度が下がって頻度が上がった状態を、活動水準が高いと言えるかは、疑問です。

　これらを踏まえれば、主人公・朝子が「超越系＝非日常系」の麦と「内在系＝日常系」の亮平の二者択一で悩むという設定は不自然です。大半の女は、「日常系」

の男を手元に押さえた上、「非日常系」の男を「気分転換のために」時々利用します。良き妻や母であるためにこそ時々浮気をする――かつて関わったテレクラ・ドキュメンタリーで幾度も拾えた発言です。

後の視覚論の伏線になるので、意味論の考察を深めます。女が「非日常」の渾沌を経て「日常」に戻るというのは男の視座にありがちな願望に過ぎません。あれこれあって生活に「戻る」という通過儀礼図式は、今村昌平『赤い殺意』（1964年）以来昼メロに継承された、意味論の伝統です。今回の映画はそれを継承した――と考えるのであれば、『赤い殺意』の誤読です。

通過儀礼は「離陸」「渾沌」「着陸」の三段階を辿りますが、「離陸面」と「着陸面」は異なります。『赤い殺意』もそう。主人公・貞子は生活に「戻った」のではなく「再帰的に関わるようになって自立した」のです。「敢えて生活に関わる」ようになって選択肢が増えたことが自立です。どんな選択肢なのかを想像させるところが映画の醍醐味です。

それを一口で言えば、いつでも生活を放棄できる自由を手元に置きながら、敢えて生活を送る生き方です。学問的に言えば、単なる「適応」から高次の「適応力」への転換。「主婦として生きる」生き方から「主婦になりすまして生きる」生き方へのシフト。ただし「主婦であること」の価値が下がるのではない。テレクラ主婦の発言通り、むしろ価値が上がるのです。

以上のように、「日常愛」か「非日常愛」かの二者択一で主人公が悩むという設定は、少女漫画的＝中二病的です。この映画を見た中高生が、「やはり賢明な女は最終的には日常に戻るのだ」と思うならば、悪影響メディアになります。現実には、「いろいろあって戻る」の意味は、

「曇、時々晴れ」に似た、「日常、時々非日常」という、ご都合主義的な構えになるのです。

『めまい』に比べた視覚論的な鈍感ぶり

以上を踏まえた上で視覚論を取り込みます。この映画では、「麦に見えて、実は亮平だ」が成立しているのに、「亮平に見えて、実は麦だ」が成立しない、という非対称性が映像的に提示されます。この極めてスリリングな非対称性を、鏡の比喩で理解できます。比喩を正しく理解するには、「見る」能動性と「見える」受動性の違いを弁えなければなりません。

「鏡を見る=覗き込む」のは能動的ですが、「そこに自分みたいな像が見える」のは受動的です。これを合して言語学では「中動的」と言います。中動性の理解に最適なのは「妊娠」です。「妊娠するべく性交する」事態は能動的ですが、「運良く妊娠する」事態は受動的です。だから、妊娠を巡る女の構えは中動的です。「見る／見える」と「性交する／妊娠する」はパラレルです。

次に、鏡の中に「見える」のは「自分であって自分でない何か」です。つまり「鏡の中」と「鏡のこちら」は非対称です。これを踏まえると、「亮平」を「見る」営みは、「鏡の中」を、「見る」営みに相当します。「鏡の中」を「見る」とそこに「自分であって自分でない何か」が「見える」ように、「亮平」を「見る」とそこに「麦であって麦でない何か」が「見える」訳です。

鏡を取り去ります。「鏡のこちら」だけが残ります。僕らは（顔や背中は見えないものの）自分の身体を「見る（ことで見える）」ことができます。「自分であって自分でない何か」は消えます。麦を「見る（ことで見える）」営みは、「鏡のこちら」を「見る（ことで見える）」営みに相同します。「見える」のは「麦でしかあり得ない麦」であり、亮平はどこにも見当たりません。

人間の視覚体験に敏感な者が、かかる非対称性が孕む可能性と不可能性に鈍感であることは許されません。ヒッチコック監督『めまい』（１９５８年）はマデリン（鏡のこちら）とジュディ（鏡の中）の非対称性の劇的な逆転を描きます。これは可能性と不可能性のシンメトリカルな逆転です。だからストーリーよりも主人公スコティの視覚体験を想像して、人は眩暈に陥るのです。『めまい』の監督が備えているような視覚体験への敏感さが『寝ても覚めても』の監督にあるでしょうか。ジュディ（鏡の中）がマデリンのよう（鏡のこちら）に「見える」と思ったら、ジュディ（鏡の中）こそがマデリン（鏡のこちら）だったという反転。僕らが突きつけられている（突きつけられないことができない）のは、「コレ（現実）はコレ（現実）なのか」という問いです。

更に深く入ります（専門的な言葉遣いはできるだけ避けます）。「コレはコレである」という自同律は、通常はそのように構えないとうまく生きられない（とされている）という意味でのrealismです。しかしこれを逆から見れば、「コレはコレである」という自同律によって、僕らはreal（だと通念によって見做されているもの）を、温存することになるのです。

そうした通常的な営みを、僕らは「世界はもっと豊かに生きられるのに……」という観点から、「反動的だ」と批判すること「も」できます。『めまい』のストーリーはその意味で「反動的だ」と言えますが、主人公の視覚体験（として映画を通じて与えられる与件）つまり主人公に与えられた（と想像される）視覚的世界はこの「反動性」を木っ端微塵に打ち砕いています。

でも、たかが映画。つまり社会システムが与えてくれる「ontologyからの間接化装置」です。だからこそ、こうも言えます。僕らは「常に既に」システムによって間接化されており、全ての日常体験を「仮想現実の如きもの」だと見做せます。間接化とは「それでも生きていける」ということです。であれば、映画が「反動性」に付き合う必要など毛頭ないと言えます。「映画の中」だけの話ではない。僕らが「反動性」の拒絶によって多少は「うまく生きられない」状態になるのだとしても、「常に既に」僕らが社会システムによって充分に間接化されている以上、その「うまく生きられなさ」もたかが知れていると言えます。つまり「常に既に」間接化されたrealを生きている以上、現実に鏡像と実像を反転させて生きられることでしょう。

アマゾンのジャングルで狩猟採集を営む先住民と違い、システムによって間接化されたrealを生きる朝子は、「コレ（亮平）はコレ（亮平）である」という自同律を敢えて拒絶し、先住民的な意味でのrealを生きない（間接化されまくったrealを敢えて生きる＝realismを拒絶する）ことが選択できるはず。古い社会で不可能だった「鏡の中を生きる」esthetismです。

それが「亮平＝亮平、麦＝麦」という自同律を生きない朝子だとしたらどうか。それは「亮平を、麦の別の現れ（鏡像）」として生き続ける朝子です。ただし幾度も繰り返すように「麦を、亮平の別の現れ（鏡像）」として生きることはできません。理由は、亮平が「内在系」で、麦が「超越系」だからです。そこに、亮平ではなく、麦を遠ざけるべき、真の理由が生まれます。

人は「内在（亮平）に超越（麦）を見出す（見る）」ことはできても、「超越（麦）に内在（亮平）を見出す（見る）」のは不可能。「ここ（亮平）」に「ここではないどこか（麦）」を重ねる動機があり得ても、「ここではないどこか（麦）」に「ここ（亮平）」を重ねる営みには動機があり得ないからです。エクスタシス（外に立つ存在）としての人間（ハイデガー）。存在界の摂理です。

震災後のrealismが全く考察されていない

ここに至って僕らは「震災後のrealism」との、あるべきだった接続可能性を論じられます。誤解を畏れずに言えば、「これが続くと思っていたものが実は続かないという新しいrealism」。更にパラフレーズすれば、「続くと思っていたrealは実は存在しなかったという震災後のrealism」。「改訂版朝子」こそ新しいrealismに適応した存在として相応しいのです。

更に深く掘ります。「これがreal」という不動の前提が覆ったのであれば、その不動の前提の上で「うまく生き延びる」ことを可能にするはずのrealism——例えば、「亮平は亮平である」という自同律——には、実際に「うまく生き延びる」ことを可能にする機能が、（少なくとも思ったほどには）存在しなかったことになります。realismも所詮その程度……。

震災前には、「鏡の中」は「鏡の中」、「鏡のこちら」は「鏡のこちら」という自同律的な輪郭づけが、「うまく生き延びる仕方＝realism」にとって不可欠だと思われました。ところが震災後には、「自同律的な峻別を施したところで、どのみち外部からの反理由律的な介入（クァンタン・メイヤスー）によって「死ぬときは死ぬ」というontologyに目覚める訳です。

だから「そんな凡庸なrealismを無視するぞ」と宣言するのが改訂版朝子になる。そうすれば、

「震災後」を生きるというモチーフと、「鏡の中」を生きるというモチーフを、直結できます。かくて、「鏡の中」は「鏡の中」、「鏡のこちら」は「鏡のこちら」という自同律を無視し、「鏡の中」を「鏡のこちら」として生きる非反動的なラディカリスト・朝子が誕生します。

豊かなモチーフになるはずが活かされない

他に気づいたことを話します。本作で残念だったのは活かせるはずのモチーフを活かしきれていないところ。それは反復のモチーフです。映画には、「動く水」（海辺や川辺）が繰り返し出てきます。チャイムの音（家やオフィスのそれ）も繰り返し聞こえます。携帯電話の着信の繰り返しも印象的です。何よりも重大な反復モチーフが以下のところに見られます。

亮平に「乗り換えて」から、「亮平は」朝子を助手席に乗せて東北での震災ボランティアに向けて「北に車を走らせ」ます。麦との再会後の「駆け落ち」では、「麦は」朝子を助手席に乗せて実家に向けて「北に車を走らせ」ます。そして両方のシーンに共通して、車内で男から同じく眠るようにと声をかけられます。この反復モチーフを活かすとはどういうことか。

このように「見掛けの営みが同じ」というモチーフを持ち込む場合、それゆえに生じる予感や期待の「違い」を利用して、「異なる営みが同じ見掛けであること」に、適応しようとしても適応できないとか、逆に抗おうとしても抗えないといった葛藤を、描くべきなのです。監督の師匠である黒沢清や黒沢が私淑するヒッチコックであれば、そうしたはずです。

関連して言えば、同じ見掛けの出来事でも、場所性が違えば、場所性がノイズになることで、異なった出来事として現れます。更に言えば、1960年代に小説家のジェームズ・G・バラードが、大岡昇平の影響下で述べたように、人の内面は、「風景によって浸透されることで」想像もできないものへと変貌します。この映画はそのことについても鈍感だと感じます。

物語は東日本大震災を挟んでいます。性のリアルの違いがあるはずなのです。だから、震災前の東京と、震災直後の東京との、場所性の違いもあるはずです。加えて、東京と、震災ボランティアとして活動する東北の沿岸部と、震災後に直ちに元の相貌を取り戻した東京との、場所性の違いもあるはずです。麦の故郷で亮平の転勤先でもある大阪との、場所性の違いもあるはずなのです。

この映画はそれを取り込みません。ただし「場所性による浸透」を必ずしも描く必要はない。ルネ・クレマン監督『太陽がいっぱい』（1960年）には、登場人物らの関係性の変化という本筋とは（一見）無関連に、ナポリの魚市場を主人公と一人の女が徘徊するシーンが3分近く描かれます。そこでは無関連性がむしろ三人の関係性の輪郭を際立たせるのです。

そうした表現を徹底的に擁護したのが映画批評家でもあった吉田喜重です。彼によれば、映画の本筋が確かに人間関係にあっても、世界の豊かさは人間関係には還元できません。だからこそ、世界は豊かなのに人間関係に登場人物や観客の注意が集中し過ぎている事実を、豊かな場所性への鈍感さが際立たせます。『太陽がいっぱい』の「無関連性という関連」の機能です。

その点、この映画を見ると、冒頭で話した、性交を描かないことで、同じ顔にこだわるという表層の（しかし結局は反動的な）戯れが「ありそう」に見えるという錯覚が生じるのと同じで、場所性をキャンセルすることで、無理筋のこだわりを含めた表層の戯れが「ありそう」に見えるという錯覚を生じさせています。

つまり、吉田喜重的な自覚とは程遠いのです。表層劇を成り立たせるためにだけ、深さを欠く世界が描かれていると言えます。その意味で、意味論的にも視覚論的にも、この映画はontologyから懸け離れた少女漫画的で退屈な妄想を描いています。この映画が受け入れられるとすれば、それは性的劣化の現れだと言えます。

『愛しのアイリーン』

「愛」ではなく「愛のようなもの」こそが
「本当の愛」であるという逆説に傷つく体験

自然界の「駆り立て」の連鎖

『愛しのアイリーン』を見て、僕は、幼少時に見たドキュメンタリー番組の衝撃を思い出しました。番組は食物連鎖を描いたものでした。ガゼルの母親が我が子を愛おしむ様子が描かれますが、直後にガゼルの子がライオンに食べられてしまいます。何と可愛相なのだろうと僕は思いました。

でも、そう思った矢先に、ライオンがお腹を空かせた子ライオンの母親だったことが描かれるのです。まさにそれが食物連鎖というものだ、という話なのですが、子供心にはこれは衝撃でした。ガゼルの子が哀れだというのは一つの視座ですが、別の視座に立てばライオンの子こそ哀れなのです。

自然全体すなわち存在界全体の摂理を見よ、と番組は教えていた訳です。全体から見れば、何かを可愛相だと思うのは、「人間的な」つまり身勝手な、感傷に過ぎません。ガゼルはライオンに駆り立てられますが、ライオンもお腹を空かせた子ライオンに駆り立てられます。そこには「駆り立て連鎖」があるだけなのです。

大学に入った僕は、こうした認識が後期ハイデガーの真髄だと知りました。思想や哲学の界限で1990年代に起こった「存在論的転回」や、それ以降の「多自然主義」や「多視座主義」も、敢えて用語説明をしなくてもお判りのように、後期ハイデガーが注目する「駆り立て連鎖」の延長上にあるものです。

駆り立て（Gestell）は連鎖します。その外に出る自由（選択の余地）はガゼルにもライオンにもありません。人間にもありません。ことは食物連鎖に限られません。大衆は新聞や雑誌やウェブを読むよう駆り立てられますが、それらを供給する記者や編集者も記事を配信するよう駆り立てられます。存在界の摂理。「世界はそもそもそうなっている」のです。

結婚のために愛を探す滑稽

『愛しのアイリーン』を見た皆さんは、結婚を選択（自由の行使）だと信じているかもしれない。それは最近の錯覚です。元々の結婚は選択ではありません。一万年前から順次始まった定住化に伴い、収穫物のストックの保存・配分・継承のために所有概念ができ、所有を保護するために法ができました。そこに初めて「結婚」が生まれたのです。法人類学が教える「常識」です。所有とは「使っていなくても自分のもの」という観念です。この概念が、物だけでなく人にも適用されたものが、結婚です。でも、こうした所有概念を受け容れなかったのが非定住民です。だから彼らは、セックスレスの意味を理解できず、「セックスレスで家庭内別居状態なのに他人様の不倫で炎上する」定住社会のクズを軽蔑します。

高名な人類学者である奥野克巳の研究によれば、ボルネオ島先住民プナン族は、非定住民では珍しく排他的な一夫一妻ですが、2年余りで相手を変えるので、生涯4~5回、多い人は10回相手を変えます。相手を変えるたびに子が生まれますが、適当に配分するので、「家族」の中には親が違う子供たちが普通に含まれるのです。

確認すると、元々はどの社会でも結婚は権利配分を決める制度で、愛は無関係でした。血縁集団が複数集まって定住集団を形成しましたが、A集団の男がB集団の女と結婚し、B集団の男がA集団の女と結婚する「半族婚」や、男が母方イトコと結婚する「交叉イトコ婚」など、血縁的な続柄で相手が指定されたのです。

血縁的な続柄で結婚相手を指定する「親族ルール婚」は、やがて社会が階層化して「家柄婚」にシフトしましたが、やはり愛は無関係でした。いつの時代にも、結婚は、社会全体を保つのに必要な部分的結束のためになされる「権利配分」でした。実際に日本でも、僕の両親が結婚した半世紀前まで、七割が見合い婚だったのです。

諸外国との経済的な非対称性(による駆り立て連鎖)を今は横に置きますと、愛と無関係な、財産と地位獲得のための結婚は、日本でも最近まで珍しくありませんでした。身長・学歴・収入で相手を選ぶいまどきの「三高」婚でも、愛の優先順位は低いはず。ならば、あぶれる心配も期待過剰による失望も回避できる「見合い婚」は、とても合理的なのです。

そう。昔はどんな定住社会でも、愛ではないものに「駆り立てられて」結婚しました。愛は「結婚以降に」始まりました。その愛ですら、皆さんが考える愛は歴史的な「作品」です。相手を崇高化し、永遠を誓うような愛は、12世紀南欧に始まりました。吟遊詩人が領主の奥方を神に擬えた「既婚者の愛」が出発点でした。

この成就を期待しない「戯れ」が15世紀に宮廷に持ち込まれ、既婚者同士の「真面目な」宮廷愛が始まりました。「あなたが世界の全て」という物言いが、婚姻の法（しきたり）を踏み越える制御不能な情熱を象徴しました。でも言葉では何とでも言える。ただの人が世界の全てなんてあり得るのか。だから、恋ゆえの病と死こそが、「真の心」の証だとされました。

成就を目指したとはいえ、暇な貴族の営みに過ぎなかった恋愛は、19世紀に印刷術の普及を背景に恋愛小説が流行ったことで、一挙に庶民化します。ただ、「真の心」の証が病と死では、庶民にとってハードルが高すぎます。そこで、結婚が持ち出されました。「真の心」の証明としての結婚、という新解釈が与えられた訳です。

20世紀に入ると、「愛の証明」として「結婚をする」のが逆転して、「結婚の手段」として「愛を探す」ようになり、それが世界に拡がりました。つまり「恋愛結婚」です。映画の主人公・岩男も、「結婚の手段」として「愛を探す」のですが、42歳を過ぎても見つかりません。彼の「見果てぬ夢」と、母親の「家柄婚」願望との衝突が、映画に重要なモチーフを与えています。

愛を超える愛のようなもの

さて、この映画に描かれるのは一つの「逆転」です。「愛」なき結婚に起因する怒濤のトラブルが、「愛のようなもの」を生み出す事態を描きます。奇妙なことに、「愛」よりも「愛のようなもの」の方が遥かに濃密で、登場人物たちに命を賭けさせるのです。なぜなのか。それを考えることで、観客は重い何かを持ち帰れることになります。

竿師を導きの糸にします。竿師は単に竿（チンポ）で女をコントロールするだけに見えます。でも女の視座からも見なければなりません。女にとっては単に竿が気持ちいいからではありません。夢を見ることができるからです。そう。瞬間恋愛です。竿師とは、「チンポに加えて夢を咥えさせる」存在なのです。

僕は１９９０年代前半に、「伝説のナンパカメラマンやテレクラナンパ師」を多数取材しました。結果は関西テレビ系のドキュメンタリーになってもいますが、長年不思議だった竿師の竿師たる所以が分かったように思いました。圧倒的な言葉の贈与や性交の贈与による「変性意識状態」の惹起と、彼ら自身の「超越系の佇まい」が、ヒントです。

「超越系」を説明します。毎日が平穏で幸せであることで幸せになれるのが「内在系」です。他方、毎日が平穏で幸せであるだけでは幸せになれないのが「超越系」です。超越系は、不幸な「ここ」は無論、どんなに幸せな「ここ」にも、「ここではないどこか」を対置してそれを希求します。優秀な竿師は、日常をうまく生きられない「超越系」です。

続いて「変性意識状態」を説明します。正確には「前催眠状態」ですが、軽いトランス状態だと考えればよいでしょう。言葉の怒濤やセックスの怒濤が与える非日常の感覚が、女を「ここではないどこか」に――より具体的には「あり得たかも知れない究極の愛」の夢想に――導くのです。僕が幾つかの著作で「瞬間恋愛」と呼んできたものです。

瞬間恋愛は「愛のようなもの」に過ぎません。それなのに、女は竿師に縋りつき、全財産を注いだりします。そこにあるのは、「欠落」に起因する「見立て」や「重ね焼き」です。だから、女にとって、恋人や夫への「愛」より、竿師に対する「愛のようなもの」の方が勝つのです。これは数多の取材と自分の体験から得た確信でもあります。

欠落に起因する見立てや重ね焼きは、フロイト的に言えば神経症の徴候です。翻ってみれば、岩男もアイリーンも、愛子（後述）も塩崎（後述）も、岩男の母ミツも、皆が神経症だと言えます。誰もが「ここ」に「ここではないどこか」を重ねています。だからこそ、合理では一見説明できない振る舞いを連発するのです。でも、そこには隠れた合理性があるのです。

例えば、岩男と怒濤の性交をするに至る人妻・愛子。彼女の視座から見ると、「ここ」（法内）的には申し分ない夫がいても、「ここではないどこか」（法外）でシンクロしたい自らにとって、何ら抑止力にはなりません。というか、法を破る享楽を理解できない夫が、だからこそ、妻を「法外の享楽」へと押し出すのです。現実に幾度も目撃してきた光景です。

愛子にとっては所詮は火遊びに過ぎないとの反論があり得ます。確かにテレクラ取材で出会った人妻の多くは、良き妻や良き母であるためにこそ時々知らない人に抱かれる必要があるのだと語っています。でも、これを遊びとして矮小化するのは男の視座です。女の視座には、実は祝祭の暗喩があります。実際「祭り」という言葉を使う女も多数います。

「定住による集団規模の拡大ゆえに法内を生きることで所有を守る」というのは、かつてない「異常な作法」です。法内を生きる営みはたかだか一万年前からの、人類史的には特殊な作法です。この「異常さ」に耐えるには、仕掛けが必要です。その仕掛けが定期的な祝祭でした。正確には、祝祭への待望が日常を耐えさせるのです。

祝祭は、社会システム(定住社会)から見れば単なる「ガス抜き装置」ですが、パーソンシステム(実存)から見れば「本来性への帰還」です。むろん「本当の自分」への帰還ではない。むしろ「本来の自分」を要求される定住社会の軛《くびき》からの解放です。「法」から「法外」へ。「輪郭のあるもの」から「輪郭のないもの」へ。つまり「エクスタシス=外に立つ存在」へ。

祝祭時には、平時には差別される非定住民が「芸能の民」として奉納芝居や門付芝居などの「聖なる芝居」を提供し、夜は娼婦などとして「聖なる性愛」を提供しました。鴻上尚史の芝居『ものがたり降る夜』(1999年)が描いた世界です。神々や高貴な人々を喜ばせる眩暈の営みを担うのです。一口で言えば、タブーとノンタブーの逆転劇が与える眩暈です。

この逆転劇は、情報非対称性の逆転としても現れます。夫は妻について間男の存在を含めて僅かしか知りませんが、間男は彼女から夫について日常の癖から寝床での性癖を含めて全てを聞き出す。それを推し量るからこそ、浮気を知った夫が嫉妬で激昂する——。「日常愛が主で、非日常愛が従」とする通念は、問題の有害さを中和する認知的な整合化に過ぎません。

厳密な対位法が与えるもの

映画には厳密な対位法があります。アイリーンには貧困を端緒とした「駆り立て連鎖」があります。彼女を直接「駆り立て」るのは母親です。同じく、岩男には世間体を端緒とした「駆り立て連鎖」があります。彼を直接「駆り立て」るのも母親です。だから映画が描き出すように、二人にとって共通に、「駆り立て」て来る自らの母親がウザイのです。

そしてやがて、岩男はアイリーンを、アイリーンは岩男を、自分と同じ「駆り立て連鎖のコマ」に過ぎないのだ、と悟るのです。岩男は、アイリーンの母親が貧困に「駆り立て」られている事実を知り、情けをかけます。アイリーンは、岩男の母親が相次ぐ流産など数多の不幸に「駆り立て」られているのを知り、最後は寛容になります。

もう一つの対位法は、アイリーンに惚れる怪しいチンピラ・塩崎と、岩男を誘うパチンコ店員・愛子との間にも見られます。アイリーンは、やがて塩崎を感染させます。同じく、岩男も、やがて愛子を感染させます。感染を導くのは、アイリーンと岩男の双方に見られる、多くは無知に由来するだろう過剰さです。

岩男は、童貞段階では、愛子の誘いが遊びか本気か区別がつかないで猪突猛進しますが、童貞を卒業するや所構わず発情してセックスしまくり、愛子に「あなたが初めからそうだったら……」と言わせます。アイリーンは、お前の結婚は売春と同じだと恫喝する塩崎に当初は動転しますが、けなげにそれを否定することで、やがて塩崎の構えを変えさせます。

愛子や塩崎が、単なるやりまくりの尻軽女や、女衒の人買いとしては、登場してはいないところがポイントです。愛子は、子育ての疲れや甲斐性なしの亭主に「駆り立て」られて、逃避しようとしています。塩崎は、父に捨てられたフィリピーナである母の悲しみに「駆り立て」られて、復讐しようとしています。

愛子も塩崎も、岩男の母やアイリーンの母と同じく、「欠落」によって神経症的に「駆り立て」られています。そうやって「駆り立て」られている愛子と塩崎が、それぞれ岩男をセックスマシーンへと「駆り立て」、アイリーンを売春婦へと「駆り立て」るのです（ただし未遂）。脇役に過ぎない存在に見えて、「駆り立て連鎖」のモチーフを奏でる重要な役割を、演じます。

愛子がパチ屋には場違いの「掃き溜めに鶴」で、塩崎が村には場違いの「女衒風情」なのも共通します。愛子が岩男を、塩崎がアイリーンを、法外へと駆り立てる＝誘惑する存在だからです。この図式は「祝祭時に定住社会を訪れる非定住民」と同型です。非定住民は、定住以前の遊動民と違って定住民に依存しますが、愛子も塩崎も村の人々に寄生しています。

愛のようなものの絶対勝利

「駆り立て連鎖」は、食物連鎖を考えれば思い半ばに過ぎるように、大概は一方向的です。それは一方的な〈贈与〉や〈剝奪〉として現象するだけで、双方向的な〈交換〉はむしろ例外的です。だからこそ、映画のどこかで〈贈与〉や〈剝奪〉ならぬ〈交換〉が描かれれば、観客の身勝手な視座＝人間的視座にとっては、大きな救いになるでしょう。

　この映画が原作と大きく異なるのはラストシーンです。有名な原作なので御存知でしょうが、原作では、アイリーンに訪れた一方的な〈剥奪〉（ないし〈贈与〉のしっ放し）は、子供の誕生という「反対贈与」によって報われます。吉田恵輔監督は恐らくは迷った末、映画からこの反対贈与という交換を、明確には子供を描いていないという意味で除去しています。

　かつてのハリウッド映画なら、プロデューサーがこの除去を許さないはずです。そうした除去が、カタルシスを抑止することで、仲間や恋人や家族と一緒に訪れた観客たちに「いい映画だったね」といった会話を禁じてしまうからです。この映画がそうした会話を可能にしていたら単なる娯楽映画で終わっていました。

　しかし、実際には娯楽映画では終わりませんでした。そのことで、観客の心に回復不能な傷をつけるアートに昇格しました。〈贈与〉も〈剥奪〉も報われることがないという存在界の摂理——社会という間接化装置に普段は覆い隠された世界の実態——に、無理矢理に直面させられる体験。それが回復不能な傷を与えるのです。

　それが回復不能になるのは、観客たちが既に存在界の摂理を知っているからです。知っているのに「見て見ぬフリ」をするのは、社会を——社会によって間接化された世界を——安心して生きるためです。でも、「本当の愛」（と敢えて呼べば）は、〈交換〉を旨とする安心安全な社会の中＝法内に、あるのでしょうか。吉田恵輔監督の問いです。

　思えば、今日のドラマや映画で「愛」として描かれるものは、所詮は無害な〈交換〉ロジックの内側にあり、到底「本当の愛」だとは思われません。この映画に描かれた「愛のようなもの」は、意図せず巻き込まれた一方的な「駆り立て連鎖」そのものであり、一方的な〈贈与〉と〈剝奪〉に耐えるがゆえに「本当の愛」を導くのです。それは僕らに可能かという問いです。

『ザ・スクエア 思いやりの聖域』

この世に存在しながら存在しない、
子供の指し示す幽霊性

現代アートを批判した映画ではない

この映画を現代アート周辺のスノビズムを批判した作品だと受け取る人がいますが、間違いです。言うこととやることが一致しないクズを批判しているという受け止め方もあるけど、それも間違い。現代アート批判なら1960年代に論点が出尽くしたたし、言うこととやることが一致するような存在形式がこの社会にはないからです。

正しいアートの在り方や生き方の問題ではない。僕らが生きる近代社会がそもそもどういう構造なのか。それがしっかりと描かれた映画です。その意味でプロの社会学者から見て非常に「まとも」な映画です。そのことが全く理解されていないのは、信じられないことです。

この映画が提示している問題を理解する一つの鍵は、ジャクソン・ポロックのアクション・ペインティングと猿絵（猿の描いた絵）はどう違うのかという60年代に生じた議論でしょう。ポロックがアクション・ペインティングを始めた理由は簡単です。当時、アートは公民権運動を始めとした社会のリベラルな風の最先端に立つべきだと考えられていました。権力に対しては反権力、権威に対しては反権威、制度に対しては反制度という立場を取るべきである、と。

ところが最もスキャンダラスで先進的な表現をやると、誰もが「すげぇ！」と真似します。

結局は、反権威という新しい権威、反制度という新しい制度が誕生しただけ。エピゴーネンを振り切るためにラディカルさを突き詰めれば、人間が描いたようには見えない絵に行き着き、猿絵と変わらなくなります。違いは美術館という枠や額縁という枠（スクエア）の中に置かれているかどうかだけ――デュシャンの「泉」問題です。だったらそれも美術館という制度に依存した寄生虫になります。ならばストリートで猿絵を描くしかありません。

でも、そうすると、ストリートで描かれた猿絵の「意味」を解読できるのは、今話した「アート界限の悩み」を知る内輪だけになります。もはや社会に向けた発信ではなくなり、アート界限という内輪に向けた、「死ぬまでやってろ」的な文字通りの「猿芝居」の神経症的反復に頽落します。実際そうなりました。現代アートは内輪の猿芝居です。

ただし後の議論を先取りすると、「内輪の猿芝居」の「神経症的反復」を批判するならば、必ず「オマエモナー」とブーメランが返ってきます。問題はアート界限に留まっていません。商業主義を柱とする近代社会にさえ留まりません。文字言語を基盤にしてまわる文明＝大規模定住社会の全てが見舞われる、普遍的な問題なのです。この普遍的な問題を扱うために、社会システム理論が生まれました。

話を戻すと、前衛といっても所詮は「反権威という権威」になる。それを批判する営みさえ直ちに権威になる。ならば批判の批判の批判……という具合に累進する他ないが、それをすると内輪にしか理解されない神経症的な猿芝居になる。その事実に最も深く悩んで気がふれたのが写真家・中平卓馬でした。「反なんとか」を標榜して誰もがしないことをすると、誰もが真似をする。振り切ろうとすると、逆に美術館や写真雑誌という制度に依存してしまう。それも振り切ろうとすると内輪的な猿芝居の神経症的反復になる——。あれこれ突き詰めた結果、彼は問題がどこにあるかを発見します。「主体」つまり「選択するという意識」です。

20世紀半ばには現代アートに未来がないと確定していた

そもそもの問題は主体が存在することだ。権威に対して反権威を選ぶとか、権力に対して反権力を選ぶとか。いずれにせよ選ぶのであれば、全ての選びは摸倣できる。だが、選択を摸倣するという選択がつくりだす選択の連鎖こそが、そもそも権威の定義じゃないか。いけないのは「選択する意識＝主体」である——。

そう考えた中平は、「なぜ、植物図鑑か」という1973年の文章で、植物図鑑を見本にせよと言い出します。でも、「言うこととやることが一致」したのは強度の記憶障害を伴う人格崩壊を経て以降の話でした。以降の植物のカラー写真が凄すぎます。中平卓馬だけが、主体の喪失を代償に、限界を突破しました。他の誰にも不可能な場所に到達したのです。

このエピソードの教えは、僕らが社会を普通に生きながら「権威に対する反権威」「制度に対する反制度」を貫徹することの、構造的な不可能性です。つまり、どんなに遅くとも、中平が精神崩壊した1970年代半ばまでに現代アートに未来がないことが確定していた訳です。

それから半世紀近くも経って、今さら現代アートを批判する意味などあるはずがありません。

だから、この映画を現代アート批判だと見るのは単なる無教養です。しかしそれでも、かの「アート界隈」が今もあります。なぜなのか。社会システム理論で説明します。

システムは、社会であれ生物であれ、境界線を設定し、境界線の内側でなされる営みを使って境界線を再生産し続ける、奇妙な「何か」です。アートのテーマは社会批判だと言う人もいますが、アートによって社会が動いた歴史は一度たりともありません。それを制度への依存や権力への依存が理由だとする人もいますが、これを批判する営みは、構造的に累進を余儀なくされて、気がつくと「界隈」にしか意味を持たない猿絵に行き着きます。

それが、映画が描く「内輪のスノビズム」です。でも構造的問題だから、今さら批判しても仕方ないし、どこもかしこも同じです。しかし、だからこそメタファー(隠喩)として意味を持ちます。この映画は、そのようにアート界隈を「用いて」います。アート界隈を襲う構造的問題はアート界隈だけのものじゃない。僕らの生き方が「内輪のスノビズム」だからです。

いわく、「弱者も同じ人間だから支援すべし」。クズな物言いだよ。そこで「人間」としてカウントされるのは恣意的な境界線の内側だろ。「動物も同じ生き物だから殺しちゃダメ」。クズだ。てめえは朝食にベーコンを食べただろう。「国粋こそ素晴らしい」。クズだ。敵国にこそ国粋が溢れているんだよ。——これらも構造的問題です。言葉を使うことは、今僕が使っている言葉を含めて、経験の裏打ちなく分節する営み、つまりアプリオリに非本質的な境界線を引く営みだからです。

僕らが知るアートの定義は、初期ロマン派のものです。「それを体験した人を元に戻れなくする」つまり治らない傷をつける。反対が娯楽＝リ・クリエーションで、シャワーを浴びて回復する。単に美しいのは、アートというよりは娯楽です。傷をつける衝撃があれば、美しくなくていい。でも未見・未聴時に衝撃があっても、既見・既聴化して定番化すれば、傷をつける力が消えます。

「それじゃダメだ、元のように生きられなくするぞ」と頑張ると、「一般アート界隈」を環境とする「特殊アート界隈」が作られます。「一般アート界隈」は、社会一般を環境にした営みですが、「特殊アート界隈」は、「一般アート界隈」を環境にした営みです。つまり「入れ子」構造です。だから、社会一般から見て意味不明になります。「ただの猿絵じゃん。死ぬまでやってれば？　俺に関係ないし」。宿命づけられた現代アートの本質です。その本質が、実は、近代社会における僕らの生を浸しているのです。

キーワードは「子供」と「幽霊」

現代アートの滑稽さは、この社会における生き方の滑稽さです。僕らは「万人は平等」などと言うけど「仲間内での平等」しか意味していません。「差別はダメ」という作品のメッセージが理解できない人を「レベルが低い」と差別します。右も左もおためごかし。誰もが同じで、言うこととやることが違うのです。

言葉を実践が裏切っているのです。それが見過ごされているのは、「同じ界隈」に住むからです。「同じ界隈」に住めば、「見たいものを見て、見たくないものを見ない」営みも、「話したい人とだけ話し、話したくない人とは話さない」営みも、スルーして貰えます。僕らがそうであるように、主人公クリスティアンもそう。

思いやりの大切さを説く上流階級のスノッブが、アートを理解しない移民を差別します。差別を前提として成り立つ社交界で、反差別アートの資金集めパーティをします。その場を異化するべく有名な「ドッグマン」ことオレグ・クリークをモデルにした猿人間が出てきます。パフォーマンス（見世物）かと思いきや、本当のレイプに及ぼうとします。

かくて本当のカオスが生じ、パーティ会場でボコられて終わります。犯罪を通してようやく「見たいものしか見ない枠＝スクエア」の存在が暴露された。アートよりも犯罪のほうが遙かにアートである——。などと僕がスラスラ喋れることからも、「問題」がとうに決着しているのが分かるでしょう。だから映画を観ていて途中まで不安でした。世紀半ばまでに決着がついた問題を描いて一体どうやってケリをつけるんだろうと。

ところが、意外にも、ケリは子供でした。とばっちりに抗議してクリスティアンに付きまとう貧困マンションの男児が、幽霊性を示します。アートならぬ子供の幽霊性を通じてクリスティアンは覚醒、オルタレーション（翻身＝戻れない変身）をします。父親をクズだと思いつつも、事態に怯える彼の娘たち。その眼差しを、クリスティアンは途中から絶えず感じるようになります。「子供に見られる存在」となることを通じて、覚醒していくのです。

でも、幽霊性を帯びた子供のまなざしで、クリスティアンは一体「何に」覚醒したのか？

それがこの映画で謎として残ります。でも、子供まみれで暮らしていらっしゃる方は何となく「世界は確かにそうなっている」と感じたはずです。それでいい。

どうなっているのかと問われると言語化が難しいとはいえ、何となく「そうだな」と。それをアレゴリー（寓意）と言います。子育てほど名状しがたい体験に満ちたものはないな。子育てには愛に満ちた平穏と、地獄のカオスがあるな。その両義性にこそヒントがあるのかな。まあ、そんな感じです。

平穏とカオスの奇蹟的両立を支えるのは、抽象的な概念や複雑なゲームではなく、生のエネルギーという事実性です。映画では定番のオチだから、「そこに落とすんかい」と思いましたが、やがて「そこに落とすのならいいかな」と変わりました。言葉とりわけ文字誕生以降の、詩的言語ならぬ散文言語を頼る文明（大規模定住社会）に、普遍的な問題を扱っていて――その意味では近代というより文明そのものの問題で――、既に述べた通り新しい処方箋などないからです。

であれば、処方箋はむろん生き方（実存）に関わるものにならざるを得ませんが、「こう生きればいい」と言い切れば、先の反権力や反制度と同じような袋小路に入ります。だから、僕ならば「なりすませ」と言います。キュレーターになりすませ。アーティストになりすませ。教員や会社員になりすませ。子供に促されて子供のような幽霊性を身に纏え。言葉の世界を生きながら、生きないことを絶えず「選べ」。言い忘れましたが、この世に存在しながら存在しないこと。それが子供の指し示す「幽霊性」です。

『万引き家族』

「法の奴隷」「言葉の自動機械」となった人間達が
社会を滅ぼすことへの激しい怒り

布団が艶かしかった昭和と共に失われたもの

布団の話から始めます。昭和には和風ラブホテル——「旅荘」——がありました。門をくぐると仲居（従業員）の女性が出迎えて、部屋へと案内してくれます。部屋番号ならぬ「楓」「椿」などと部屋名が付された扉が開けられると、卓袱台と畳だけが見えます。しばらくお待ち下さい、と仲居が一旦引き下がります。

茶と茶菓子を盆に載せて再び仲居がやって来ると、「ごゆっくり」と一言残して立ち去ります。何かを仄めかしているように感じてゾクっとした二人は、対面しつつ茶菓子を口に運んでしばし雑談します。それでもお互いにこれから起こることが分かっているから、どこかしらじらしくてギコチないのでした。

そして、会話がふと途切れた時が「その時」です。相手の手に触れて見つめ合い、手を取り合って立ち上がります。襖《ふすま》を開けると、そこはいきなり非日常の時空。艶めかしい色の行灯に照らされて大きな布団が敷いてあります。そこからは異次元空間です。まるで布団がこれから起こることを待ち構えていたように感じられたものです。

平成に入ると——１９９０年代になると——「旅荘」的ラブホは姿を消しました。普通のラブォでは残念なことに、初めからベッドが目に入ります。二人が対面して座するための「卓袱台と茶菓子」、という日常の擬態もありません。二人を誘惑するかのように佇む艶めかしく照らされた布団もありません。そう、「境界の両義性」が姿を消したのです。

昭和34年に生まれた僕は、中学三年まで団地暮らしでした。どのベランダにも布団が干してありました。中学生になった僕にはそれが艶めかしく感じられたものです。当時はクーラーがなかったから夏の夜中には開け放たれた窓から「あの声」が聞こえたりもしました。干した布団はそれを思い出させるのです。そうした布団も「境界の両義性」でした。

当時の団地はだいたい2DKでした。だからどこの家にも寝室はありません。当然ベッドもありません。普通の部屋に布団が敷かれました。余所の家に行くと、「そこ」に敷かれる布団とその上で行われる営みを想像して、やはり艶めかしく感じました。思春期を迎えた中学生にとって、布団はどこにあっても只ならぬ気配を漂わせる何かだったのです。

布団がそうだったので、布団が敷かれる畳や、敷かれた部屋を仕切る襖にさえ、艶めかしさを感じたものです。僕にとってはそれが「昭和の時空」です。そこに両親と子供二〜三人が共住しました。だから『万引き家族』の登場人物たち——万引き家族たち——が住む古い小宅を見ると、昭和を感じざるを得ません。それはどこかしら長閑でもあります。

実際、この映画は、「昭和と共に過ぎ去ったもの」と「平成が連れてきたもの」について語ろうとしています。それをこれから、1．法と法外、2．勧善懲悪の否定、3．都市的エロス、4．隠喩としての音楽、の4項目に即して紹介しようと思います。すると、僕らの平成社会のどこが「狂っている」のか自動的に分かる、という寸法です。

法と法外──ontologyとrealismが必要な理由

映画には、万引きを生業とする擬似家族──万引き家族たち──が登場します。彼らは法の外つまり「法外」で生活しています。いろいろな理由で「法内」から弾かれた者たちばかりです。「祖母」の年金だけでは足りないので、彼らは連携して万引きをしています。「祖母」以外に「父」「母」「母の妹」「長男」がいますが、やがてそこに「長女」が加わります……。

かつて是枝監督は似た映画を撮っています。『誰も知らない』（2004年）です。親が蒸発したので戸籍登録されていない子供たちが「法外のシンクロ」を生きる……。『万引き家族』と同じく実話に触発された作品でした。そこでは、初めは楽園に見えた子供の領分が、やがて崩壊する様が残酷にも描かれます。そして、万引き家族たちもまた崩壊するのです。

違う点も際立ちます。万引き家族たちの営みが楽園ではないということ。彼らは「法外のシンクロ」＝「生存戦略と仲間意識」で繋がります。生存戦略あっての仲間意識。逆ではありません。だから逆境では「仲間＝家族」を置いて逃げます。レオ・レオニ『スイミー』の読み聞かせが出てきます。小さな魚が集まって大きな魚のフリをする……。問題はその先です。

一人じゃできないことも皆でやればできるが、皆といると足手纏いなら一人で逃げる──そう、定住以前の遊動民ないし先住民のように。だから「父」も逃げたのです。定住以前に法はありません。法は一万年前の定住革命で生まれます。定住を支える余剰収穫物の所有を保護するためです。法が持ち込まれることで［法内／法外］の区別が生まれました。

定住以前は遊動民です。その作法を伝えるのが非定住民。彼らは法の代わりに「生存戦略と仲間意識」を頼ります。他方、僕らは法を頼ります。法の内つまり「法内」は約束の世界。やがて「法を守りさえすれば生きられる」部分が大きくなります。すると僕らは「間接化」され、「どうすれば生きられるか＝realism」を考えずに生きられるようになります。

非定住民は所有を理解せず、定住民に差別されます。それを描くのがアマンダ・シェーネル監督『サーミの血』（２０１６年）。でも「法の奴隷」と化した定住民は、「法外でシンクロ」する力を持つ非定住民を祝祭時に「聖なる民」として召喚。失った（ケガレた＝気枯れた）力（ケ＝気）を回復します。非定住民は「間接化」されない分、realismを具現します。主人公少女の身体性がそれです。

さて、「法外」においては、「どうすれば生きられるか＝realism」は「世界はそもそもどうなっているか＝ontology」を踏まえねばなりません。さもなければ生きられないからです。ただし世界とはありとあらゆる全体です。だから部分である僕ら人間に全体が姿を現すことはありません。そのことは「なぜ世界が存在するのか」と問えばすぐに分かることです。

この問いに答えが存在するなら、答えは世界の部分ですから、「世界という全体」が「答えという部分」に対応します。これは背理です。別言すると、理由があって世界が存在するなら、「何かの中に」存在せねばなりません。でも世界は全体だから、「世界を含む何か」も世界に含まれます。これは背理です。だから「なぜ世界が存在するのか」という問いに意味を与えるような形では、世界は存在できません。

にもかかわらず僕らの振る舞いは「常に既に」ontologyを先取りします。なのに先取りされたontologyを僕らは示せません。規定不能だからです。AIはどうか。人による初期入力を前提としたビッグデータからのディープラーニングという「擬似ontology」はありますが、それはいつも部分に留まる。つまり全体を先取りするontologyがないのです。

だから非常時に全体を先取りして奇跡の振る舞いを見せる「真実の瞬間 the moment of truth」もない。クリント・イーストウッド監督『15時17分、パリ行き』（2018年）の観光記録ビデオの如き趣きは、「英雄は自分が英雄であるのを知らない」という監督の信念に対応します。マシンガンに向けて突進した自分のontologyを、主人公は「後から」知るという訳です。

ontologyは「存在論」と訳されて来ました。独語Sein（ある）が「存在」、Dasein（そこにある）が「現存在」と訳されてきたのと同じで、訳語を見ただけでは意味不明です。ontologyの正しい意味は「世界はそもそもどうなっているか」。その場合、「世界は」という全体性への指示と、「そもそも」という間接性の除去にポイントがあります。

存在論的転回――社会学の沈下と人間学の隆盛

「実在論」と訳されるrealismは「どうすれば生きられるか」という意味です。レベッカ・ソルニットの『災害ユートピア　なぜそのとき特別な共同体が立ち上がるのか』（２０１０年）が示したように、システムによって間接化された人々は、システムの呼出ボタンを押せば生きられますが、災害でシステムが動かなくなるとrealismが分からず、死にます。

群馬大学の片田敏孝氏が津波の多い三陸地方に伝わる「津波てんでんこ」を震災前から唱導しておられました。津波が来たら仲間を置いて「てんでんばらばら」に逃げろ。助けようとして戻ると共倒れになるようになっているからです。これがontologyを踏まえたrealismというものです。ことほどさようにrealismはontologyを前提（必要条件）としていることが分かります。

他方、「死を覚悟して家族を助けに行け」というのは、ontologyを踏まえたrealismではありません。別の言い方をすれば、ontologyを敢えて無視したanti - realismがあり得るのです。「不可能だと知りながら」前に進む営み。これはrealismではなくesthetism（美学）です。敢えてするロマン（架空ビジョン）を追求するロマン主義。それを否定すべき謂われはありません。

realismが前提とするontologyは、約束事ではありません。まして主観でもありません。蛙には蛙の、鯨には鯨の、人には人のontologyがありますが、そこに優劣はありません（多自然主義multi - naturalism）。ontologyを無視した営みは、人や社会を生存できなくします。人の生き方も社会の制度も「どうとでもあり得る」はずがなく、realismが必要です。

なのに社会学者は、社会は約束事だから様々な文化があるのだと言い立ててきました。リベラルな議論が特にそう。「構築主義」と呼ばれます。「社会はどうとでもあり得るのに……」という訳です。でも、どうとでもあり得るはずがありません。ontologyを無視した制度に依拠する社会は滅びます。現に滅びようとしています。

最近の哲学（クァンタン・メイヤスーら）は、構築主義的発想を「相関主義」と呼び、批判します。最近の人類学（ヴィヴェイロス・デ・カストロら）も、構築主義的発想を「非本質主義」と呼び、批判します。この動きを「存在論的転回」と呼びます。ontologyを回復し、システムによる間接化で呆けたrealismを叩き直せ！――そうした共通の規範的志向があります。全く正しい構えです。

文明的な社会は滅びに瀕しています。民主政は、気分が晴れりゃ何でもいいという類の「中身に意味のない表出explosion」を、あたかも中身に意味がありそうな「尤もらしい表現expression」へと変換する装置に過ぎません。ontology & realismから人々を遠く隔てる機能を果たしているのです。前著の映画批評集『正義から享楽へ』（２０１６年）で示した通りです。

家族と非家族の差異に拘泥する「言葉の自動機械」

『万引き家族』は［法外＝直接性／法内＝間接性］の図式を用いて、そこに［本物／偽物］という図式を重ねます。realismから見て「法外＝直接性」は本物、「法内＝間接性」は偽物。システムによって間接化された「法内」の存在は、ontologyが摩滅した偽物です。映画では「法の奴隷」と「言葉の自動機械」という偽物が溢れるこの社会への怒りが示されます。

そこも『誰も知らない』とは逆向きである事実に気づかねばなりません。『誰も知らない』では「法外＝子供の領分」がunrealだから滅びるのですが、『万引き家族』でunrealなのはむしろ「法内」なのです。それを強烈に感じさせるのが、男女二人の若い警官から「母親」に対する説諭——子供の将来はどうなるの？　子供のことを考えたの？——の場面でした。

警官役の池脇千鶴と高良健吾が真剣な演技を見せますが、真剣であるほど嘘臭く見えるように周到に演出されています。これは、「言葉の自動機械」つまりクズであるパヨク（左翼の蔑称）への、痛烈な批判に当たります。それなのに、本作をパヨク擁護の作品だと批判するウヨ豚が、うようよと湧いています。パヨクと同じく「言葉の自動機械」つまりクズです。

実際に、本作では、パヨクとウヨ豚が「法の奴隷」「言葉の自動機械」として等価に批判されています。僕の言い方では、「左か右かじゃなく、マトモ（本物）かクズか」となります。こうした本作の「法の奴隷」批判&「言葉の自動機械」批判——クズ批判——のスタンスは、今日の社会が抱える問題を的確に射当てているでしょう。

なぜなら、グローバル化による「中間層の分解」とインターネット化による「見たいものだけを見る営み」がもたらした、共同体の崩壊つまり「仲間」の空洞化によって、損得勘定を超えた内発性（良心）が枯渇しているからです。思えば、左翼か右翼か宗教か世俗かを問わず、不安を背景とした神経症的な「法の奴隷」「言葉の自動機械」が社会を覆い尽くしています。

それを前提に、政治集団・官僚集団・宗教集団の別なく、「座席を失うのではないか」という不安をベースにした神経症的な「損得による忖度」が蔓延します。モリカケ官僚もオウム教団幹部も日大アメフト部員（2018年の日大アメフト部悪質タックル事件）も同じこと。「内容に意味がありそう」に見えて実際は「不安の穴埋めに役立てば何でもいい」というだけの、「似非コミュニケーション」が溢れています。

その意味で、「似非コミュニケーション」の蔓延はパヨクとウヨ豚だけではありません。そうしたunrealismの典型が、［家族／非家族］を明確に分ける僕らの作法だと言えます。先日（2018年3月）の目黒で起きた、親による子供の虐待死事件で、隣人たちが子供を助けてあげられなかった理由も、この「当たり前の作法」――クズどもの作法――だったのです。

これに比べると、万引き家族たちは家族と非家族をなだらかにつなぎます。明瞭な境目はありません。血縁がなくてもいいのです。困っていたら家族に加えてあげて助け合います。映画は、［家族／非家族］を截然と分ける僕らの「当たり前の作法」が、生き残りに役立たない「言葉の自動機械」のワザ、「法の奴隷」のワザに過ぎないと、僕らに突きつけています。

勧善懲悪の否定――初期ウルトラシリーズの香り

ところで、是枝作品の多くは、僕が小学生時代に見た、円谷プロとＴＢＳ（東京放送）が共同制作していた１９６０年代後半の初期ウルトラシリーズ――『ウルトラＱ』（１９６６年）『ウルトラマン』（１９６６～１９６７年）『ウルトラセブン』（１９６８～１９６９年）『怪奇大作戦』（１９６８～１９６９年）――を彷彿させます。だから彼の作品を見るたびに、エンドロール後にＴＢＳの旧ロゴを幻視してしまうほどです。例えば『空気人形』（２００９年）。

そこには、「怪獣にも心がある」ならぬ、「ダッチワイフにも心がある」が描かれています。「法内＝システム」に乗れない存在（ダッチワイフ）の視座を経由して社会を反省させる、という形式も完全に同じです。僕がＤＶＤボックス（下巻）に長い解説を寄せた『怪奇大作戦』を思い出します。そこで犯罪に走るのは、戦後社会に乗れない戦前戦中世代でした。

是枝監督の映画には「悪は悪、善は善」というトートロジー（同語反復）がありません。悪には理由がある、生まれた時から悪い奴などいない、とします。これは、一つの社会観であると同時に、一つの表現技術上の手段でもあります。悪の理由を描くことで、様々な問題とそれを扱う多様な価値観を提示できるからです。そこを詳しく見てみます。

是枝作品は［善／悪］に代えて［本物／偽物］のコードを持ち込みます。具体的に言えば、「法外」へと疎外された存在——怪獣であれ人形であれ人であれ——の視座を経由することで、「法内」が一つの虚構すなわち「偽物」であることが暴露されるのです。その場合、それが「偽物」だと気づく存在——『怪奇大作戦』の岸田森——こそが「本物」になります。

『ウルトラマン』で言えば、ガヴァドンにせよ、ジャミラにせよ、スカイドンにせよ、元々は少しも悪くありません。単に彼らの存在を許容できない人間たちがいるだけです。その人間たちが、残念なことに、自分たちを善だと見做す「偽物」なのです。なぜ多くの人々が「偽物」なのかを描くことで、数多の問題と価値を弁えた「本物」が指し示されるのです。

同じ図式が映画『万引き家族』を貫徹します。例えば、「私は法を守っています」と浅ましく弁解する安倍首相（２０１８年当時）は「法内」の「偽物」を象徴します。「法内」に救いがない者たちを緩やかに包摂できる「法外」の万引き家族たちこそ「本物」で、それを理解する観客たちが「本物」です。ちなみに社会学者マックス・ウェーバーが百年前に似た図式を使って。ウェーバーは、見ず知らず者からなる国民を守るべくイザという時に法を破る覚悟――失敗して市民に血祭りに挙げられる覚悟を含め――が「政治倫理」であり、その「政治倫理」に従う政治家が「本物」だとします。脱法の奨励ではなく、「正しさのために法外に出る」政治家を賞揚し、「法内でコソコソ正しくないことをする」安倍晋三的な政治家を軽蔑するものです。

都市的エロス――疎外された者をエロスが訪れる

とはいえ、是枝作品は「法内＝システム」を頭から否定しません。再び『空気人形』の冒頭。夜のモノレールの車窓から眺めた走行中の車列からカメラをパン（横移動）して主人公の一人を捉えるシーンを思い出しましょう。そこには「都市的エロス」が活写されています。僕は『ウルトラセブン』の「アンドロイド0指令」などを思い出さない訳にはいきません。

詳しく言えば、「法内」――都市や郊外――から疎外された者の眼差しにこそ、その都市や郊外が「ありそうもない不思議な何か」として立ち現れ、それが「都市的エロス」を醸し出します。そこにシンクロできない存在を疎外するものの、それ自体が奇蹟であることによって魅惑的な「法内＝システム」の、両義性。それを描き出すのが是枝作品のもう一つの魅力です。

『万引き家族』ならば「祖母」の病死直前の海水浴場です。波と戯れる幸せそうな万引き家族たちを笑みを浮かべながら眺める「祖母」の表情には「死亡フラグ」が立っている――樹木希林の演技は奇蹟です。「ありそうもない不思議な何か」からエロスを享受した彼女は、「お姉さん、よく見るときれいだね」と「母親」に語り、ほどなく亡くなります。

万引き現場のスーパーマーケットを挙げてもよい。ジャン・ボードリヤールならばキャノピー（伽藍の天蓋）と形容するだろう陳列棚に置かれた商品の数々は、「父親」が「売られる前には誰のものでもない」と語るように、「ありそうもない不思議な何か」として立ち現れています……そう、これもエロスなのです（後述）。

思えば、幼少の僕は、発達が遅くて体が小さく、右掌に大火傷を負い、小児喘息で、周囲の冗談が理解できず、転校だらけで六つの小学校に通ったのもあって「周辺的存在」でした。そんな僕が幼稚園の頃に作ったスクラップブックがあります。母が購読していた婦人雑誌（『ミセス』など）からネオン輝く都会やショーウィンドウの写真を集めたものでした。

「法外」へと疎外された僕から見ると、写真の中で見る夜の都会やマネキン人形が、何というか、全体として一つの生き物だと感じられたのでした。それを今でもまざまざと思い出せます。だからでしょうか、小学校にあがるとアンデルセン童話と宮沢賢治に深く耽溺することになったのでした。

錫《すず》の兵隊やマッチ売りの少女が、人々が幸せそうに行き交う街や窓から見える団欒を、自分がそこに包摂されていることを想像しながら眺めて、いっときの享楽に耽ります。その感覚が、まるで自分のもののように感じられて、僕もひとときウットリと至福の時間を過ごしたものでした。

隠喩としての音楽――細野晴臣の劇伴にみる天才

アンデルセン童話の後に宮沢賢治に触れることになりましたが、例えば遺作である『銀河鉄道の夜』を読むと、自然への礼賛もさることながら、鉄道の窓灯・信号機の灯・ショーウィンドウの品々・からす瓜の燈籠などへの、主人公の憧憬が描かれていて、僕はアンデルセン童話と同じものを感じて深く癒されたのでした。

だから、小学三年生のときに『ウルトラセブン』の「アンドロイド0指令」を見た時も、同じ感覚を抱いたのです。是枝作品には、『空気人形』からも『万引き家族』からも、同じ体験を享受できます。何の変哲もない都市や郊外を、錫の兵隊やマッチ売りの少女や『銀河鉄道の夜』のジョバンニのように眺める眼差しを、自分のものとして受け取ることができるのです。

人々をontologyとrealismから遠ざける、究極の間接化を行うシステムでさえも、そこから疎外された周辺的存在の視座からすると、ありそうもない奇蹟的な過剰、あるいは過剰な〈贈与〉として見えてくるということ。その意味で、「真のエロス」は周辺的存在の視座にしか立ち現れない――それが是枝監督の確信なのだろうと思います。

その構えに心から共振できる僕は、昔から「都市や郊外は――システム――は法を通じて人間を疎外する、以上」という類の単純な言葉に、大きな違和感を感じてきたのでした。だからこそ、僕は都市のフィールドワーカーになって女子高生の援助交際を「発見」したのだと思います。今から振り返ると、全てがひとつながりになって感じられます。

最後に、音楽自体が映画全体の隠喩をなす細野晴臣氏の劇伴について触れます。テーマ曲とも言えるのが、エンドロールを含めて随所に流れる「Living Sketch」でしょう。アナログ楽器が離散的な平均律を奏でる一方、デジタルピアノのアルペジオがグリサンド（連続変化）します。アナログ楽器にはアルペジオのグリサンドは構造的に無理です。

離散的な音程のアナログピアノと、連続的に音程が変わるデジタルピアノが、共演するパートさえあります。通常なら、プログラミングで打ち込み音を定義するので無限に再現可能なデジタル音が「システム」を隠喩し、人が演奏するがゆえに再現可能性が厳密には存在しないアナログ音が「システム外」を隠喩するはずのところです。

ところが、この映画の劇伴では、「システム的＝法内」であるはずのデジタル音が、連続的な音程変化を通じてエロスを――人間的な曖昧さを――醸し出し、「システム外的＝法外」であるはずのアナログ音が、リズムギターのように単調な刻みを入れるのです。これは明確に、先ほど申し上げたものとは逆方向の隠喩を意図したものでしょう。

僕らの社会では、不安を背景に神経症的な「法の奴隷」「言葉の自動機械」に人間が堕落することで、ＡＩによって簡単に置き換え可能な存在に劣化しつつあります。数学者の新井紀子氏が言うように、人間がパヨクやウヨ豚のようにontologyと無関連な自動機械になり下がるのであれば、ＡＩは簡単に人間を超え、人間をＡＩに置き換えた方が望ましくなります。

他方、ＡＩを部品として含んだシステムは既に、人々に充分なエロス的な体験を享受させるところまで進化しました。エロス的な体験を求める時に誰を・何を相手にすればいいのかという点について言えば、スパイク・ジョーンズ監督『her／世界でひとつの彼女』（2013年）が描くように、今の段階でも既にＡＩやゲームマシンの方がマシかもしれません。

エンドロールに流れる音楽を聴きながら僕は、万引き家族たちのように「法外」でシンクロする能力を、既に失ったがゆえに「劣化した人間」が、デジタルなアルペジオのグリサンドによって隠喩されるシステム＝ＡＩに、急速に置き換えられていくイメージを受け取りました。ただ、こうした劇伴の仕掛けを考えるのがまだ人間であることが僕らの救いです。

冒頭「昭和と共に過ぎ去ったもの」に触れました。ソレを一言でいえば、万引き家族たちのように「法外」でシンクロする能力だと言えます。「法内に露出した法外」という両義性が布団です。ソレを失って、「法の奴隷」「言葉の自動機械」へと劣化してＡＩ以下に堕落した人間たちが、社会を滅ぼそうとしています。『万引き家族』はその事実への怒りを突きつけます。

『A GHOST STORY ／
ア・ゴースト・ストーリー』（前編）

『アンチクライスト』に繋がる〈森〉の映画

物語よりも世界観をモチーフとした映画群

『A GHOST STORY／ア・ゴースト・ストーリー』はいい作品です。極めて低予算なのに1年以上前から全米で話題が沸騰していたのが理由で、日本でも2018年11月公開が決まりました。素晴らしい作品なのに、日本では半分以上の観客が分からなかったという感想を抱いて帰ると聞きます。残念すぎるので、作品をちゃんと感じて貰えるように準備します。

今世紀に入って見られるようになった良作の多くに共通するのは、ストーリーより、モチーフが醸し出す世界観にポイントがあることです。物語を追うと起承転結が見えづらく、どこでカタルシスを得られるのか判らなくなります。ちなみに世界観とは「世界（あらゆる全体）はそもそもこうなっている」という存在論的ontologicalな理解です。

世界は寓意としてしか示せません。ヴァルター・ベンヤミンが定式化したように象徴symbolは規定可能ですが、寓意allegoryは規定不能です。世界が全体に関わるからです。ハイデガーによれば、全ての存在は世界の中にあります。でも、世界はあらゆる全体だから世界の中にはありません。世界の中にないのだから世界を指示できません。

象徴とは記号と（見えない）対象の結び付き（symbolon、ギリシャ語で割符）。見えなくても割符の相手方は決まっている（規定可能）。ところが世界はあらゆる全体なので指示できない（規定不能）。寓意は「砕け散った瓦礫の中の一瞬の星座」（ベンヤミン）として示される他ない。でも一瞬後には見えたはずの星座が見えなくなる……。記号でのパラフレーズ不能性を指し示す物言いです。

象徴は世界の中にある存在を指示しますが、寓意は世界を指示します。でも世界は世界の中にないので存在しない。存在しないものを指示できません。その意味で世界は存在しない形で存在します。だから寓意も、指示しない形で指示します。物語の享受は、世界の中の存在を追う営みですが、寓意の享受は、存在しない形で存在する世界が、ふと訪れる奇蹟の瞬間です。

ハイデガーよりも少し年長で、グノーシズム研究から東洋研究にシフトし、エゾテリズム（秘教）研究者として名を成したルネ・ゲノンは、自らのアラビア名を「一者の僕《しもべ》」としたように、指示不能な形で存在する世界の特徴を「一者性」と呼びました。これはただ一つしかないというよりむしろ「数えられない一つ」という意味です。固有名の単一性（スピノザ）にも関連します。

言い方を変えると、存在には輪郭がありますが、世界には輪郭がないので指し示せません。象徴の対象は輪郭があって規定可能ですが、寓意の対象は輪郭がないから規定不能です。でも、象徴の営みが規定可能なのは文脈が規定可能だからで、文脈が規定可能なのはそれを規定可能にする文脈があるから。こうして遡れば必ず文脈の全体性という規定不能性に突き当たります。

だから、規定可能だと信じて言葉の営みをする僕らも、少し反省すれば規定可能性が怪しくなります。例えば、僕らは、言葉の用法が「皆」と同じだとの前提で言葉を使いますが、言葉の用法が同じかどうかは確かめられません（クリプキ）。僕らは、目の前の相手が人間だとの前提で遣り取りしますが、外見に拘わらず相手が人間か否かを確かめられません。

そもそも自分は人間なのか。人間という言葉が何を指すのか。少し厳密に思考すれば、自分の輪郭も人間の輪郭もぼやけます。コミュニケーション可能なものの全体を社会と呼び、あらゆる全体である世界から区別すると、社会は世界に絶えず侵入され脅かされています。だから、少し反省するだけで「社会は思っていたものとは違う」という感覚に苛まれます。

でも世界は規定不能＝指示不能だから、何がどう侵入して社会が脅かされているかを言えません。だから僕らはもどかしく感じます。でも例えば、いずれ訪れるのが確実な、宇宙の終焉について友と語り合えば、友も自分も「何か同じものに同じように侵入されて脅かされている」と思えて一瞬シンクロできたりします。やがて日常が戻って「その瞬間」を忘れますが。

映画を含めたアートの目的は、19世紀の初期ロマン派によると「治らない傷」をつけること。娯楽＝リ・クリエーションが、入浴してサッパリして仕事に戻るみたいに社会に戻らせるものだとすれば、アートは、本当はいつも社会を脅かしている世界を、寓意的に体験させることで、以前と同じようには社会を生きられなくさせます。謂わば「その瞬間」を刻み込むのです。

そうして傷を刻まれた存在として社会を生きることを強いる映画が、20年程前から目立つようになりました。だから僕は今世紀に入って程なく、それらを扱った映画評を連載し始めたのでした。連載は「オン・ザ・ブリッジ」と題され、副題は「社会から世界へ」でした。それが2冊の映画本になり、ここでの連載にも繋がりました。

ここでの連載を纏めた三冊目を3年前に上梓してから映画評を中断しました。その理由ですが、この10年、「社会から世界へ」をモチーフとした作品の多くが、全体性を「森」（実在する森に限らない）に託すようになりました。それはなぜなのかを突き止めるために、１９９０年代に始まった新しい人類学、それを出発点とする思想界隈全体の「存在論的転回」、それらの背後にある後期ハイデガーの再解釈などを、探っていたのです。

技術論的な話を切口にします。２時間の映画に含まれる情報量は限られます。ところが、波瀾万丈的な娯楽作品とは違い、僕らが普段見ようとしない「世界はそもそもそうなっている」という存在論ontologyを、一瞬の星座に組み上げる寓意作品は、僕らが世界を生きることで蓄積する「膨大な何か」を触発する形で、映画体験の情報量を巨大に膨らませています。

映画が、膨大な情報を含む「体験」を可能にする機制を、ソシュールならぬチャールズ・サンダース・パースの再興を企てたジェスパー・ホフマイヤー『生命記号論』（原著１９９３年）が解説します。その議論は、映画「体験」を実際にスクリーン上に見えるものに限りたがる「蓮實重彦エピゴーネン」への学術的反措定の基礎を与えます。でも、それはどうでもいいでしょう。『正義から享楽へ』に記したように僕は映画というメディア自体にはさして関心がないので、「どうでもいい」と言いましたが、代わりに僕が強い関心を寄せるのは、僕らが世界を生きることで自動的に蓄積する「膨大な何か」です。それが今どんな形を取りつつあるか、その理由はどこにあるか、どんな機制が何を触発するか、映画がその機制をどう利用するか、などです。

「森」の映画の教科書『アンチクライスト』

「森」の映画の出発点は、人類学的な多視座主義（デ・カストロ）を具体化したテレンス・マリック監督『シン・レッド・ライン』（1998年）です。鰐・鳥・先住民・近代人の共軛不能な複数の時間を描く多自然主義としても幾度か論じました。今回『ア・ゴースト・ストーリー』を論じる前提として話したいのが、ラース・フォン・トリアー監督『アンチクライスト』（2009年）です。

ストーリーが難解だとされますが、「森」の映画として最も分かりやすい。冒頭に話した「モチーフが醸し出す世界観」という点で、複数のモチーフが全て単純な二項図式を形作るからです。それが題名で「キリスト・対・反キリスト」として示されます。エンドロールでも、アンドレイ・タルコフスキーへの献辞を通じて「規定可能・対・規定不能」として示されます。

ここには、多くの観客に理解させて誤読を防ぐための説明的意図を感じます。そこから推測するに、トリアーはこの作品を世界観の範型（パラダイム）として提示しています。実際この範型に合点が行けば、数多の監督が「意識せず則っている世界観」を類似（アナロジー）によって分別できます。それらを検討すれば「四方域（ハイデガー）に関する今日的直観」を描き出せます。

注目すべきはウィレム・デフォー演じるカウンセラーとシャルロット・ゲンズブール演じる妻の関係性の変化です。性交中に赤子が窓から落ちて死ぬ衝撃のプロローグは、気を惹くためのオカズに過ぎません。「夫婦が共にキリスト側にいたのが、妻が徐々に変化してやがては反キリスト側に立ち、夫を反キリスト側に取り込む」というプロセスにこそポイントがあります。ちなみにこれからお話しすることは、『アンチクライスト』の鑑賞後に分析した結果ではありません。世界観の範型として作品が提示されていることもあり、観客に一定の経験と素養があれば、リアルタイムに「僕がこれからお話しするように」体験できます。だから、これから話すことは、映画を見ながらリアルタイムに僕がそのように体験したことについてです。

物語は単純です。夫妻が性交中に、赤子が窓から転落死する［起］。医者がもて余す悲嘆の深さゆえにセラピストの夫が入院中の妻を帰宅させ施療する［承］。自ら求めて「エデンの森」に滞在した妻が急に変性して嫌悪していたはずの森に同化する［転］。妻に呑み込まれた夫が、殺される寸前（聖痕出現）に妻を殺害、〈杖をつくオイディプス〉として森から草原に出ると無数の女達が彼を囲み歩く［結］。

定石通り施術したがる夫は「言葉」の人。施術が効かずに最終的に「エデンの森」に同化を遂げる妻は「言葉の外」の人。全くの水と油でも最初は違いました。赤子の葬儀の日に卒倒して悪夢に苛まれる妻に、夫が青い毛布をかけます。伝統のマリア像モチーフ「ピエタ」です（ペルジーノ、エル・グレコ、ルーベンス等）。妻が当初「キリストの側」にいたことも示されます。

「森」がエデンと称されるのは、失楽園譚を踏まえた喩です。「森」が「1.人類がそこから出て来た場所、2.出るべきでなかった場所、3.ゆえに帰るべき場所」に重ねられます。ちなみに今日のカトリック神学では、蛇による唆しも、不完全な言語と道徳を与えられた「神に似姿である人」が神にも予測不能な仕方で振る舞うのも、「全能神の意図（全能だから予測不能性も意図可能）」です。

ここまではユダヤ教とキリスト教に共通する話。ここから先、なぜ映画が反キリストを標榜するのかのヒントになる話をします。マグダラのマリアの逸話（罪なき者のみ石を投げよ）や善きサマリア人（戒律と無関係に思わず瀕死の男を助けた被差別民）の喩に見られるように、イエスは、戒律になければ瀕死の男を放置し、戒律にあれば貧窮した娼婦を罵倒する、浅ましき者を批判しました。

戒律を守っているつもりのお前たちは目で姦淫している、という物言いゆえに、「戒律を守る／守らない」という行為の水準から「何を思うか／思わないか」という内面に、イエスが注目点を移したとの説が有力ですが、間違いです。イエスは何より、自発性（損得勘定）より内発性（損得を超える動機）を推奨します。自分だけが救われたいからと、戒律にあれば人を助け、戒律になければ助けないという営みは、利己的で浅ましいとするのです。

マグダラのマリアにおける目での姦淫云々も、そう。淫猥な気持ちを抱いているくせに、戒律を守らないと救われないという理由だけで戒律を守り、数多の事情で戒律を守れない貧窮した者に石を投げる者が、神に救われるだろうか。偶然自分に余裕があって戒律を守れるからといって、貧窮ゆえに体を売らざるを得ない者に石を投げるような輩が、救われるだろうか。

イエスの教えを「内面の道徳を浮上させたのだ」と解する人々が、後にキリスト教を道徳化させました。第二バチカン公会議（１９６２〜１９６５年）が否定した、道徳主義的解釈という大きな誤りです。イエスが否定しているのはif‐thenの条件プログラムです。「救われたいなら戒律を守れ」も「救われたいなら内面を正しく」も同じで、「ちゃんとしていたのだから救え」

と救済のための取引きを神にもちかける瀆神行為（神強制）なのです。

イエスが推奨するのは「他者を救いたいから救う営み」＝目的プログラムです。条件プログラムは「道具的」。目的プログラムは「自体的」。こう整理すると分かる通り、ギリシャ語で書かれていた福音書が伝える図式は、初期ギリシャ的です。初期ギリシャは「災難が起きぬように」「幸いがあるように」と神に這いつくばって祈る営みを「エジプト的」と呼び嘲りました。

理由は三つ。第一に、ギリシャ神話やホメロス叙事詩やギリシャ悲劇が伝えるように世界はそもそもデタラメ（規定不能）で、条件プログラムは通じない。

第二に、災難の理由を神の意志に帰属させて神を宥める営みは、神への依存で浅ましい。

第三に、それが報われようが報われまいが正しい行為（仲間のための自己犠牲）をなす者こそ、真の英雄。福音書にも流れる思考です。

でも、ユダヤ教が行為の条件プログラム（戒律）を重視したのに対してキリスト教は内面の条件プログラム（道徳）を重視したとの誤解から、「行為の統制は王の世俗の営みに委ね、内面の統制は教皇の聖なる営みに委ねる」というトマス・アクィナス的な両剣論が、西ローマ帝国で拡がり、人が自力で世俗社会を作る営みをキリスト教が正当化したという話になりました。

イエスの教説だった訳ではありませんが、それが世に言うキリスト教です。『アンチクライスト』は題名からして「世に言うキリスト教」への反措定。戒律であれ道徳であれ、条件プログラムに拘泥する人には社会を作る資格はなく、現に社会（大規模定住）はいつもクソ社会で矛盾が消えず、人は「法の奴隷」「言葉の自動機械」というクズに頽落したままという訳です。

この社会が根本的に間違っている理由とは

しかし10年前のこの作品の凄さは、「キリスト的／反キリスト的」という古代ギリシャ文献学者ニーチェ以来知られるようになった概念図式に、以下の多様な脱概念的な図式をこれでもかと重ね焼きにしたことです。その結果、キリスト教云々を超えて、「世界はそもそもどうなっているか」という存在論的ontologicalな探究として、一つの高みに達しています。

男／女
草原／森
輪郭あり／輪郭なし
屹立／癒合
離散体／連続体
光／闇
太陽／月
農耕／狩猟
一神教／アニムズム
乾燥／湿気

風が吹く／吹かない
低粘度／高粘度
北（峻厳）／南（雑然）
一つの声／複数の声
単一視座／多数視座
明朗活発／不気味
言葉以降／言葉以前
規定可能／規定不能
計算可能／計算不能
合理／不合理（の合理）
言う／示す
なす／ある
能動受動／中動態
秩序／カオス
法／法外
社会／世界（社会の外）
社会常識／変態性愛
間接性／直接性

支配の性／溶融の性
生への性／死への性
出生後／出生時
胎外／胎内
敗北／勝利
施術者／クライアント

夫が上辺、妻が下辺。夫が施術者（セラピスト）という設定が絶妙です。日本でも1996年頃から自傷ブーム・アダルトチルドレンブーム・エヴァンゲリオンブーム、要は「生きづらい系」ブームになります。生きづらいのは何のせいか。自分のせいだと理解すればセラピー（施療）が要ります。そこから癒し系がブームになりますが、そこに見られる思考停止には仰天します。生きづらさは人のせいか。社会のせいか。社会がクソだから人が生きづらいのではないのか。治されるべきは人ではなく社会ではないのか。人を治すことでクソ社会が温存されるのではないか。クソ社会を何の問題もなく生きられる人こそクズではないのか。実際監督は2007年から鬱になり、鬱に苦しみながら映画制作をしました。作品には社会への呪詛が充ちています。だから、映画は上辺を嫌悪、下辺を賞揚します。夫による治療にも拘わらず、妻は「エデンの森」に行きたがります。妻は草原を恐がり、森の暗闇を好みます。森では雛が蟻塚に落ちて鷹に捕食され、母鹿が膣から濡れた子鹿を覗かせて歩き、狐が突如「カオスが支配する」と叫びます。光量が低い森でカメラは対象の輪郭を捉えられず、全てがヌルヌルしています。

映画は「妻＝下辺」に軍配を挙げます。実は僕らはその意味を現実によって２０１６年に突きつけられました。監督の個人的嗜好として片付けられません。オバマの大統領選では白人福音派の73%がオバマに投票したのに、今回は81%がトランプに投票してヒラリーが落選しました。最大の一つの理由が、第三回目の大統領候補討論会の主題となった中絶でした。

日本では僕しか論じませんでしたが、アメリカでは議論が沸騰しました。多くの州で出産直前まで中絶可能なアメリカですが、ヒラリーは一般女性らと会合する番組で、お腹にいるか生まれたかで赤子に人権があるか否かを決めることに違和感を示した女性に、出産寸前でも胎児には権利はないと断言。キリスト教徒の間で「リベラルには心がない」と大炎上したのでした。

本当は出産寸前か否かは問題ではない。どこかで区切って「以降は人だが、以前は人ではない」と線引きする営みが問題です。リベラルがどの範囲を仲間と認めてシェアや再配分を賞揚するのかという線引き問題と同じです。だからブレグジットでもトランプ誕生でもリベラル政党支持者の多くが排外主義に加担しました。まさに「言葉の自動機械」というクズです。

本当はリベラルの欺瞞という問題でさえなく、誰が仲間かという共通感覚を欠いた人々が大規模定住を営む際の普遍的問題です。胎内スキャンを見れば出産4カ月前で顔の個性が見え、1カ月前には姿勢から仕草まで誕生後と遜色ない。生まれていないなら権利はないという物言いの出鱈目が分かります。だから僕は特別養子縁組制度の普及イベントに関与してきたのです。

古くからの森の思考は普遍的問題を回避させます。アマゾン先住民ヤノマミ族は古い日本と同じ「子帰し」の営みを今もします。精霊クラウドから訪れた赤子を母が抱けば精霊から人になり、抱かなければ白蟻の巣に封入して燃やし精霊クラウドに帰します。そこに存在するコスモロジーとそれに相即した連続体感覚が「人か物か」という残酷な裁断を退けさせます。

別の逸話で補完します。２０１８年9月22日に放映されたＮＨＫドキュメンタリー番組『SWITCHインタビュー 達人達（たち）』が俳優・井浦新とサバイバル登山家・服部文祥をフィーチャーしましたが、そこで服部が狩猟における「獲物へのなりきり」を切口に、主体や身体の概念、総じて境界の概念に疑問を呈します。

服部は「獲物へのなりきり」を語りつつ、獲物もまた「人へのなりきり」を示すと言います。猟師の武器が刃物か矢か銃器によって鹿は安全距離を変えますが、これを服部は獲物によって「なりきられている」と体験します。この対称性ゆえに、獣を殺して喰う人間が獣に喰われるのは当然。獣を殺していいのに人を殺しちゃいけないという線引きも理解不能だと言います。

映画を最後まで見通すと、妻が左右の靴を逆に履かせて幼児の足をわざと変形させた事実、性交中の妻が赤子の墜落の一部始終を見ていた事実が示されます。むろん「妻は子を愛していたが愛していなかった」という両義性の隠喩。直接的すぎて強烈です。この両義性は更に、妻が社会つまり人倫を生きながら世界をも生きる服部文祥的身体である事実の喩にもなります。

根本的に間違った社会をどう生きるべきか

夫から妻の世界へ。上辺から下辺へ。元の場所に帰ること。「エデンの森」の回復です。人にクソ社会を作らせたキリスト教を払拭する「反キリスト」の運動。そこにインセストやニンフォマニアといったシャルロット・ゲンズブールのパブリックイメージや、『最後の誘惑』(1988年)でイエスを演じたウィレム・デフォーのパブリックイメージが利用されます。

この動きゆえに、夫は妻に殺されて終わると想像されます。実際、逆十字に横たわる夫に聖痕が現れます。でも逆に妻が夫に殺されます。しかし妻の敗北ではない。妻によって傷を刻まれた夫は以前のようには社会を生きられません。妻によって足にボルトで砥石を括りつけられた際に骨を砕かれた夫は、〈杖をつくオイディプス〉として「森から草原に」出るのです。

この感動的なラストシーンでは〈杖をつくオイディプス〉の周りに無数の女達が群れ集い、二項図式が再確認されます。男/女、草原/森、輪郭あり/輪郭なし、屹立/癒合、離散体/連続体、光/闇。〈杖をつくオイディプス〉は、クソ社会の中で犠牲になった者達を背負いながら、これからを生きていくだろう。観客にそう思わせたところで映画が終わります。

これはもちろん、〈杖をつくオイディプス〉として社会を生きて行け、治らない傷を隠して「なりすまし」ながら社会を生きて行け、という推奨です。この推奨が現実に有効であり得る程度に応じて、『アンチクライスト』はアート＝治らない傷をつける営みとして成功したことになります。だから『アンチクライスト』はアートとは何かに自己言及する形式を備えてもいます。

この映画を教科書にすると世紀末以来の様々な「森」の映画を論じやすくなります。「森」は規定不能な全体性の喩です。『ア・ゴースト・ストーリー』も「森」の映画です。次回は「森」の映画の最高傑作であるアピチャッポン（アピチャートポーン）・ウィーラセタクン監督の『トロピカル・マラディ』（２００４年）に触れて更に準備を整えます。

『A GHOST STORY／ア・ゴースト・ストーリー』（中編）

〈森〉の思考が思い描く〈世界〉を
『トロピカル・マラディ』に見る

『アンチクライスト』が雛型だったのはなぜか

前編はデヴィッド・ロウリー監督『A GHOST STORY／ア・ゴースト・ストーリー』（2017年）を論じる準備として、「森」の映画の典型であるラース・フォン・トリアー監督『アンチクライスト』（2009年）を論じました。神話的にも見える夫と妻の対立は「草原」と「森」の対立、輪郭のあるものとないもの、言葉以降と言葉以前の対立、社会と世界の対立でした。

観ていて意外なのは、夫が妻に殺されて終わると思いきや、逆に夫が生き残ること。でも見終われば納得です。映画は、［草原から森へ⇓森から草原へ］即ち［社会から世界へ⇓世界から社会へ］という往還（往相と還相）を描き出していたのです。因みに僕の最初の映画論集は［社会から世界へ］、次の論集は［世界から社会へ］がモチーフです。

往還を纏めれば、［社会⇓世界⇓社会］。社会とはコミュニケーション可能なものの全体＝規定可能。世界とはありとあらゆる全体＝規定不能。［規定可能⇓規定不能⇓規定可能］という抽象水準に注目すれば、［離陸⇓渾沌⇓着陸］という通過儀礼の図式だと分かります。そこでは渾沌による「治らない傷」が、離陸面と着陸面の差異を与えます。

「治らない傷」は、リ・クリレーション（回復）として機能する娯楽から、アート（芸術）を区別する印です。でも、この作品を「森」の映画のパラダイム（範型）を与えていると述べたのは、それだけが理由ではありません。「治らない傷」を描くと同時に、僕らに「治らない傷」をつけることで、今日のアート映画が果たすべき機能に自己言及しているからです。

それが今日要求されている機能である理由を理解するには、もう一段階必要です。それを理解すれば、『ア・ゴースト・ストーリー』が僕らのどんな要求に応えているのかが分かります。そのために、アピチャッポン・ウィーラセタクン監督の『トロピカル・マラディ』[*1]（2004年）を検討します。

同じ範型の内側にある『トロピカル・マラディ』

ウィーラセタクン監督と言えば、カンヌ国際映画祭（2010年）でタイ映画史上初めてのパルムドールを受賞した『ブンミおじさんの森』（2010年）が有名です。でも真の最高傑作は『トロピカル〜』です。『ブンミ〜』は簡単に先が読めるのが最大の難点です。『トロピカル〜』は全く予見不能です。そもそも別の着想ノートに基づく前半と後半から成り立っているのでした。

前半は北部の都会イサーンを舞台にしたゲイの青春劇。後半は森林警備隊員による聖なる虎の追跡劇です。前半で「仕掛ける男ケン」を演じ、後半で「虎を追う森林警備隊員」を演じる

＊1　タイ語音声に英語字幕がつく版だけが存在する。タイトルは熱帯の風土病という意味。

のが、俳優バンロップ・ロームノーイ。前半で「仕掛けられる男トン」を演じ、後半で「追われる虎」を演じるのが、『ブンミ～』にも出演している俳優サックダー・ケァウブアディーです。

　前半冒頭、ケンを含む森林警備隊員たちの、「森」を背景にした「草原」での実務が描かれます。そのケンが、トンを見初めて「仕掛ける＝追いかける」のが前半の話。ケンを演じた俳優が後半でも「追いかける」森林警備隊員を演じ、トンを演じた俳優が後半でも「追われる」虎を演じるのです。わざわざ前半と後半の間のテロップで、同じ俳優であることが示されます。

　同じ俳優に同じ形式のモチーフを反復させるメトニミー（換喩）。それで前半と後半が滑らかに繋がります。メタファー（隠喩）もそれを助けます。前半＝「草原」。後半＝「森」。ところが前半内でも「草原から森へ」が示され、後半内でも「草原から森へ」が示されます。全体がフラクタル構造なのです。フラクタル構造自体が「森」の主題を重ねて暗示します。監督によれば[*2]、映画は時間軸的に展開される記憶を用いた表現なので、前半から後半へという順になった「だけ」。後半を観て得た視座を以て、前半を観て得た視座に「再参入」する営みが、狙われているのです。具体的には、後半を観た後に前半を想起remindingすることで、前半の印象が当初とは別のものに変異するように、設計されているのです。

　『アンチクライスト』では、［草原／森］の対立が［社会／世界］の対立の隠喩でした。［草原＝社会］が［森＝世界］に脅かされる、というモチーフです。だから［草原＝飲み込まれるもの／森＝飲み込むもの］。そこには［社会＝低エントロピー／世界＝高エントロピー］という図式が重ねられています。[*3]

今回の『トロピカル～』にも同じ図式があります。草原／森。社会／世界。低エントロピー／高エントロピー。輪郭あり／輪郭なし。光／闇。非液体／液体。離散／癒合。樹木／地下茎。レペティティブ（浅さ）／フラクタル（深さ）。線形／非線形。秩序／渾沌。男／女。能動・受動／中動。生／死。規定可能／規定不能。言語以降／言語未然。

監督は、［後半＝森＝世界］を感じつつ［前半＝草原＝社会］を体験せよと言います。すると、［世界に囲繞された社会］が浮かび上がります。それはまるで「渾沌に浮かぶ秩序の島」「非日常に浮かぶ日常の島」。ただし［秩序＝正常／渾沌＝異常］なのではない。むしろ秩序＝社会こそが、ありそうもない（＝低エントロピーの）奇蹟なのです。

範型の原型は記憶上は初期ギリシャにまで遡る

僕は社会学者なので、エミール・デュルケム『自殺論』（原著１８９７年）を思い出します。人は無秩序（犯罪や自殺）を説明したがります。でも彼によれば、原理的に説明されるべきなのは秩序の方です。秩序こそ奇蹟だからです。それを説明するために彼は「社会的事実」「集合表象」など画期的概念を考案します。ただしこうした発想は近代では珍しいものの、古く遡れます。

＊２　Quandt, James (ed.) *Apichatpong Weerasethakul*, Filmmuseumsynema Publicatione

＊３　高エントロピー：ほうっておけばそうなってしまう状態／低エントロピー：持続的営為で支えないと続かない状態

この発想は前5世紀の初期ギリシャに生まれます。彼らは地中海を挟んだセム族の構えを「エジプト的」と呼んで揶揄しました。当時は新バビロニアが南イスラエル（ユダ王国）を滅ぼしたバビロン捕囚の頃。旧約聖書の中核が出来ました。そこでは、禍いは神の言葉（ロゴス）に逆らう「罪」に由来するとされ、罪を犯さなければ（if）禍いはなくなる（then）とされます。

前12世紀からの「暗黒の四百年」を経験したギリシャ人は、「世界はそもそもデタラメである」ことを忘れないようにと、ギリシャ神話やホメロス叙事詩やギリシャ悲劇を記します。デタラメとは、大きな事柄については「ああすれば（if）こうなる（then）」という条件プログラムがあり得ないということ。世界のデタラメを物ともせず前に進むのが英雄だとされました。

前5世紀の同時期、複数の場所で大規模定住社会（文明）が生まれました。文字が神官から行政官に拡がったからです。音声言語と違って書記言語は、近接的文脈（挙措や韻律など）に依存せず、脱文脈的に「直進」できます。むしろ、近接的文脈ゆえの感染（ミメーシス）がノイズだとされます。ギリシャ人は、こうした散文言語の詩的言語[※4]への優越を嫌いました。

世界のデタラメに抗うには不条理を物ともせずに前進する英雄への感染がロゴスよりも有効だ、とする構えを維持できたのは、比較的小規模なポリスの集合体だったからです。だから、ポリスの衰退が始まる前4世紀後半には、ソクラテスの口を借りて「エジプト的なもの」を揶揄していたプラトンが、文脈自由な真理を導きの糸とする「哲人王」を賞揚しはじめます。

ロゴスで記される統治技術が大切になったからです。その頃を代表するのがアリストテレス。ただし都市国家（ポリス）は哲人統治を実現できず、マケドニア王国の都市に頽落します。「秩序が正常、渾沌が異常」なる世界観が「勝利」し、最終的にはユダヤ・キリスト教的なものが近代を準備します。「渾沌が正常、秩序が奇蹟」なる構えはインドから東洋へと継がれました。

それを象徴するのが虎。かつてシベリア・中国・朝鮮半島・東南アジア・インドに分布しました。一万年前まで日本にもいました。熱帯から温帯に跨がるそこには森が自生しました。因みに日本は、温暖化による過剰な森林化で草原が減り、獲物に飢えて虎が死滅、縄文化します。ウィーラセタクンはタイ人。男が一生に一度は出家するタイでは寺院が深い森にあります。

合体モチーフが隠喩するのは「森」の思考である

「草原から森へ」のモチーフに関わるフラクタル構造と、「追跡」のモチーフが、前半と後半を繋ぐと言いました。正確には「追跡と合体」です。前半は、性愛関係に関わる「追跡と合体」。後半は、虎を追っていて捕食される「追跡と合体」。森林警備隊員は樹上の猿から「亡霊から解放されたいならば虎を殺せ。さもなければ食べられて虎に合体せよ」と諭されます。

『トロピカル～』がヴィヴェイロス・デ・カストロがいうアマゾン先住民の「食人の形而上学」[*5]の具体化だと論評される所以です。同名の原著が２００９年刊行なので著作からの影響ではな

＊４　ロゴスに依る散文言語と隠喩・換喩に依る詩的言語を区別したのが言語学者ヤコブソン

＊５　Eduardo Viveiros de Castro *Métaphysiques cannibales*, PUF, 2009

いものの、デ・カストロが対象とするアマゾン先住民にとってのジャガー同様、『トロピカル～』後半の虎も「森」の神として登場し、「捕食されること」が合体として表象されます。

これは偶然の一致ではなく、「森」の思考としてのシンクロです。後半冒頭、クメールの偉大なシャーマンが虎に合体したとの逸話がテロップで示されます。後半の至る所で森林警備隊員が追う虎が人の姿（前半のトン役が演じる）をとります。追われる虎が人との「合体」を重ねてきた「森」の神であることが暗示されるのです。そのことが名状しがたい感覚を生みます。

それは後で論じますが、ここでは前半における性愛的な「合体」が街との「合体」として描かれていることに注目します。そもそも「合体」には二方向があります。一つは「横方向の多視座化」＝「境界線の溶融」です。もう一つは「縦方向の多視座化」＝「横方向を包摂する視座の上位化」です。前者が虎＝最強の獣。後者が〈虎〉＝「森」[*6]に当たります。

「合体」モチーフは、意味というより形。内容ならぬ形式です。だから「合体」モチーフの反復は、メタファー（隠喩）ではなくメトニミー（換喩）です。隠喩はシニフィエの連合。「君は樹だ」と言えば、「キミ」のシニフィエと「キ」のシニフィエが連合します。換喩はシニフィアンの連合。「君は黄身だ」と言えば、二つの「キミ」というシニフィアンが連合します。

詩的言語や統合失調的言語の中核をなす隠喩と換喩は、映画の表現技法としても使われます。「登場する誰某はマレビトを暗示する」という類の隠喩は、今もありふれていますが、円形や螺旋が連続するという類の換喩は、初期の映画史やヒッチコックにはよく見られるものの、黒沢清監督らを除けば今は珍しくなりました。ところが『トロピカル～』には換喩が満載です。

映画史だけでなく言語史的にも換喩が隠喩に先行します。ロゴス以前的なミメーシス（摸倣的反復）を惹起するからです。意味以降の社会ならぬ意味未然の世界における用法だからです。

僕は意味未然に惹かれました。80年代後半は『深夜特急』を契機に第一次バックパッカー・ブームになりましたが（十年後が「猿岩石」の第二次ブーム）、影響をまともに喰らっているからです。

社会から世界を目指す場合、北（峻厳な自然）を目指す人と、南（主体未然の街）を目指す人がいます。凶悪犯罪者でも思想犯は北、ヤクザは南を目指します。[*7] 僕は後者。幾度もタイに出かけました。首都バンコクも夜は目貫通りが屋台だらけ。バイクは四人が乗ってノーヘル。歩行者優先はなく、治療費の方が高いので、轢かれたら逃げないと殺されます。

初回から敢えて何も調べずに「夏だからプーケット」と出かけたら、雨期の高波で泳げず、「泳げるビーチに行きたい」と現地ガイドに頼んだら、8人乗モーターボートに僕を乗せて5m以上の高波で荒れる外洋に乗り出しました。「ここで死んでも誰も気づかないな」と思った瞬間、

*6 シーロ・ゲーラ監督『彷徨える河』（2015年）でもジャガーがジャングルの「最強の獣」でかつジャングル（＝〈世界〉）の「創造者」でもあるという二重性が先住民の思考として描かれる

*7 田口ランディ・宮台との対談「〈世界〉を経由して〈社会〉に戻る」（『生きる意味を教えてください』所収、2008年）で詳論した。一部を「http://www.miyadai.com/index.php?itemid=539」で読める

大きな解放感が拡がりました。やがてラグーン到着。後にピピ・レ島だと知ります。[*8]

パタヤの街も鮮烈でした。鮮やかなネオン。賑やかな宴の声。バイクの音。排ガスの匂いが混じった屋台の匂い。突然のスコール。立ちこめる湯気。そう。「微熱の街」。全てが夢のようでした。この経験が80年代後半からのナンパやフィールドワークに繋がります。当時の渋谷も「微熱の街」。「微熱の街」を共有するので目が合うだけで仲良くなれるのでした。

80年代後半からナンパを始めた理由は、劣等感にありました。本を読んで論文を書くだけの院生には生活がなく、クソ社会を皆がどう生きてるのか分からない。高級マンションに住む商社マンの人妻はDVに悩んでいた。見事な軆をボディコンに包んだ女は彼氏が覚醒剤で服役していた。優等生の女子高生は援交していた……。僕は全てになり切って多視座化しました。

1996年夏までは複数の時間が流れていました。援交女子高生の視座。チーマーの視座。ブルセラ・デークラ店長の視座。客の男の視座。何も知らずに街を歩く人の視座。フィールドワークを通じても僕は多視座化しました。交わらないはずの複数の視座を同時に取得できたのです。ところが1996年夏を境に「微熱の街」が終わりました。僕は鬱化しました。

20余年前、渋谷が冷えた頃にバンコクも冷えました。ジェントリフィケーション[*9]で屋台が整理され、四人乗りノーヘルのバイクもなくなります。2004年公開『トロピカル〜』が描く北部の都会イサーンは、冷える前の「微熱の街」バンコクと全く同じ匂いと色彩と音を感じさせます。それから15年。イサーン最後の「置屋」も閉鎖されてしまったようです。[*10]

「微熱の街」の万華鏡で視座が邂逅して合体する

『トロピカル～』は、森を背景とした草原でのケンを含む森林警備隊員らの実働ぶりから始まります。草原と森の対比が全体モチーフを暗示することは話しました。その直後、トンの実家での夕餉が珠玉の場面になります。この段階ではまだケンとトンとの関係は描かれていませんが、映画の前半に満ちている「視線の邂逅」というモチーフが、魅惑的に描かれています。

屋外の夕餉に集まっているのは七人。家族親族以外も混ざっているらしい。まず若い男女の視線が邂逅します。トンの母親が視線と視線の交わりを確認して何か思ったようです。次にケンの視線がトンに注がれています。やはり母親がそれを見て何か思ったようです。視線の邂逅で一瞬の閉鎖的な時空が成立します。つまり母親以外は誰も知りません。

視線の邂逅というモチーフを引き継ぐのが、続く場面です。バスの座席にいるトンの向かいに女がいます。視線が邂逅します。女が恥じらいつつ微笑み、トンが笑みを返します。誘い誘われ。どちらが誘いどちらが誘われているのか分かりません。窓外から数多の街頭音が聞こえます。大音量の演説。歌謡曲。コールされて携帯で話す女の仕草は細部までエロチックです。

＊8　ダニー・ボイル監督『ザ・ビーチ』（2000年）を観て「ここだ」と思って調べて分かった
＊9　観光価値や不動産価値を上げるための「環境浄化」をジェントリフィケーションという
＊10　イサーンでロケをした映画『バンコクナイツ』（2016）の富田克也監督から伺った

森の蜜蜂と花の関係を思わせます。花が蜜蜂を誘います。蜜蜂が花を訪れます。蜜蜂は訪れるものの誘われています。花は訪れを待ちますが誘っています。女が男を見ます。男が視線に気づきます。女が誘います。男が女を訪れます。男は訪れるが誘われています。女は訪れを待ちますが誘っています。そこでは能動と受動が両義的です。すなわち中動的です。

監督は知っているのです。２００４年のイサーンが１９８９年のバンコクであることを。ほどなく「微熱の街」が冷え切ることを。実際ジェントリフィケーションが進みました。ロウ・イエ監督『スプリング・フィーバー』（２００９年）と同じで、そこには「視線の邂逅を喪失した未来」からの眼差しがあります。「微熱の街」イサーンも南京も必ず失われるのです。

僕の三番目の子（長男）は三歳の頃からこんな営みを繰り返していました。女性を見つめます。女性が視線を合わせます。彼がニッコリします。女性が笑みを返します。女性が話しかけます。彼が応じます。90年代半ばまでの渋谷での僕や同世代の男たちの営みと同じです。僕のナンパやフィールドワークも中動性の時空が可能にしたものです。

「微熱の街バンコク」が失われた90年代半ば、「微熱の街渋谷」も失われました。視線の邂逅＝中動的合体が失われたのです。70年代末の男子大学生のナンパ経験率は今の三倍でしたが、たぶん「人の変化」というより「街の変化」です。僕（や同世代）は変わっていないのに、かつての振る舞いができなくなったからです。誘い誘われのコール&レスポンスが失われたのです。「微熱の街」とは「視線の邂逅＝中動的合体」が生じる時空のこと。だから何でもあり得ました。昭和のナンパを特集した『フラッシュ』２０１４年２月４日号[*11]で、親しかったナンパ師たちと思い出を語りましたが、ナンパして30分後に屋上や非常階段や空きフロアーで物理的な合体もあり得ました。福永ケージ。鈴木陽司。僕と同年齢の伝説のハメ撮りカメラマンでした。

この特集に僕の同年齢の読者からの抗議が来ました。渋谷がそんな街だったはずがないと。つまり、同じ物理的時空なのに互いに経験的時空が乖離していた訳です。映画の冒頭近くに描かれた「視線の邂逅＝中動的合体」による閉鎖的時空がポイントです。そこに生じた時空に誰も気づかないのです。視線が邂逅する者たちの渋谷／そうでない者たちの渋谷。

個体は能動と受動のユニットです。でも視線の邂逅で他の個体と中動的に合体して個体が消えます。社会から世界へと逃げる場合、「北」に逃げる者は、峻厳なる自然に浸透されることで個体が消えて解放される。「南」に逃げる者は、視線の邂逅による中動的合体で個体が消えて解放される。視線の邂逅で輪郭が膨縮する「微熱の街」は「森＝世界」です。

二人ユニットの閉鎖時空が成立すると、見えるのは個体たちでも、実在するのは二人ユニットです。その二人ユニットも、夜の公園やラブホで、別の個体や、別のカップル＝二人ユニットと視線が邂逅すると、見えるのは複数の個体でも、実在するのは三人ユニットや四人ユニットになります。それが先に続く『フラッシュ』２０１４年５月６日号「覗き」特集でした。[*12]

僕が、「言葉の自動機械」でも「法の奴隷」でもない人間や、人工知能（ＡＩ）から遠く離れた人間をイメージする場合、性愛に限らず、一人ユニットになったり二人ユニットになったり

＊11　この特集記事を宮台真司が監修した

三人ユニットになったりと膨縮する可能性を真っ先に想起します。能動受動ユニットが、視線の邂逅を通じて中動的合体を遂げ、より大きな能動受動ユニットを構成するという営みです。

ここ十数年、人類学の「存在論的転回」を経た御蔭で、遊動民や非定住民やその作法を継承する狩猟者の語り（の紹介）に触れる機会が増えました。レーン・ウィラースレフやヴィヴェイロス・デ・カストロや服部文祥や奥野克巳などです。人と熊や鹿や狐の間で視線が邂逅すると「犬が人を見れば人になり、人が犬を見れば犬になる」（ヴィヴェイロス・デ・カストロ）のです。

遠い昔の話だと思われがちです。でも、視線が邂逅する街、見る・見られるが輻輳する街、「森」のような「微熱の街」は、『トロピカル～』のイサーンや90年代半ばまでのバンコクや渋谷のように最近まで実在しました。「森」だった街を実際に経験した僕ら世代も今実在します。〝微熱の街〟が冷えて「言葉の自動機械」や「法の奴隷」が増殖したのが平成なのです。

イサーンの外れの田舎で家族といるトン。バスに乗るトン。製氷工場で働くトン。サッカーで仲間と戯れるトン。夜の屋台街でケンといるトン。一人で食事するトン。ゲームセンターで見ず知らずの人にアドバイスするトン。モダンな動物病院のトン。一人のトンに見えて、各場所でそれぞれ別の者たちと共在することで、異なる視座をとる複数のトンになります。

そこでは街もトンも万華鏡です。そんなトンに近づこうとするケン。二人を万華鏡みたいな「微熱の街」が包みます。感動的なのは、先のゲーセンでトンを見つけたケンが二人でゲーセンから出て屋台街に繰り出す場面。バイクと人声と歌謡曲が入り交じった街頭音。万華鏡のように屋台の照明たち。二人が理由なく親密になるのも当然です。

ゲーセンを出た二人は人混みを縫って歩きながら睦言を交わします。不意に涙が出ました。僕らは少し前までは「微熱の街」に包まれていました。行きずりで出会っても歩きながら睦言を交わせました。かつての街はどこもそういう時空でした。でも既に話したようにどこも例外なく冷えました。政策の間違いなどより、もっと本質的で普遍的な理由があるのです。

＊12　この特集記事も宮台真司が監修した

『A GHOST STORY ／
ア・ゴースト・ストーリー』（後編）

「存在」から「存在の記憶」へ、
さらには「存在したという事実は消えないこと」へ

この社会は既に終わっているとはどういうことか

前編と中編を通じて『A GHOST STORY／ア・ゴースト・ストーリー』を論じる準備をしました。この映画のようにストーリーより世界観を描く作品が増えてきました。世界がそもそもどうなっているかを寓意的に示すものです。そうした作品は、情報量が限られた映画なのに膨大な情報量を体験させます。僕らが社会を生きて蓄積してきた何かが触発されるからです。

何を触発されるのか。社会学者ジョージ・リッツァは、「マクドナルド」の如き「役割とマニュアル」に従えば誰とでも入替可能なシステムによる、「没人格」（ウェーバー）の疎外感が、埋め合わせとしての「ディズニーランド」に象徴される「消費の祝祭化」（ボードリヤール）を招来するとし、「マクドナルド化」と「ディズニーランド化」を、裂け目を作り出して自ら埋めるシステムのマッチポンプだと理解します。そう、閉ざされた「クソ社会」です。

彼がこうした考察をしたのが『マクドナルド化する社会』（原著1993年）。表現者や観客が既に社会がそうしたものであるのを知っています。少し前まで社会は違ったはずだ。社会の外はどうなっているのか。恐らくこうした意識を背景に「世界／社会」＝「森／草原」なる二項図式を用いた範型としての映画『アンチクライスト』（2009年）が登場したのです。

『アンチクライスト』は僕らが「世界＝森」を要求していることを「映画体験として」示しました。世界に何があるからか。「森」に何があるからか。それを知るべくアピチャッポン・ウィーラセタクン監督『トロピカル・マラディ』（2004年）を検討しました。そこには「微熱の街」＝輪郭を欠いたものの集まり＝「森」が描かれています。「視線の邂逅」が生じる街です。

『トロピカル・マラディ』が描く「水平の多視座」

冒頭近くのバス内。男が女を見る。女が視線に気づく。女が羞うことで誘う。男が女を訪れる。男は訪れるが誘われている。女は訪れを待つが誘っている。花が蜜蜂を誘う。蜜蜂が花を訪れる。蜜蜂は訪れるが誘われている。花は訪れを待つが誘っている。視線が邂逅し絡み合う。どちらが能動でどちらが受動なのかが曖昧です。能動態・受動態でなく中動態です。

映画は冒頭から中動態の視線劇です。森を背景とした草原でケンを含む森林警備隊員がカメラを見つめて記念撮影する。トン（ケンの想い人）の実家でケンがトンの母親の背中を見つめる。母親が夕餉で若い女と男が見つめ合うのに気付き、続いてケンが自分の息子トンを見つめるのに気付く。続くオープニングロールで、ケンがカメラ目線でこちらを見つめます。

その誘うような眼差しには誰もがどきどきします。前半冒頭は視線劇のオンパレードですが、前半末尾も視線劇です。森に移動するトラックの荷台に乗ったケンを含む警備隊員の面々を舐めるようにカメラがパンします。喋る隊員もいれば、眠っている隊員もいますが、カメラ目線でこちらを見つめる隊員もいます。どの顔も視線も活き活きして、僕らは性的に誘惑されます。

前半の随所にエロチックな視線劇があります。夜のイサーンで、ゲーセンから屋台街に繰り出すトンとケン。音と光の万華鏡。数多の灯の中を歩く二人が睦言を交わす。僕らも至福に包まれます。舞台は突然レストランの歌謡ショー。女がこちらを見て歌う。二人の踊り子らが互いを見つめ合って踊る。ケンとトンが食堂テーブルにいる。ここもどきどきする場面です。

歌手がケンを見ながら彼からのリクエストを観客に告げる。客たちが振り向いてケンを見る。視線を感じてはにかんだケンがトンの視線を捉える。トンがケンに微笑み返す。トンが歩き出して歌手にレイをかける。歌手がトンを舞台に上げてデュエットが始まる。トンがはにかみながら歌手を見る。歌手がトンを見る。それを見たケンが微笑む。視線の邂逅が連鎖します。

能動と受動のユニットである個体。複数の個体が視線の邂逅を通じて中動的合体を遂げ、より大きなユニットになります。小ユニットが合体して中ユニットに。合体が進んで大ユニットになります。90年代半ばまでの「微熱の街渋谷」のストリートにも、スワッピングの現場にも、こうしたアメーバのような「合体のダイナミクス」がありました。

都会より早く冷えた郊外でも祝祭時には同じ営みがありました。大きな鈴を背負った「跳ね人」たちが朝から街中に満たす音で、夜の祭りに向けて男女の体温が上がっていくのが、青森のねぶた祭り。夜の祭りを待たずに、昼間から祭り囃子が響くと、男女は次第にアッパー化して「いい感じ」になり、視線の邂逅でアメーバ化していったのです。

トンとケンが映画館の椅子に座って身体的接触を始めます。それまでの視線劇で二人も観客も温まっているので二人の至福が僕らに感染します。上映後の映画館のトイレでケンに旧恋人の男が声を掛けます。見かけないと思ったらなるほどね、でも明日は僕の相手をしてくれよ。祭りは終わったと言うケンに、意に介さず微笑みを返す旧恋人。ごく自然なポリアモリーです。

歌謡レストランでも映画館でも、ポリアモラスな時空とモノアモラスな時空の間でエロス的空間が膨縮します。そこには、視線の邂逅で接触して、合体し合う多視座的な運動体がありま す。かつて「微熱の街」を生きていた僕から見て、エロスの多視座的な運動体を育む「微熱の街」を、かくも活き活きと描いた作品はありません。ウィーラセタクン監督の最高傑作です。

エロスの多視座的運動体が、洞窟の逸話に繋がり、後半に橋渡しされます。池の畔のベンチで戯れる二人。200年生きた伯父さんの話をトンがします。そこに花売りの女が来て鍾乳洞に誘います。二人が拝むキッチュな拝所。女が怪奇話で脅かす暗く狭い穴。穴を抜けるとなぜか女の姉が経営する食堂。支離滅裂ですが、エロスの膨縮ゆえの一体感で違和感がありません。

彼女に誘われてショッピングモールに行くと、派手な音楽に合わせてエアロビクスダンスを踊る集団がいる。壇上で踊りつつケンに手を振るコーチ。ケンが手を振り返します。コーチは映画館で出会った旧恋人です。ただそれだけ。知り合いの映画作家が言います。映画をこんなに自由に撮ってもいいとは知らなかったと。偶然が偶然を呼ぶ支離滅裂で未規定な逸話たち。

これほどのランダムネスには意図があります。時間軸上は出鱈目で順不同な逸話の集まりなのに、全てが一体だと感じられる――。一体性を際立たせるためのランダムネスです。このランダムネスの一体性こそ、「視線の邂逅＝接触する多視座＝重なるパラレルワールド＝膨縮するエロス」つまり「微熱の街」がもたらす時間感覚なのです。

前編では「水平の多視座」と言いました。今の僕らが経験できない、アニミズムの「水平次元」。遊動民・非定住民の視座でもあります。これと対照的な「垂直次元」が『トロピカル〜』の後半です。前半末尾の洞窟体験の「光⇓闇⇓光」という形式と、警備隊トラックの森への移動が、後半の闇＝「森」を暗示します。

『トロピカル・マラディ』が描く「垂直の多視座」

［光⇓闇⇓光］は［草原⇓森⇓草原］を隠喩する通過儀礼形式です。トラック移動は［草原（前半）⇓森（後半）］を予示します。後半を見終わって、僕らは前半を想起します。この想起が［森⇓草原］です。合して［草原⇓森⇓草原］の通過儀礼形式です。男が一度は出家するタイの寺院は森にあります。［俗世⇓浄土⇓俗世］の通過儀礼形式です。全て共通して［輪郭ある時空⇓輪郭なき時空⇓輪郭のある時空］です。

こうした隠喩の重ね焼きが後半への接続機能を果たします。二人は夜闇の中で別れます。トンが立小便した手をケンが舐めます。この小便は先の映画館のそれと同じで無防備を隠喩します。無防備は変性意識状態の依代です。変性意識で闇をバイクで移動するケン。群立する街灯。屋台の灯。路傍で喧嘩する男共。「移動繋がり」で森に向かうトラック。男たちの顔・顔・顔——。

後半との繋ぎ目。トンが宿泊した部屋にケンが入るとトンはいない。牛が怪物に襲われたという立ち話が聞こえます。机上に残されたフォトブック。トンと他の男のツーショット。ケンの表情は分かりません。長い暗転。後半開始です。かつてシャーマンが虎に合体、虎はシャーマンの亡霊になったというテロップが流れます。虎追い役はケン。虎男役はトンです。

これは換喩です。映画前半は「トンを追う森林警備隊員ケン」の話。後半は「虎男を追う森林警備隊員」の話。双方とも［追う存在］が［追われる存在］と合体したがります。前半は性愛的（水平的）合体。後半は捕食的（垂直的）合体。でも「追跡と合体」のモチーフが共通なので、繋がりはスムースです。後半で何を体験できるか。紙幅が少ないので概念的に説明します。

［前半⇓後半⇓前半想起］という継起が、［光⇓闇⇓光］即ち［草原⇓森⇓草原］の通過儀礼形式を与えます。「想起された前半」は「前半」とは違います。前半は水平の視座で、想起された前半は垂直の視座です。言い換えると前半は社会の視座で、後半は世界の視座を経由した社会の視座です。だから、想起された前半は「再帰した視座からの前半」です。

世界視座経由の社会視座。だから社会が奇蹟になります。世界視座経由とは世界「からの／への」視座を伴うこと。社会は元々「接触する多視座」つまり「パラレルワールド的多視座」です。個体であることが単なる偶然だと体験されるから、個体であることが「かけがえない奇蹟」になります。

その気づきが「与えられてあることを引き受ける覚悟」という中動の構えを与えます。人は未規定なものに誘惑されます。ケンがトンを追うのも、森林警備隊員が虎男を追うのも、そう。トンと虎男を演じる役者の顔は未規定と言うに相応しい。後半を経由して前半を想起する僕らは、前半の「微熱の街」と「風来坊」が、未規定性ゆえに誘惑する存在なのだと知ります。

　最近ほぼ同時に公刊された上妻世海『制作へ』と群司ペギオ幸夫『天然知能』『やってくる』が同じ命題を語ります。人が制作する際には、ＡＩと違って、どんな構想があろうとも制作が終わるまで制作結果が未規定で、この未規定性がなければ人は制作へと動機づけられないと。結果が未規定だからこそ誘惑されるのです。郡司はそれを「隙間にやってくる」と表現します。

　虎を追う森林警備隊員に樹上の猿が語る「お前には影のように虎がついている」という台詞は、その隠喩です。虎を追う男に絶えず影のように虎が「やってくる」。虎を追いつつ、「やってくる」虎に駆られる。虎に駆られて虎を追う。未規定性に誘惑されて未規定性を追う。実際『アンチクライスト』と同じく万物の輪郭が不明確でジメジメした暗い森を、男は彷徨います。

　猿が「（お前が虎を知らなくても）虎はお前をよく知っている」と非対称性を告げます。だから森林警備隊員は虎に合体したがります。思えば、僕は未規定性に合体したくて文章を書きます。合体した暁には未規定な形が若干の輪郭を帯びますが、そこに新たな未規定性が生じます。謂わば「影踏み鬼」のように前進しつつ、合体した僕（みたいなもの）は上昇します。

　でも、どんなに合体・上昇しようが未規定な影がつき纏う。だから、猿に「影のように虎がついて来てお前を視ている」と告げられた男は「虎との窮極の合体＝捕食」を願います。これは前半に描かれた「性愛相手との合体」とは違います。「人との合体」は「水平方向の合体」ですが、「虎との合体」は「垂直方向の合体」だからです。つまりそれは世界との合体です。

　だからラストでの虎との合体シーンで、捕食する虎は樹上、捕食される男は樹下にいます。「捕食する欲望／される欲望」の非対称性と「樹上＝全体／樹下＝部分」の非対称性が重ねられます。だから男は一方的に「委ね」ます。このモチーフは説得的です。僕らが「そのこと」を知るからです。そうした「僕らの蓄積」が「世界はそうなっている」という寓意を触発します。

上妻は鏡の喩を使って、人が他者を好むのは、他者が「自分ではないが自分でなくもない」存在だからだとします。それが「水平方向の合体」です。既に話したように融合ではなくダイナミックな膨縮です。他方、自分を振り返って分かるのは、これとは別に「『微熱の街＝森』に合体したい欲望があること。それが「垂直方向の合体」で、「死による上昇」への欲望です。

人類学者デ・カストロの「多自然主義」は複数の時空の並存です。並存には「横の並存」と「縦の並存」があります。「横の並存」は映画では昔からマルチスレッドで描かれています。ポール・トーマス・アンダーソン監督『マグノリア』（1999年）が典型です。テレンス・マリック監督『シン・レッド・ライン』（1998年）では複数の兵士の回想のパラレリズムです。同じ「人」であれ、共軛不能な体験をベースにした共軛不能な視座があり、想像を絶した様々な人生がある。だから互いに反発し、惹かれる。ただし『シン・レッド・ライン』には『マグノリア』にはない「縦の並存」が描かれます。ワニの時空・鳥の時空・原住民の時空・日米兵士の時空・森と海の時空——。共軛可能性が期待されないので、共軛不能の概念もない。

環境倫理学者ベアード・キャリコットは人類学的探索を経た末に「生き物としての場」という概念を立て、環境を守るべき理由を功利論（損得計算）や義務論（生物の人格化）では説明できず、全体論（生き物としての場）だけが説明できるとしました。この説明は「場に見られている」即ち「街に見られている」「森に見られている」という体験が与える享楽（彼の言葉で「尊厳」）に関連します。「森」は「縦の多視座」の輪郭不鮮明な重なり合いで、世界の喩です。社会は「横の多視座」が並存する「草原」（ちなみに今の僕らが生きているのは人がいない「荒野」）です。『トロピカル・マラディ』の前半は「横の多視座」＝scopeを、後半は「縦の多視座」＝depthを、描きます。後半から前半を想起する時、「縦の多視座」を経ることで「横の多視座」が奇蹟化されます。

世界は深く社会は浅い。だから世界は恐ろしく、世界を見ないことで社会を生きます。後半のラスト、捕食直前の森林警備隊員が「恐怖と悲しみが俺を与えた」と呟きます。社会が世界の否定性に隣接する事実の謂いです。世界（森）を否定した上での社会（草原）。でも、世界を経由して恐怖に戦慄した眼差しにだけ、社会におけるエロス的膨縮が奇蹟として現れます。

この作品に照らせば僕らは二つの次元で閉ざされます。まず第一次元では『トロピカル・マラディ』前半が描く「横の多視座」が与えるエロス的運動体から閉ざされます。要は「クズ」です。第二次元では、『トロピカル・マラディ』後半が描く「縦の多視座」が与える奇蹟の感覚から閉ざされています。ただし幸か不幸か、第一次元で疎外されたクズにとって、第二次元は端的に無関連です。

社会からの幽体離脱を説く『ア・ゴースト・ストーリー』

90年代前半の僕は援助交際に加えて新興宗教のフィールドワークをしていました。そこで「齢をとらない人々」を目撃しました。男女を問わず信者の多くが年齢不詳。40歳だと思ったら60歳とか。当初は「輝きを諦めないからだ」と考えました。今は少し先まで考え、彼らが諦めない理由は、世界の時間を生き、社会の時間を生きていないからだと推測しています。

謂わば社会を仮の姿で生きるからです。彼らは社会へのコミットが薄いと思われがちですが、必ずしもそうではありません。マジガチで社会を生きれば自己防衛的になりがちですが、仮の姿で生きればむしろ果敢になれます。パウロのローマ帝国での布教戦略は、信徒らが誰よりも社会的に振る舞うことで（カリタス＝社会貢献）、信徒らが反社会的だとの偏見を取り除くことでした。

そこでは社会にコミットするという意味が違う。地位や評判に恋々とする損得への執着ではなく、損得に執着せずに人や社会に利他的に貢献することを指します。正確には「個人の損得」よりも「共同体の損得」を目指す内発性（ヴァーチュー＝内からの力）が高まります。取材経験ではそうした人は加齢しません。

『ア・ゴースト・ストーリー』は「社会からの幽体離脱」がモチーフです。郊外の家に若夫婦が転入、原因不明の物音に悩みます。突然、夫が事故死します。彼は「天国」を拒絶、幽霊男となって家に戻ります。彼は、喪失感に苦しむ妻が程なく日常を取り戻すのを、視ます。幽霊男は「視る」けれど「視られない」。隣家にも幽霊女がいて、互いを「視る」ことができます。

妻に男ができ、壁の隙間にメモを残し転出します。幽霊男はメモの取り出しに苦闘しますが果たせません。幽霊男には言葉が判らないヒスパニック系母子家庭が転入しますが、幽霊男が起こすラップ現象に脅え転出します。次に賑やかな若者らが転入。一人がパーティで「人は死ぬ、宇宙は終わる、全存在は消える、だから存在に意味はない」と語るのを幽霊男が視ます。

彼らの転出後、メモの取出しの奮闘中に、クレーンが家を壊します。壊された隣家の幽霊女が「待っていたが来ない」と呟き消失します。やがてビル街となったそこには昔の場所の面影はない。絶望して高階から飛び降りた幽霊男は「時を駆ける存在」となり、開拓時代に野宿する白人家族を視ます。幼女が石の下にメモを隠しますが、家族諸共が先住民に惨殺されます。

幽霊男がかつての家に戻ると、物件を探す夫（昔の自分）と妻が現れ、夫妻が暮らすのを視ます。幽霊男が立てる音に夫妻が脅えます。夫が事故死し、残された妻の生活を視る幽霊男（昔の自分）がいるのを幽霊男が視ます。妻の転出を視る幽霊男（昔の自分）を視た後、メモの端が見えるのに幽霊男が気づき、引っ張り出して一瞥した途端に幽霊男は消え、映画が終わります。

「現世に執着が残ると成仏できず、執着が消えて成仏する」というのは日本人に馴染みですが、全過程は「幽霊男の成長＝視座の変化」の話です。事故死直後は、残された妻の「存在に」執ります。男ができた妻の転出後は、妻との「思い出の場所に」執ります。最後は「妻と場所（妻がメモを隠した壁をもつ家）が確かに存在したという事実」ゆえに執りから脱します。最後の境地が「社会からの幽体離脱」＝「世界との合一」で、そこから社会を再帰的に眼差します。

ローリー監督の演出はウィーラセタクン監督と違ってエロス的繊細さがなく、ひたすら神話的思考を示します。最初は人への執り。人の転変を知った後は場所への執り。場所の転変を知った後は宇宙に合体。最後は宇宙の視座から「人と場所の奇蹟」を享楽して消えます。これは十五年前に書いた『14歳からの社会学』の最終章の「望ましい死」と同じ神話的形式です。

「社会からの幽体離脱」＝「世界から社会を視る視座」を、映画内の要素だけで理解するのが難しいので、まず『アンチクライスト』の「社会と世界という二項図式」を理解するための範型として検討、次に『トロピカル・マラディ』を「世界から社会を視た時に社会が奇跡として現れること」を理解するための範型として検討しました。結果をまとめます。

1. 社会が没人格的なシステムのマッチポンプとなり、言葉と法が支配する社会がクソ化する。
2. すると、相対的快楽しかない社会から、絶対的享楽がある世界への、離脱願望が生じる。
3. 離脱後に世界から社会を視る再帰的視座にとって、社会が奇蹟として現れる。
4. 但し無条件ではなく、社会の奇蹟化には「視線の邂逅」が象徴するエロスの膨縮が必要。
5. 言葉と法が支配する社会で、祝祭が消え、性愛が「視線の邂逅」の唯一の依代となった。

『ア・ゴースト・ストーリー』は特に3.を焦点化します。「妻の存在」→「妻と場所の記憶」→「妻と場所が確かに存在したという事実」、と移行した幽霊男の視座が、社会を奇蹟として再帰的に捉え、昇天します。ただし4．にあるように、妻との間の「視線の邂逅」が、再帰的視座に於ける社会の奇蹟化の条件を与えます。かくして本作が与える名状しがたい感動の由来が理解できるようになりました。

僕らは「世界は確かにそうなっている」と納得し、「社会を生きる中で僕らが蓄積したもの（僕らが本当は知っていること）」を知ることができました。ここで、「社会を生きることで僕らが蓄積するもの」を更に深く知るのに役立つ作品として、同じ映画製作会社「A24」が送り出した大傑作、ジョナサン・グレイザー監督『アンダー・ザ・スキン 種の捕食』（2013年）を紹介します。

社会は不完全で醜いからこそ奇蹟をあらわす

『ア・ゴースト・ストーリー』鑑賞後の感触は『アンダー・ザ・スキン』に似ています。もしやと思って調べるとデヴィッド・ロウリー監督のお気に入り。感情が働かないがゆえに任務を遂行できる存在が、豊かな感情の営みを知って感染し、感情が働く存在になったがゆえに任務放棄で破滅します。韓国映画ブームの出発点『シュリ』（1999年）やキム・ギドク脚本『レッド・ファミリー』（2013年）などの間諜ものによくある話です。

でも観客の体験は全く違う。間諜ものは社会と社会の対立、個人主義と全体主義の対立、尊厳の在り方の対立が背景です。『アンダー・ザ・スキン』は、社会を知らない異星人が世界――モノの世界＝輪郭不明瞭な「森」――を生きます。人間学者アーノルド・ゲーレンに従えば、本能未然のヒトに、輪郭明瞭な世界が立ち現れるのは、社会（制度）に支えられるからです。「皮の蒐集」の任務を帯びた異星人が、美女の「皮を被って」男を誘惑して蒐集しますが、一人の奇形男を対象にしたのが契機で、感情なき皮下存在＝異星人に、感情への憧憬が宿ります。やがて出会った言葉を発しない優しい男に感染し、性交不能な自分の身体に動揺、森を徘徊した挙げ句、伐採者の男にレイプされかけた上（性器がないから不可能）、焼殺されます。

社会を生きる僕らが惹起される感情を嘲笑するが如く、全て淡々と描かれます。「彼女」が男達を捕食する場面には完全がある。夫婦が溺死後、海辺で夫婦の赤子が泣き叫ぶ眼前で、夫婦を助けようとした男を撲殺して「蒐集」。赤子は放置され、異星人の任務を補完するバイク隊が処理します。そこにも完全がある。僕らは、感情ゆえに不完全な自らを自覚します。

ところが「彼女」が「言葉を発しない男」に感染して以降、レストランでケーキを食べようとして醜く嘔吐し、男の部屋で愛に満ちた性交をしようとして醜く動揺します。そこにあるのは「不完全」な歪み。歪みはやがて、美女の外見をした皮膜の破れ、黒い液体の流出、黒焦げの焼殺を招きます。そう。社会は世界を曇らせ、美しい完全を醜い不完全へと歪めるのです。

異星人の視座＝世界からの視座には、不完全な歪みである感情の営みや、それを柱とする社会の営みが、奇蹟として現れます。感情の営みはあまりにも未規定で、明と暗、美と醜が綾になっています。『トロピカル・マラディ』のような「いいとこどり」は不可能。だからこそ人の感情の働きが価値を帯びます。「ありそうもないもの」が「ありそうなもの」の中で輝きます。

それが異星人の「世界から社会を視る眼差し」。僕らは、焼殺された異星人の眼差しに同化し、特有の時間性を生きます。「異星人という存在が消えても、不完全なものに感染した異星人が存在した事実は消えない」と。ラストでは、焼殺された烟が天に昇るのをカメラが追うと、入れ替わりに雪が舞い落ちます。定番の表現技法ですが「彼女」は神に祝福されたのです。

完全な絶対神が不完全な〈社会〉を意図した理由

完全で全能の神が、不完全な人間を作った理由。蛇を使って人に知恵の樹の実を食べさせた（＝不完全な善悪観念を身につけさせた）理由。不完全な人間が営む不完全な社会をもたらした理由。全能の力を用いて、「完全さのトートロジー」を破る不完全性や未規定性を創造した理由。つまり、不完全性や未規定性を企図した理由。聖書学が言う「ヤハウェの意図」問題です。

『アンダー・ザ・スキン』はジョナサン・グレイザー監督による回答です。その回答にはユダヤ・キリスト教の問題圏を越えた奥行きがあります。社会から世界へと離脱し、世界の視座から社会を再帰的に眼差す時、社会がクソだからこそ、そこに営まれる「視線の邂逅」「エロスの膨縮」の未規定性が奇蹟の輝きを帯びます。但し、輝きを体験できるのは世界の時間を生きる者だけ。

世界の時間への離脱は「横の多視座」から「縦の多視座」への離脱です。幽霊夫は「横の多視座＝人の時間」から「縦の多視座＝物の時間」に移行。「存在」から「存在の記憶」へ、やがて「存在したという消えない事実」に逢着し、執着を脱します。「全存在は消える、だから存在に意味はない」という劇中での若者の台詞を「係り」とした「係り結び」になります。

世界と社会の往還をホラーというジャンルで描いてきた黒沢清監督の、最高傑作は何か？彼としては珍しくホラーの要素が皆無の『ニンゲン合格』（1999年）でしょう。ラストの場面、死ぬ直前の西島秀俊が「俺は存在した？」と尋ね、役所広司が「確かに存在した」と告げます。役所広司が出演する全ての黒沢作品では、役所広司だけが一貫して世界の時間を生きます。

「記憶が消えても、存在したという事実は消えない」。このモチーフを最先端の物理学理論を下敷きに展開したのがノーラン兄弟の共同脚本による『インターステラー』（2014年）。説明的すぎて傑作とは言えませんが、僕らの四次元時空連続体の不可逆時間の中で既に消失した事物が、次元が上の五次元時空連続体の視座に対して「存在として現前する」様子が描かれます。

でも、僕らには、そうした現前はそもそも不要なのです。『ア・ゴースト・ストーリー』と、その監督が憧れる『アンダー・ザ・スキン』が、社会の営みよりも次元が上の、世界の営みを経由することで、社会の営みが奇蹟として浮かび上がって来るという圧倒的な事実を、僕らに示してくれています。

本作『ア・ゴースト・ストーリー』は、タイムラプスを用いて、主人公がいるこの「場所」は昔からずっとあり、これからもずっとあり、生き物の如く転態する、という時間制を示します。場所の生き物としてのライフスパンは、人のライフスパンよりも遥かに長く、その動きを意識しませんが、久しぶりに帰郷した時などに生き物ぶりを実感できます。

このタイムラプスを想像的に体験できた主人公は、そうした「生き物としての場所」が、自分を身守って記憶してくれているという、新たな——ベアード・キャリコットによれば古くからの——アニミズム的な眼差される空間性へと〈開かれる〉ことで、社会ならぬ世界の中で救済されます。つまり「存在したという事実は消えない」という確信に到れるのです。

第２章
震災後の日本が露呈させた空洞

『ヒミズ』『KOTOKO』『RIVER』

三本の「震災映画」から映画の可能性を見通す

「震災後のポストモダン」とは何かを考えさせられる『ヒミズ』

震災によって大切な日常が失われた。そう人々は紋切型を口にする。映画がそれに加担するなら既に終わっている。それ以前に、震災後に震災がなかったかのように日常の大切さを描く映画も終わっている。映画はテレビではない。社会の全体性に肉薄すべきである。

翻って昨今の日本映画を見ると、かかる社会的全体性への再帰的意識を伴う作品が皆無に近い。寺脇研氏の言い方を借りれば、自分たちが営むゲームがどんな前提に支えられるのか、それらの前提が更にどんな前提に支えられるのか、といった探求への志向がないのだ。

こうした「前提を遡る探求の志向」の果てには、社会的全体性が、たとえそれが想像的＝虚数的であるにせよ、姿を現す。それが想像的＝虚数的である程、言葉ではなく、直感によって先取りされる他なくなる。今回論じる作品群がそうした映画の典型である。

かかる全体性の志向が絶無に近い昨今の邦画の中にあって、稀有な例外を園子温監督と塚本晋也監督の作品に見出せる。「洗脳する側の悪」ならぬ「洗脳される側の日常的空虚」を嗤う園作品。「自己解放を希求するがゆえの自己破壊」を称揚する塚本作品。

園作品は、日常の空虚を見て見ない振りをし続ける自己欺瞞——多くの場合は父のモチーフに象徴される――を軽侮し、観客に不快な傷を与える。塚本作品は、自己解放を敢えて忘れた振りをして瀰漫的な快楽に耽る自己欺瞞を軽侮し、観客に不快な傷を与える。

この二人が、3・11の災害――というより原発人災を含む「事変」――を重要なモチーフとする作品（園子温『ヒミズ』2012年1月公開、塚本晋也監督『KOTOKO』2012年4月公開）を撮り上げ、とりわけ海外で高い評価を獲得していることは、むろん偶然でない。

まず『ヒミズ』から見てみよう。原作は古谷実の連載漫画（2001〜2002年）。園監督にとって初の原作モノである。園監督は震災前に脱稿したシナリオを、震災を機に大幅に書き直した。具体的には舞台を被災地に設定し、原作に登場するバケモノを消去した。

原作のバケモノは原初的宗教につきものの「見る神」だ。古来「見る神」は自分としての自分から区別された視座を与える。自分は大丈夫だと思っても神にとっては大丈夫ではない。バケモノは主人公の体験（善／悪、快／不快……）を「本当にそうか」と保留する機能を果す。

園監督がバケモノを消した理由。それは震災ないし原発事変それ自体が我々の日常的な体験枠組（善／悪、快／不快……）を「本当にそうか」と保留させるからである。実際、震災までの僕らは、日常の中に非日常が島宇宙の如く浮かび、やがて日常に飲み込まれるのだと感じてきた。

だが20世紀史を振り返ると、少なくとも先進各国においては、「日常の中に非日常が（アブノーマリティとして）浮かぶ」という体験枠組と「非日常の中に日常が（ありそうもないものとして）浮かぶ」という体験枠組とが「代わり番こ」になってきた事実が分かるだろう。

園子温の映画版『ヒミズ』は、「見る神」の視座を「バケモノからの眼差し」から「事変からの眼差し」へと置き換えることで、僕らが再び「非日常の中に日常が（ありそうもないものとして）浮かぶ」という枠組にシフトしたことをアナウンスしている。

前述した園的モチーフからすれば、「日常の中に非日常が（アブノーマリティとして）浮かぶ」とする脳天気な発想は、日常の空虚を見て見ぬ振りをし続ける自己欺瞞（をもたらす洗脳）の帰結に過ぎない。園的モチーフはその意味でやはり一貫している。

だがこの作品は、監督自身による自己理解に反して、「もはや終わりなき日常は終わった」とする巷によくある欺瞞的な宣言を、全く反復していない。なぜなら映画自体が「日常の中の非日常」から「非日常の中の日常」へのシフトに、少しも留っていないからだ。

今回の事変を「戦後」に倣って「災後」と呼ばせる既視感に象徴されるように、前述した「代わり番こ」が永久に終わらないことを僕らは既に知っている。「もはや戦後ではない」（1956年経済白書）も「もはや終わりなき日常は終わった」も、永久に反復するだけである。

「システム外部だと見えるものも所詮はシステムが作り出したビジョンに過ぎない」という認識に始まったポストモダンだが、ポストモダンの語義とも言える〝「根拠」「外部」「実在」の脱臼〟ゆえに、僕らは今やノルベルト・ボルツの言う「サードオーダー」へと立ち至った。

ファーストオーダー（相対一次）とセカンドオーダー（相対二次）を区別するサイバネティクスをもじった「サードオーダー」。だがしかしセカンドオーダーを相対一次とする相対二次ではない。永久に相対一次／相対二次の区別が続くことへの鑑照的構え（テオリア）である。

その意味で「もはや終わりなき日常は永久に終わらない」のであり、どんな大災害や戦争があっても、ポストモダンがモダンへと回帰することは永久にない。そのことを突きつけられるからこそ、ラストシーンの「住田、ガンバレ！」の連呼に僕らは落涙するのである。

映画はテレビよりも高頻度で、人々が営む社会的ゲームの自明性への疑いを突きつける働きをしてきた。初期ロマン派がアートの機能として見出したものだ。だが僕らはもう永久に社会的ゲームの自明性には回帰できない。それが僕が言う「終わりなき日常」だ。

そんな中で、アートの可能性を信じることも、信じないと敢えて「言挙げ」することも、もはや存在しないはずのアートを延命させる「芸術の陰謀」（ボードリヤール）に過ぎない。にも拘わらず、映画は、社会の自画像を提供し続けられるだろうと確信できる。

震災前から地獄だった毎日に、奇跡的に訪れた福音を描く『KOTOKO』

「ここではないどこか」は1970年代半ばに終わった。以降は「ここの読み替え」が専らになった。トルコ風呂街だった渋谷の職安通り（行政名は区役所通り）を「公園通り」として読み替えるシャレが出発点だった。やがて職安通りの過去は忘却され、シャレがオシャレになった。

薄汚れた東京もウォークマンでYMOを聴きながら歩けばTOKIOに早変わり。東京をTOKIOに読み替えるというのも、むろんシャレだった。だが、職安通りが初めから「公園通り」だった薄汚れた東京を知らない若い世代にとっては、このシャレもオシャレになった。

並行して「聖なる娼婦」に真の無垢を見出す営みは廃れ、娼婦と少女を区別した上で非娼婦の少女に無垢を見出す営みが抗った。汚れても汚れない存在ではなく、汚れとは無縁な存在を憧憬する時代になった。そこでは「ここの読み替え」すら忘却されてしまった。

かくして映画から「聖なる娼婦」が消えた。ただし塚本作品は例外である。理由は明白だ。他の映画は「聖なる娼婦＝ここではないどこか」の不在ゆえに挫折したが、塚本作品は、この不在ゆえの自己破壊（を通じた逆説的自己解放）を主題にしたので、一層輝いたのだった。

塚本晋也においては〝「聖なる娼婦」に救済される〟というモチーフが換骨奪胎される。「聖なる娼婦」が救済するのでなく、「聖なる娼婦」の不在ゆえの自己破壊が、自らを救済する。換言すれば、「自己回復による救済」でなく「自己破壊による救済」が推奨されるのだ。「自己回復でなく自己破壊による救済」。世界から隔絶された薄汚れた社会に閉じ込められた男は、自己破壊によって自己もろとも社会を爆砕することで世界に接触し、救済される。そう。『鉄男』（１９８９年）以来の塚本作品に一貫したモチーフである。

塚本の正しさは１９９０年代半ば以降に明らかとなった。１９９７年のアジア通貨危機による「平成不況の深刻化」以降、「ここの読み替え」が所詮幻想に過ぎない事実が瞭然となった。否。幻想として思い描くことすら不可能となり、「ここ」を無関連化するアキバ系が時空を席巻した。

シブヤ系の「現実の虚構化（演出化）」からアキバ系の「虚構の現実化（異世界化）」へ。「ここの読み替え」が不可能なるがゆえの「繭ごもり」へ。塚本の「自己もろとものの爆砕」に比して瀰漫的な方向だとはいえ、「都市における救済」は塚本同様に断念された。

……と言いたいところだが不可思議なことが起こった。「自己回復でなく自己破壊による救済」

をモチーフとしたはずの塚本作品が「自己回復」の福音を告げ知らせるように——それもますますます大きな鐘の音を以て告げ知らせるように——変わってきた。一瞥しよう。

かつて『六月の蛇』(2003年)論で示したように『バレット・バレエ』(1999年)は以前の作品よりも明るく、『六月の蛇』は『バレット・バレエ』よりも更に明るい。『バレット・バレエ』でも『六月の蛇』でも、男女の間に「壊れた者同士」の絆が最後の一瞬であれ結ばれた。だが『バレット・バレエ』では、ラストで男と女が正反対の方向に走り出すことに象徴されるように、「壊れた者同士」の絆は想像的=虚数的なものに過ぎないが、『六月の蛇』では、ラストでの男と女の激しい情交が示すように、現実的なものになっているのだ。

その意味で、『六月の蛇』において、「死」の闇に満ち満ちた作品群に初めて「生」の光が差し込んだ。その感覚は『ヴィタール』(2004年)でいや増す。前述したように、塚本作品では「自己回復ならざる自己破壊による救済」に「聖なる娼婦」が随伴してきた。

『ヴィタール』に「聖なる娼婦」は登場しない。「聖なる娼婦」は「自己破壊による救済」の随伴物に過ぎないから驚きはない。驚きは、従来なら「最後の一瞬」に象徴される不可能性として描かれたはずの「自己破壊による救済」が、可能性として描かれていることだ。

自己回復を遂げんとする者を自己破壊に導く他ないはずの人工物(鉄!)に溢れたこの都市で、人を自己回復へと導く「世界との接触の回路」が、「ここではないどこか」ならざる「今ここ」における人体解剖という、紛うことなき現実の継続的な営みに見出されたのである。

「ここではないどこか」を切望するのでなく、自分の居るこの場所をひたすら真下に掘り続けることで、突如、地球の裏側という現実に存在する「ここではないどこか」に突き抜けたという驚き。突き抜けた先には「女が踊る、沖縄の海」という現実的な空間が拡がっていた。

そして「女が踊る、沖縄の海」が尻取の如く本作『KOTOKO』（２０１２年）に繋がる。そこでは再び『バレット・バレエ』以来の〝「聖なる娼婦」を求める「疲れた男」〟が登場するだろう。子供を溺愛するがゆえに壊れたKOTOKOと、彼女のために全て投げ打つ小説家だ。

だが何もかもが逆転している。芥川賞（？）を受賞した著名な小説家なのに、小説をやめてKOTOKO（Cocco）を愛することを職業にしようとする男（塚本晋也）。だが男は消滅する。男は彼女の妄想か。いずれにせよ、もはや男の救済は問題ではなくなっている。

否、正確には違う。「映画の中の女にミメーシス（感染）して救済される映画の中の男」に自らを重ねるという塚本晋也のナルチシズムが消えた代わりに、現実の女Coccoに現実の男塚本晋也がミメーシスして救済されている。何と塚本自身が救済されていたのだ！

『バレット・バレエ』⇓『六月の蛇』⇓『ヴィタール』⇓『KOTOKO』。一連の塚本作品は、今紹介したように、〝不可能性の意味論〟から〝可能性の意味論〟への美しい軌跡を描く。つまりこの四作は『KOTOKO』をラストシーンとする一つのストーリーなのである。

震災で「終わりなき日常が終わった」のではない。その証拠に震災の遥か以前からKOTOKO（Cocco）には人間が二重に見えていた、つまり社会は地獄だった。社会が二重に見える彼女が異常か。違う。それが普通に一重に見える僕らが異常なのだ。

その事実を理解しているただ一人の男が小説家の田中。否、塚本晋也自身だ。彼の前で

KOTOKO（Cocco）が『ヴィタール』ラストの再現の如く歌い踊る。歌い踊る瞬間、彼女の前から腐りきった社会が消え、世界が現れる。つまり一重に見えるようになるのだ。

小説家の田中、否、塚本晋也自身には、我々観客と同じく、歌い踊ることで世界を召喚する奇蹟の力など、あり得ない。だが、KOTOKO、否、Coccoが恩寵の扉になる。Coccoを通じて世界からの福音が訪れるのだ。田中が途中で消えた理由は、もはや明らかだろう。

田中が途中で消えたのは、田中が塚本晋也になったからだ。田中を介することなく、塚本自身が直接Coccoに向き合って感染できるようになるからだ。その証拠に、田中の消滅直前、塚本の手持カメラの前で、KOTOKOが激しく踊り、そのことでKOTOKOがCoccoになるだろう。

震災で「終わりなき日常は終わった」だと？　震災で日常が非日常に変じただと？　笑わせてくれる輩が多すぎる。終わりなき日常とは、もともと地獄の非日常の日常化だ。辛うじてそれをやり過ごす知恵があるか否かに過ぎない。昔も今も変わらない。震災があろうがなかろうが。

昔も今も地獄を生きるしかない我々。ガンバッてもどうにもならない我々。「住田、ガンバレ！」はそんな我々へのエールだ。だから涙が出るのだ。絶望に寄り添ってくれたから思わず泣けてしまう。よくあることだ。だが、『KOTOKO』の涙は少し、いや、全然違う。

ここには確かな福音がある。KOTOKOならざるCoccoの存在という福音が。社会に生きることができないがゆえに歌い踊るCocco。Coccoという存在自身が世界からの訪れなのだ。Coccoに感染する塚本晋也が僕自身だからこそ涙が止まらないのだ。

塚本が述懐した。あのラストは、アイディアAに固執するCoccoと、アイディアBに固執する塚本晋也の、両論併記なのだと。AとBが何を意味するかはもはや明瞭だろう。この話がまた泣けてくる。社会を突き抜けるCocco。それを見てるしかない塚本＝我々……。

何かあるはずの街、何かあるはずの故郷、なのに何もないことを描くのが『RIVER』だ

『ヒミズ』と同じく、撮影準備中に震災が発生し、構想の大幅な変更を余儀なくされた映画が、廣木隆一監督『RIVER』（２０１２年）だ。巷の紹介では、秋葉原無差別殺傷事件で恋人を亡くして消沈した女性が、秋葉原での出会いを通じて再び歩き出す映画、というふうになっている。

注目点は、主人公の若い女性が秋葉原で出会った若い男性が、大震災で被災した故郷の風景を前に、絶句し、やがて嗚咽するという、当初は構想になかった場面が後半部に加えられたことだ。そのことを含めて、この作品はバランスを欠いた作品であることで、成功している。

廣木監督は、あの衝撃的事件の場となった秋葉原には必ず何か場所的な必然性があるはずだと思ったと僕に語っている。この想定は、僕以上の世代にとっては懐かしい。不謹慎な言い方をすれば「人が犯罪を犯したのでなく、街が犯罪を犯した」とでも言い得る位相を指示する。

この位相に最初に注目したのは60年代末の「風景論」だった。原正孝・松田政男・足立正生・大島渚などが関わり、『東京戦争戦後秘話』（大島・原）、『ゆけゆけ二度目の処女』（若松・足立）、『略

称連続射殺魔』（若松・足立・松田）を素材に、廣木監督と議論をした。

僕より四歳年長の廣木監督が「風景論」の視座から先のような想定をしたのは、自然なことだと感じる。だが、フィールドワーカーとしての僕は、90年代後半からオタクの街になった秋葉原が、ゼロ年代半ばには既にオタクの街ではなくなった事実をよく知っている。

2003年からメイド喫茶ブームと電車男ブームが連続し、オタクは一挙にメジャー化した。これはオタクの非オタク化と表裏一体だった。メイド喫茶以降の秋葉原は観光地化し、ディープなオタクは寄りつかなくなった。というか、そういうオタクが珍しくなってしまった。

その辺りから秋葉原は徹底的に物語を欠いた街になった。『RIVER』の若い女性主人公が秋葉原を歩いても、何も見つからない、残骸しか見つからない。このエピソードは、廣木監督自身の映画撮影を通じた取材経験を、女性主人公に重ねたものだと見ることができよう。

津軽から上京して連続射殺事件を起こした永山則夫にとって「ここではないどこか」がどこにもなかったこと、「どこかに行けそうで、どこにも行けなかったこと」が、銃を撃つ動機になったと、かつて「風景論」は論じた。「ここではないどこか＝東京」は存在しなかったのだと。

にも拘わらず、寺山修司にとって、唐十郎にとって、若松孝二にとって、大島渚にとって、同時代の東京は――例えば新宿は――生き物だった。僕が援交女子高生のフィールドワークをしていた90年代前半の渋谷も生き物だった。街が一つの共同の身体だったということだ。

だから、僕は、援交女子高生たちを拠り所に「日常のつまらなさゆえに、冒険的に歩きまわって街を身体化しようとする先鋭的な営み」を肯定しようとした。だがこの企図は今思えば呑気だった。そもそも街を身体化できる可能性など、所詮は一過性であらざるを得ないからである。

「街をめぐる共同身体性」が描かれた時代は、戦間期前半の1920年代、戦後復興成長期末期の1960年代後半、グローバル化時代初期の1990年代半ばという具合に、反復されてきた。ロウ・イエ監督の中国映画を見れば分かるように、今は中国の都市部の一部がそうだ。

古い何かが失われて行き、かわりに新しい何かが浮上して来る。いわばデクレシェンドとクレシェンドが交差する短い期間にだけ、都市をめぐる共同身体性が浮上する。一口で言えば、それは「失われつつあるものたちの、失われつつあるがゆえの輝き」なのである。

かつて秋葉原も生き物だった。森川嘉一郎が『趣都の誕生 萌える都市アキハバラ』（2003年）で描いた頃までの秋葉原。だが今は、生き物としての固有の歴史と表情をもった街はない。そうなって20年経つ。だから「ここではないどこか」を街に託す営みは疾うに消えた。

『RIVER』は主人公の徘徊を通じてそのことを確認する。主人公だけでなく廣木監督自身が確認する。その意味でこの映画は「秋葉原の今」を探ろうとしたドキュメンタリーでもある。何もないことを確認する失意のドキュメンタリーとして、映画は成功していよう。

『RIVER』は、主人公も監督も「何かありそうで、何もなかった」という失意を終盤に至るまで共有している。その失意が映像全体に滲み出す。その滲み出しが苦しくて我慢できなくなる寸前、先に紹介したように、映画の舞台は、アキハバラからフクシマに移るだろう。

街（秋葉原）に何かを探しに来た女と、街から出身地の地方（被災地）に何かを探しに出かけた男。女は、煌々と灯るネオンや行き交う雑踏が目の前にあるのに、何も見つけられず、男は、津波で流されて建物一つない廃墟を前に、「確かに故郷を見つける」……。

ここでは、女性の移動が空間的なものとして記述され、男性の移動が時間的なものとして記述される。もちろん物理的には空間の移動しか描かれないが、男性はあたかも拡張現実のように記憶を重ねて見るからだろう、何もない拡がりを前に、故郷ゆえにただ嗚咽するのである。

ここには廣木監督が意図せずして描いた、失意の所以に関する答えがある。共同的な記憶だけが、街を共同身体化できる。共同的な記憶を可能にする共同的な——我々的な——営みが、場所をベースになされることがない限り、街が生き物となることは永久にないのだ、と。

廣木監督は正直に語る。震災が起きて、秋葉原で何か撮ろうとしていたのが、もっと重要なことが起こっているのではないかと気になり、特に展望もなく被災地に入った、と。だが、作品に震災やオウム事件のような現実を取り込むのは実は危険なチャレンジである。

一方に、作品の虚構世界が現実の圧倒的なリアリティゆえに吹き飛んでしまう可能性があり、さもなければ、他方に、脳天気で御都合主義的な我田引水があるだけのアザトイ作品になる可能性があるからだ。『RIVER』は監督の自己評価通り、一旦は前者に傾きかけた。

だがそのことで、奇しくも「何かありそうで、何もない」という事実の圧倒的リアリティを刻印できた。そこには、メイド喫茶のコスプレ店員らが描かれ、コスプレ店員らのスカウトマン（という肩書のナンパ師）が描かれるが、驚くほどフラットで、非日常感が絶無である。

そのことで、この映画は「震災を契機に、日常の小さな幸せの大切さを噛み締めた」の類の紋切型を正面から否定できた。初めから何もなかったところが、何もなくなるだけだと。だが、この挑発的な否定は、図らずも嗚咽の意味にも変更を迫って来ざるを得ない。

男性は故郷における濃密な記憶ゆえに嗚咽したのか。映画は男性の嗚咽の背景にある記憶についで一切描かない。もしや男性は、濃密な記憶のあるべき故郷にさしたる記憶がないという記憶にこそ、嗚咽したのではないか。そう理解すると映画の意味論が一挙に完成する。

『サウダーヂ』

「自意識に由来する痛さ」ゆえの酩酊から
「社会構造に由来する痛さ」ゆえの酩酊へ

外国を旅してきたような印象が残った。とはいえ、僕にはアメリカと東南アジアと北アフリカの旅行経験しかない。それはともかく、息が詰まりそうな濃密な経験をしながら、帰国して少し経つと、アレはいったい何だったんだろうという感じになる。この映画を観てしばらく経つと、東京で生活している僕には、異国の映画だったように思い出されてしまう。

ラーメン屋で二人の男が向き合う冒頭シーンを観て、まさかこんな映画体験を与えられるとは想像もしない。この落差体験は重要だ。富田克也監督&相澤虎之助脚本のコンビ独特の表現スタイルに関係する。(1)あえて軽く描こうとしているにもかかわらず、(2)日常の中に次第に狂ったものが浮かび上がる、という『国道20号線』(2007年)でお馴染みのスタイルだ。

この二点は密接に関連しよう。『国道20号線』も同様だが、彼らの作品は徹底した取材を経て社会を描く。しかし社会批判を突きつけているのではない。人間模様の喜怒哀楽に巻き込もうとしているのでもない。社会の中で苦しむ者が世界に意識を飛ばすロマンを描くのでもない。映像的な表層と戯れるのでもない。それでは何をしているのだろう。

彼らの作品を観た後、これは彼らにしか描けないのだといつも思う。ここまで綿密に取材して、僕らの生きる社会の現実はこんな具合ではないかと気づかせる。同時に、ここにはドキュメンタリーとは異なる、虚構の肌触りがある。社会の中に現にあり得る断片的な素材を、選別、配置することで立ち上がる、観念的リアリティー——いわば世界観——があるのだ。

あえて言えば、「客観的」で綿密な社会観察と、それをベースにした「主観的」で強力な世界観との、組み合わせだ。「とてつもなく深く社会を知る者たちの世界観だ」と身を委ねることができる。そこに立ち上がる世界観があまりにも強力で濃密なので、映画館を出てしばらくすると、どこか別の国を描いた映画みたいに感じられる。褒め言葉である。

90年代郊外が望んでいた「ここではないどこか」

1985年から1996年まで、断続的に、北海道から沖縄まで売買春のフィールドワークをした。当初はそのつもりはなかったが、やがてリサーチの重要な目標が、それぞれの街の「感覚地理」から見えてくる日本の現在にシフトした。きっかけは幾つかあった。一つは、80年代後半の駅前再開発の動き。もう一つは、バブル崩壊以降の駅前商店街の崩壊。

前者は東京近郊や大阪近郊で、後者は地方都市で起こった。両方とも売買春を爆発的に加速させた。再開発された郊外の駅前は、車でピックアップするためのテレクラ売買春の待ち合わせ場所になった。バブル崩壊以降、寂れた工業団地を抱えた地方都市では、コンビニやフェミレスの駐車場を待ち合わせとする売買春が、以前の何倍にも増えた。

『自殺実態白書2008』を、製作に携わった自殺対策支援センター「ライフリンク」代表の清水康之氏が、発表前のゲラ段階で僕に見せてくれた。一読して驚いた。独身男性の自殺が多いのは工場城下町。独身女性の自殺が多いのは大都市近郊圏。どちらも売買春のメッカだったところだった。上位地域の名称を見てフィールドワークの記憶がまざまざと蘇った。

例えば僕が記憶するのは1994年の青森市の風景。近くに工業団地があるが、1991年の平成不況以降、徹底的に寂れた。西武流通グループが大規模店舗を出店するという計画で、駅前の旧商店街が取り壊されて更地になったが、出店計画の取り止めで、だだっぴろい空き地と駐車場が拡がっていた。別の商店街でもシャッター化したところが目立った。

その青森駅周辺には、テレクラが10軒以上も林立し、昼日中から中高生の売春コールが引きも切らなかった。もちろんOLや主婦の売春コールもあったが、東京や大阪と違って、どれも実勢価格はイチゴつまり1万5千円で横並びだった。このあたりの詳しい事情は1997年に上梓した『まぼろしの郊外』に詳しく紹介した通りである。

同じ頃、東京近郊の町田では、駅前再開発で、遠くにあった国鉄原町田駅が小田急町田駅の近くに統合されたが、駅周辺では女子中学生5万円、女子高生4万円、女子大生3万円、主婦2万円の実勢価格で売買春が展開していた。横浜線の南側つまり神奈川県側にラブホが集中するが、東京都にないテレクラ条例があって、属地主義での摘発ゆえにヤバイと言われていた。

エロ本にネタを提供する仕事をしていたのもあって、無数の少女たちから話を聞いた。貧乏か金持ちかという話よりも印象的だったのは、青森でも町田でも、家族や地域が空洞化している実態だった。青森でも町田でも、大豪邸に住む土建屋社長の「育ちのいい」令嬢が、完全に空洞化した家族や地域を背景に、バンバン売春に乗り出していた。

だが今との決定的違いがある。青森でも町田でも、少女たちは、ときには「にいさん、いい人だね」などと世辞を言いながら、ときには嗚咽しつつ、とめどなく話をしてくれた。彼女たちには、度重なる期待外れにも拘わらず維持されている願望水準があった。砂を噛むような事実性に打ちひしがれながらも、「ここではないどこか」を望んでいた。

それが決定的に変わってしまうのが1996年頃なのだが、富田監督と相澤脚本のコンビによる前作『国道20号線』は2007年の映画でありながら、1996年頃までの地方都市（舞台の甲府も地方都市）や、東京・大阪の郊外（甲府は東京郊外の外延でもある）で、僕が長く呼吸してきた空気と同じ匂いを放つ。そのことを富田・相澤コンビにも伝えた。

「これは10余年前の空気ですね」というのは僕の褒め言葉である。それが契機の一つになったのかどうか知らないが、「今」ないし「今から10年先」の空気を描いた作品が新たに登場した。それが『サウダーヂ』（2011年）だ。これは、学者たちも政治家たちも中央行政もまだまともな認識さえ持っていない頃の、長期在留の外国人たちが大勢居住する地方都市の話だ。

日本が一般永住者に行う「ペテン」

日本はおかしな国だ。現に起こっていることを起こっていないかのように偽装する。日本の農業も工業も外国人労働者の手を借りずには回らなくなっている。なのにそのことを公式に認める制度を作らずに「裏口」から外国人労働力を利用する。そうすることで、既に多数存在する外国人労働者に対する社会政策や教育政策の義務を放棄するのだ。戦前来の日本の劣等性だ。日本は、大卒以上もしくは実務経験10年以上の外国人労働者を「専門的な技術や技能、知識を必要とする業務に就労する者」と認めて受け入れ、「いわゆる単純労働者」を排除することになっている。だが外国人の「いわゆる単純労働者」なくして、既に日本は回らない。そこで、さまざまな制度を用いた「ペテン」がまかり通ることになる。それが現状の全てだ。

法務大臣が永住許可を与えた外国人を一般永住者という。(1)犯罪歴がなく、(2)生計を営める技能や資産がある、(3)10年以上在留した外国人に、資格が与えられる。昨年(2011年)時点で、一般永住者に占める割合がいちばん高いのが中国人で30%、約17万人。続いてブラジル人で21%、約12万人だ。彼らは制度の「ペテン」によって長く在留した人たちである。「ペテン」の主体は日本政府だ。中国人の場合は技能研修という「ペテン」。表向きは途上国から来た人に技能研修を施し、本国で技能を活用してもらうという話だ。実際には低賃金労働者を外国から入れる方便に過ぎない。研修だけで労働をしない建前なので、労働基準法が適用されないから妥当な賃金を支払う必要がなく、僅かな手当だけ渡される。

中国人研修生は、三年間研修を受ける旨の誓約書を書かされ、多額の保証金を企業に払う。誓約書に反すれば保証金は没収だ。企業は優越的地位を利用してやりたい放題。受け入れた研修生のパスポート取り上げ、強制貯金、時間外労働、権利主張に対する強制帰国、強制帰国を脅しに使った性行為強要が横行する。時給300円以下が当たり前。これがまともな国か。

研修生を受け入れるのは、日本人労働者を確保できなかったり、中国などの外国製品との価格競争にさらされている中小企業と農家だ。国際貢献ではなく、低賃金労働力のために本制度を利用する。甲府でも、当初は養豚業から、昨今では農業労働のあらゆる分野、あらゆる過程に中国人研修生が入り込んでいる。しかし制度はほとんど改善されないままだ。

消えないままの移民と非移民の分断

ブラジル人の場合は日系人という「ペテン」だ。1989年に入管法が改正され、日系三世とその扶養者は全員、無条件で定住ビザを貰えるようになった。日系三世「の家族」も含めて日系人は定住してOKという訳だ。むろん、外国からの「いわゆる単純労働者」を受け入れないという方針を変えずに、日本人よりはるかに低賃金で働く労働力を調達する方便である。

ブラジルでは、裏口が開放された改正入管法を前提にして、日本企業に雇われた日本人やブラジル人のブローカーが、「日本に来るとこんなに高給で、日本はこんなに暮らしやすい場所だ」と口八丁手八丁で日系三世「の家族」を勧誘し、来日させる。かくして、日本語を解さないポルトガル語コミュニティが、工業団地や周辺に分布するようになった。

親についてきた子供については、文科省は「外国人の子供は義務教育の対象ではない」とし、国として教育の責任を負わない。ポルトガル語しかできない子供は小中学校に入れない。親はともかく、子供たちの交わりを通じて移民コミュニティが現地社会に馴染むのがどこの国でも定番だが、日本政府は日本人の子供と日系人「家族」の子供を分離するのだ。

こうした分離のせいで、地域に大勢のブラジル人やその子供たちが居住するのに、日本人と交わらずに集住しがちになっている。そのため、近隣社会のルール（ゴミ出し等）をめぐる混乱が絶えず、犯罪などをめぐって濡れ衣を着せ合う疑心暗鬼が蔓延する。だがこうした状況でも長く定住する者はおり、一般永住者に占める割合の高さとなって現れている。

ところが、一般永住者の資格をとっても問題は消えない。特別永住者（在日コリアン系）と違って一般永住者（中国系・ブラジル系ほか）の場合、生活保護や社会福祉の受給権があるのに、窓口で追い払われる「門前払い」が大半なのだ。だから、一般永住者の資格があっても子供を小学校に通わせられないケースが、大量に発生している。これは明らかに日本の劣等性だ。

なぜか。どんな先進国でも、エスニックリソースを専ら頼る移民一世と違い、言葉も喋れ、移民先の国民とも関係性を築いた移民二世と三世が、「国籍を与えろ、一般国民と同等に扱え」と言い出すことで、社会的差別や政治的差別の解消に向けた大きな一歩が記されるからだ。フランスでも英国でもそうだった。このルートが遮断されれば、多大な社会的コストが生じる。

実際、移民と非移民の分断が代替わりを経ても消えないままになり、情報の非対称性や不完全性のせいで、ゆえなき差別が生じたり社会的・政治的な軋轢だらけになっている。どのみち生産人口維持のために長期滞在の外国人労働者を受け入れるしかない以上、このことは社会統合上も治安政策上も大きなコストになる。こうしたコストを払う余力は今の日本社会にない。

昔の地域社会を知る者たちの感情的違和感が分からない訳ではない。だが、国民や政治家に必要なのは、長期滞在の外国人労働者を頼る以外に生産人口の減少に対処する方法がない以上、

10年後にどうなるかを考えて、バックキャスティング的に（＝未来から振り返って）今を思考するというガバナンスの視座から、感情的問題の克服を図らなければならない。

永住者に参政権を与えるべきかどうかが議論になるが、法的に保障された行政的受給権を侵害された一般永住者については、参政権を与えることで社会的分断と対立が増進する可能性が高い。（1）永住権取得の容易化→（2）受給権行使の可能化→（3）日本社会とのコネクティビティ増進→（4）自明性の変更と反外国人感情の緩和と→（5）参政権授与、の順序が大切だ。

移民三世と日本人の関係の構造

本作の意味を深く理解するには、今述べた知識の全てが不可欠になる。知識がないと本作キャッチコピーが「土方・移民・ヒップホップ」である理由も理解できない。第一項は土方＝日本人。第二項は移民＝ブラジル人。第三項のヒップホップは、ブラジル人ラッパーと日本人ラッパー、つまり本来ならある程度の統合が進むはずの移民三世と日本人の関係を指す。

土方サイドには、30代後半の土方男とその同僚、そしてセレブ志向の妻が配置される。移民サイドには、ブラジル人の夫とフィリピン人の妻と二人の子供からなる家族や、タイ人のホステスが配置される。ヒップホップサイドには、国粋的な日本人ラッパーたち、日系三世のブラジル人ラッパーたちが配置される。全体がマルチスレッドになっている。

その上、この三項区分とは必ずしも重ならないディスコミュニケーションが描かれる。（1）タイ人ホステスとのタイへの駆け落ちを夢見る土方男のリアリティーから見た、セレブ志向の妻が繰り出す励まし言葉の空虚。（2）タイ人ホステスから見た、彼女との駆け落ちを夢見る土方男の誘い言葉の空虚。共通して「空虚だと批判する側が宿す、別の空虚」のモチーフだ。

加えて、（3）ブラジル人ラッパーの『シティ・オブ・ゴッド』（2002年）的なリアルさから見た、日本人ラッパーの国粋的な歌詞や言葉の空虚。（4）国粋的な日本人ラッパーから見た、「人類みな兄弟」的なコスモポリタン気取りの元恋人の言葉の空虚。共通して、先ほどとは逆向きに「空虚だと批判される側が感じる、別の空虚」のモチーフだ。実に周到な構造がある。

空虚だと批判する者自身が空虚であり、空虚だと批判される者自身が空虚を感じている。かかる「再帰性の泥沼」は、本作の世界観に重要な彩りを与える。つまり「空虚批判を正当化する充溢、あるいは空虚からの出口を指し示す充溢は、この世界のどこにも存在しない」という本質的問題である。このことは、先の基本知識との兼合いで巨大なアイロニーを構成する。

政治学的ないし社会学的に見れば、「日本の移民政策には明白な失敗があり、政策的成功に向けたステップを明白に描ける」というモダン次元がある。それとは別に「その政策的失敗が作り出した『この社会』を生きる者たちは、空虚をめぐる『再帰性の泥沼』からの出口がどこにも見つからない」というポストモダン次元がある。この二重性こそが肝心である。

この二重性が持つ意味自体が両義的だからだ。本作では「再帰性の泥沼」が重要なドラマツルギーを与える。一方で、統治権力の政策的失敗に対する認識が「再帰性の泥沼」という映画的リソースを与える。他方で、このドラマツルギーが与えるギリシア悲劇的な意味での悲劇の印象が、統治権力の政策的失敗に目を向ける契機を与える。ここに循環がある。

こうしたウロボロスの蛇の如き両義性ゆえに、政策的空間が与えるモダン次元と、物語的空間が与えるポストモダン次元とが形作る全体としての意味論的空間は、明確にポストモダン的なものになる。こうして、作品に内蔵される情報に引き金を引かれる形で、人々の享受形式を制約する社会的文脈の、過剰な複雑性に由来する情報が、人々を圧倒するのだ。

僕は、長期滞在の外国人労働者や一般永住者にまつわる問題を先に紹介した基礎的な範囲でしか知らないが、それらを思い出しながら、本作を満たす「その言葉は空虚だ」という言葉の相互言及のネットワークに触れているうちに、尺でいうと4分の3ほどに至ると、あまりの複雑性に眩暈を覚え始めた。ところが本作の演出的な圧巻はそこから始まるのだ。

必ずしも関連がはっきりしないマルチスレッド間のカットバックが、それまでよりも遥かに速いリズムで目まぐるしくなる。そして、土方の男と、同僚のタイ帰りの男が、水パイプでマリファナを吸引するシーン以降、『国道20号線』の後半4分の1がそうであったように、音響も映像表現も、虚とも実ともつかない眩暈的に浮遊した次元へと突入する。

この浮遊した次元で、国粋的日本人ラッパーが、ブラジル人ラッパーをナイフで突き刺す。だが、何もかもが眩暈的に浮遊している中で、少しも重大なことが起こったようには感じられない。ことほどさように、余りにも重い複雑性が描かれていたはずなのに、「考えてみれば何もかもがどうでも良かったんじゃないか」と「ねこぢる的」な転換が図られるのだ。

この辺りの表現は、眩暈的な浮遊が与える快楽という意味で、娯楽性が非常に高く、外国人労働者問題や一般永住者問題に知識がない者にも楽しめるようにはなっている。だが、外国人労働者問題や一般永住者問題の重大さを知る者にとっては、もはや眩暈的な浮遊の中に全てを包み込む以外に生きる術はないのだ、といったメッセージとして聴こえるはずだ。

随所でタマ（MDMA）という言葉が出てくる意味も、そこでやっと明らかになる。ラスト近くで、タイ帰りの男が違法薬物がらみでパクられたという話を土方が伝え聞くが、その頃には観客も土方と一緒に「酩酊せずにはやっていられない」という感覚を共有している。即ち、「自意識に由来するイタさ」ゆえの酩酊から、「社会構造に由来するイタさ」ゆえの酩酊——。

『冷たい熱帯魚』『悪魔を見た』

想像を絶しているのはシステムに
依存しているからではないか。
ポストモダン的観察を踏まえた傑作と、
踏まえない駄作。

「想定内／想定外」が意味するシステム依存

中学生のとき親友二人を伴って陸中海岸を旅行した。リアス式海岸の一つの岬から隣りの岬まで見通し距離で数百メートルなのに、奥まった湾に沿って歩かなければならないから、岬から岬まで歩いて何時間も掛かったのを覚えている。今から40年前の話である。

津波の惨禍は痛ましくて言葉にならないが、よく見ると、宮古市田老地区のように高さ10メートル以上のギネス級の堤防を築いていた所は町の90％以上が壊滅したが、高さ5メートル以下程度の堤防しかなかった釜石市鵜住居地区は小中学生六百数十人が一人を除いて助かった。

釜石市の小中学校全14校では、防災危機管理アドバイザーで群馬大学大学院の片田敏孝教授が「津波てんでんこ」の大切さを学んでもらおうと、2005年から特別教育を実施してきた。「てんでんこ」とは「てんでバラバラに逃げろ」という意味で、三陸沿岸の言い伝えである。

片田教授はこの言い伝えを三要素に分解して教えてきた。①想定にとらわれるな。②その場での最善を尽くせ。③率先避難者たれ。教授によれば、完璧に見えるシステムを作ってそれに依存することで、システムが破壊されたときに壊滅してしまったのが、田老地区なのだ。

思えば、東電や各自治体の津波に対する想定が甘かったとして、より厳しい想定をすべきだとの論潮が高まっている。より高い堤防を作れ、より高い場所に原発を作れ、云々。だが、想定をより高いハードルにしておけば大丈夫、とする発想こそが不適切だ、というのである。

片田教授の提言は、1986年のチェルノブイリ原発事故の直前に上梓されたドイツの社会学者ウルリヒ・ベック『リスク社会』に重なる。ベックによれば、問題は想定の高低ではなく、想定外の事態が起こったとき、それでも収拾可能なのか、収拾不能なのかが、問題なのだ。

原発災害は、チェルノブイリ原発事故や今回の福島原発事故を見るまでもなく、予測不能・計測不能・収拾不能だ。他方、風力発電はたしかに落雷に弱いが、100本の発電塔のうち、20本が失われる想定外の事態になっても、容易に収拾できる。それが重要だ。

「完璧な」安全策をこうじた原子力発電所にせよ、「ギネス級の」高い堤防にせよ、今回の東日本震災はシステムへの過剰依存が、いざシステムが想定外の機能不全に陥った際に生活世界に如何に恐ろしい事態をもたらすのかを、まざまざと見せつけてくれた。

システムへの過剰依存の危険は事故対策や防災対策に限られない。既に様々な場所で記してきた通り、欧州では既に1980年代から、共同体が「市場メカニズム」や「行政官僚制」に過剰依存する危険を、スローフードやスローライフを通じて共通認識としてきた。

福祉国家がもたらした1970年代の財政破綻と共同体空洞化を契機とした新自由主義——小さな国家と大きな社会——と、1986年のチェルノブイリ原発事故がもたらした「食の共同体自治」と「エネルギーの共同体自治」の動きが、システムへの反省を一般化させた。

日本は、1970年代後半以降の製造業一人勝ちのラッキーによる右肩上がりの継続が、新自由主義的方向へのシフトを妨げて旧自民党的な再配分政治を継続させ、チェルノブイリ事故が他人事に思えたラッキーが、１９９０年代以降の「食とエネルギーの共同体自治」を妨げた。

むしろ欧米の動きとは対照的に、１９８０年代半ば以降の日本は、一方でコンビニ化＆ファミレス化に象徴される「市場依存」が進み、他方で日米構造協議の末に日本政府が応じた４３０兆円の公共事業に象徴される「行政官僚制依存」が進んで、共同体が空洞化し続けた。

１９８９年から91年にかけて冷戦体制が終わり、グローバル化という名の資本移動自由化が進んだことで、91年のバブル崩壊以降の日本では、「社会の穴を辛うじて埋め合わせていた経済」が回らなくなり、社会の穴——共同体空洞化——が、ひたすら顕在化するはめになった。

それが、英国の三倍、米国の二倍にも及ぶ高自殺率をもたらし、孤独死や無縁死をもたらすことになった。昨年（２０１０年）話題になった高齢者所在不明問題や乳幼児虐待放置問題をもたらした。

丸山眞男の言葉を使えば、まさに「作為の契機の不在」だ。システム（市場と行政）がうまく回る「平時」を、永続するものだと自明視化したツケだ。

システムは偶発的契機のセットが与える「ありそうもない秩序」であるがゆえに、システムは自明ではない契機がたまたま嚙み合うことで辛うじて回るに過ぎないのに、ここに川があり、あそこに山があるが如く、また、太陽がいつも東から昇るが如く、単なる自然だと見做す傾向を意味する。

震災は、被災者支援においても、市場と行政に依存し過ぎた社会の脆弱さを突きつけた。支全保障の観点から共同体自治を確保することが大切だが、日本には無縁な営みだった。システムが回らなくなった場合を想定して、「食の」「エネルギーの」「資源の」「技術の」「文化の」安援物資が集まっても配分に手間取る。義援金が集まっても支給開始が遅い。共同体自治に支えられた市町村や、市民自治に支えられたＮＰＯが、欧米よりも圧倒的に脆弱なことが関係する。

阪神淡路大震災後の仮設住宅では、極めて多数の自殺や孤独死が生じた。物資の配給や就労などの経済的自立だけでは、人は生きていけない。そのことを教訓として織り込んだ被災者の定住化政策——共同体的自治への包摂——も、日本では全く議論の対象になっていない。

共同体自治や市民自治の不在ゆえに困難な支援物資配分を、ツイッターでの交流が助けた。それもあって「空洞化した地域や家族の共同性をネットの共同性が埋める」という類の幻想が拡がっている。若手論者に多いこうした議論はそれ自体がシステムへの過剰依存ぶりを示す。

三月下旬、原発の放射能を恐れ、僕の近辺では多くの母子が縁者を頼って疎開した。終業式直前の段階では幼稚園や小学校では半数近く疎開した。僕も別荘にヨソの母子らを疎開させた。ネット縁では無理な話だ。コストをかけて絆を培った者だけが、絆の恩恵に預かれる。

会社が倒産した時、自分や家族が事故にあった時、災害でインフラが打撃を受けた時——総じて「平時」に頼っているシステムが回らなくなった時——、それでもお手上げにならずに生きていけるかどうかが、ソーシャルキャピタル（社会関係資本）の多寡を示す指標になる。

システムの外と「子供の領分」

システムへの過剰依存やシステムの自明視は、リスクマネジメントの観点から社会にとっての巨大なリスクになる。だが社会にとってだけではない。実存にとっても巨大なリスクになる。要は「いざという時に、どう振る舞えるか」。それが映画の主題にもなってきた。

記憶に新しいのはカンヌ国際映画祭で最優秀主演男優賞を獲得し、キネ旬ベストテンで1位を獲得した是枝裕和監督『誰も知らない』(2004年)。西巣鴨子供四人置き去り事件が素材だと事前に知った観客は、可哀相な子供たちへの同情と無責任な親への憤激を期待するだろう。だが実際に描かれるのは、束の間に現出した「子供たちのパラダイス」だ。年長者はかつての子供時代を想起して感慨に耽ろう。この映画は、第一に、それで与えられる〈娯楽性〉の高さと、第二に、そうであるほど際立つ寓話性の深さとが、両立している点が傑出している。

どんな寓話性か。映画に描かれた「子供の領分」は昔は普通に存在した。だが今は許されない。なぜか。そこを掘り下げると「システムへの登録」が見えて来る。映画では戸籍制度と福祉制度に象徴されている。現在では大人も子供もシステムに漏れなく登録されている。

大人も子供も例外なくシステムの支援を得て生きるのが現代社会だ。僕らは意識せずにシステムの「下駄を履く」。映画は、システム登録による支援が、断ち切られて初めて現出した、子供の感受性と能力だけを頼る「子供の領分」を、存分に描き出す。

近代化が進むと、人間関係が解決してきた問題を、システムが解決してくれるようになる。自ら天気を予測せずとも天気予報を聴けるようになる。むしろ人の能力は鋭敏過ぎない方がいい。人が定型内に収まる方が、システムによる計算可能性が高まるからである。

かくして、昔は許容されていた感覚の拡張が抑圧され始める。近代がドラッグを禁止するのもそのためである。かくして人は、システムにとって都合のいい存在へと縮む。人がそれを受け入れたのはシステムが与える「安全・便利・快適」が魅力的だったからだ。今はどうか。豊かさゆえに今度は、近代化によって一旦は抑圧された感覚を、取り戻したがる者が出てくる。システムへの過剰適応ゆえに失われたオルタナティブな感覚や思考を、取り戻したい……。サーフィンやニューエイジサイエンスや武士道がブームになる背景は、それである。

これらが脱システム化の肯定面——たとえ束の間で終わるにせよ——だとすると、逆に否定面を描いた映画が最近になって陸続と出現しつつある。否定面と述べたが、多くの場合それは、システム化した存在の、脱システム化した存在に対する恐怖として、描かれる。

直近の作品としては、園子温『冷たい熱帯魚』（２０１０年）とキム・ジウン『悪魔を見た』（２０１０年）が挙げられる。これら二作品には奇しくも共通するモチーフがある。①父の映画、②復讐の映画、③翻身の映画、④挫折の映画、という関連し合う四つのモチーフだ。

『冷たい熱帯魚』：〈システム〉からの自立自体が孕む依存の喝破

『冷たい熱帯魚』には園子温定番の「ダメな父親」（ゆえのダメな家族）が描かれる。ダメぶりが引き起こす悲劇の激烈さにおいては『紀子の食卓』（２００６年）に連なる。ダメな父親への否定の身振りの激しさは『冷たい〜』ではもはや尋常の域を遥かに超えている。

園監督はかつて私的に語った。『紀子の食卓』に描かれた父親は彼自身の父親だ。大学教授である父親は、構造的貧困がもたらす飢餓の激烈さを語った直後なのに激昂すると食卓を引っ繰り返すような偽善者だったという。父親への反発から家出して、カルトやセクトにも入った。『紀子〜』では父親のダメぶりが、あるべき家族についての勘違い的パターナリズムとして描かれる。ところで、「またお父さんったら」的な赦し合いのコミュケーションを可能にする感情的共通前提の、空洞化に対処するには、近親姦による秘密の共有か、究極の演技しかない。

近親姦による秘密の共有を描いたのが『Strange Circus 奇妙なサーカス』(2005年)で、究極の演技を描いたのが『紀子〜』だ。どちらの場合も子供たちを犠牲にした自己満足に帰結する。だから園作品は、親たちの自己満足に資するAC的振舞いからの解放を謳って終わる。『冷たい〜』では更に先に進んだ。子供が親のパターリズムに偽善を見出すのは何故かを問う。答えはシステムへの過剰依存だ。親が親みたいな顔をしていられるのはシステムに依存するからに過ぎない。システムの外に出てしまえば親らしさなど一挙に吹き飛ぶという訳だ。

映画のラストにやっと判明するが主人公は娘の美津子だ。映画は、美津子から見た父・社本信行のダメさの話だ。小さな熱帯魚店を経営する社本は、大規模な熱帯魚店を経営する村田に感染して仕事に協力するが、実は村田は、システムの外を生きる「モンスター」だった。

人を毒殺しては妻と一緒に解体処分する村田だが、常軌を逸した振る舞いを示すにも拘わらず、のべつ幕なしの多弁さで社本のダメさを際立たせ、説教し続ける。「ふん、どっちみちバレたら死刑だ。だがな、俺はシロウト紛いのオロオロ小僧とは違う」云々。

村田の辣腕経営者ぶりに感染した社本が、やがて二度目の感染をする。システムの外を生きるモンスターぶりに感染するのだ。オロオロ小僧・社本が「屹立する父」へと翻身する。その翻身を「眼鏡をかけた男」から「眼鏡を外した男」への変貌ぶりが示す。

少女漫画に定番の「眼鏡をとったら、あら美人」ならざる、「眼鏡をとったら、あら父親（真の男）」。それだけであれば所謂「成長もの」――離陸して混沌を経験した後に離陸面とは異なる着地面に着地する――の、よく出来た作品ということで終ろう。

だが、少なくとも二点で意外な印象を与える。第一に、村田は「脱社会的存在」ではない。真のモンスターではない。村田が魚を捌くかのように「人を捌く」のは、村田自身が「父に裁かれ」、その身勝手な自意識によって激烈な罰を受けてきたからだと示されるのだ。

浦沢直樹の連載漫画『MONSTER』（1994年～2001年）に登場する悪魔の如き少年ヨハンの如く、元々は誰よりも感情的な存在だったがゆえに大人たちによる虐待に苦しみ、やがて感情的存在としては理解不能な「モンスター」に変貌する、という「摂理」が暗示される。

虫の息となった村田の、少年時代に繰り返したのだろう父の許しを請う呟きが、それまでと一転して観客の同情を誘う。観客は、父（村田の父）から父（村田）へ、その父（村田）から父（社本）へという連鎖に、「世界は確かにそうなっている」という寓意を見出す。

父による抑圧からの解放が、父が登録されたシステムから離脱して生きる「脱社会的」な振舞いでしかあり得なかった、という負の連鎖。だが、この摂理に深く打たれる間もなく第二の意外な展開が待っている。社本が自らの首を切り、娘に哄笑されながら死ぬのだ。

抑圧からの解放という成長物語を生きる者が、成長物語の完遂のために新たな抑圧をもたらすという負の連鎖。それを突きつけられた観客は我に返るだろう。『紀子〜』のラストの娘が「家族の物語からの卒業」を暗示したとすれば、『冷たい〜』も実は卒業を暗示している。

この卒業は、〝「父親による抑圧（によるシステム依存）から（システムの外に出ることで）解放される」というシステム依存をめぐる実存の物語――解放の物語――が、それ自体システムに（ゆえにシステムに登録された父親に）依存する〟という逆説からの、解放である。

思えば、村田の妻・愛子も、社本の妻・妙子も、社本の娘・美津子も、父親をめぐる抑圧と解放の物語（が引き起こす負の連鎖）の外側にあるエロス的存在として描かれる。ときに死と隣接し、ときに生と隣接するこのエロスは、ブレヒト的な異化装置として機能する。

この異化は、村田の妻・愛子が、血の海の中で社本に接吻するシーンに象徴される。これは間違っても、生き残りたいがために夫の村田から社本に「乗り換えた」のだと理解されてはならない。正しくは、究極のエロスの混沌こそが全てをチャラにするというヴィジョンなのだ。

ヴィジョンの現実性は問わない。究極のエロスが人間性と対照される動物性（愛子が体現する）にしか宿らない以上、現実性は思い半ばに過ぎる。それより「システムの外がシステムの内部表現に過ぎない」という気づきを与える特異点――真の外部――であることが、大切だ。

「父親による抑圧・からの解放」自体が意味する、父親的な抑圧。「システムへの依存・からの解放」自体が意味する、システムへの依存。抑圧からの解放もシステム依存からの解放も、思えばこうしたポストモダン（再帰性の泥沼）的な逆説への再帰的な観察抜きにはあり得ない。

その意味で『冷たい〜』は、派手な感情の怒濤ぶりに反して、『紀子の食卓』『ちゃんと伝える』（2009年）『愛のむきだし』（2009年）など、父親的抑圧からの解放をモチーフとする作品群に対する、冷静な再帰的観察として評価されねばならない。園作品の「卒業」であろう。

『悪魔を見た』：凡庸な〈システム〉依存の反復

同じく、①父親の映画、②復讐の映画、③翻身の映画、④挫折の映画をモチーフとするとはいえ、『冷たい熱帯魚』に比べると、キム・ジウン監督『悪魔を見た』（2011年）は、上映開始から程なく全てが見通せてしまった。その意味でつまらない作品である。

『冷たい〜』では、父への復讐モチーフは、村田の村田父への復讐、社本の村田への復讐、社本娘の社本への復讐として「反復」される。他方、『悪魔〜』では、ギョンチョルによるギョンチョル父への復讐（としてのモンスター化）が暗示されるのみで、反復モチーフは深くは扱われない。

『冷たい〜』では、社本の村田への復讐が翻身を構成するが、この翻身は社本が村田になることを意味する（現に新社長になる）。他方、『悪魔〜』では、ギョンチョルに被害者の苦しみを思い知らせたい捜査官スヒョンの、法と道徳からの踏み外しがあるだけだ。

『冷たい〜』では、新たな父親である社本の挫折——娘による刺殺——は、「抑圧と解放の物語」が分泌する「負の無限連鎖」への断絶＝解放を意味する。他方、『悪魔〜』では、苦しみを思い知らせるというスヒョンの試みが、その凡庸さゆえに挫折してしまうだけである。

『悪魔〜』の弱点を克服するには、第一に、ギョンチョルによる父への復讐がどんな形で成就し、あるいは成就しなかったのかを描き、第二に、それと関連するが、ギョンチョルに思い知らせることが不可能である理由を、描き切らねばならないだろう。

この第二点に関して言えば、ラストでのギョンチョルとスヒョンの会話は、ギョンチョルが単なるサイコではなく、「思い知らせるという行為」ないし「思い知らせられるという体験」に絶対の距離を取るべく、自分の性癖を利用して犯罪を繰り返してきた可能性を暗示している。

そのことは、モンスターに見えるギョンチョルが、痛みの分からぬ粗暴な存在というより、むしろ痛みの分かる繊細な存在である（がゆえに冷血な犯罪を犯す）可能性を暗示している。そこに、「抑圧と解放」「依存と自立」が孕む逆説にアプローチするための手掛りがあるだろう。

そこにアプローチできて初めて、観客は「世界は確かにそうなっている」という人知（社会）を超えた摂理に打ちひしがれるだろう。さもないと、ミイラ取り（スヒョン）がミイラ（ギョンチョル）になろうとしてなり切れなかったという挫折話で終わるだろう。

あるいは、「ミイラはミイラ取りの想像を絶していました、何とまあ恐ろしい」という話で終わるだろう。それが何だというのだ。そんな話は戦時に限らずともそこら中に転がっている。想像を絶しているのはシステムに依存しているからに過ぎない。それだけの話だ。

『スプリング・フィーバー』
『ノルウェイの森』

「あの時代だからこそあり得た」を可能にする
「主観化された風景」

ロウ・イエ監督の奇跡

中国人ロウ・イエ監督『スプリング・フィーバー』(2009年)は、紛れもなく傑作だ。三人の男と二人の女。ゲイとストレートを取り混ぜた「複雑な」性愛関係。カギカッコで括ったのは、そう言いつつもシンプルなパターンの反復だからだ。それ自体は黄金パターンである。

一口で言えば「自分が好きな相手は別の相手のことが好き。でもその相手は更にまた別の相手のことが好き」。こうした理不尽な関係性がもたらす諦観ないしシニシズムが、世間的には道徳的だとは言えない「埋め合わせ的な性愛関係」の増殖をもたらす。だから全体が気怠い。

冒頭、南京市の風景が拡がる。河辺の路上を歩く二人に「生暖かい」風が吹く。僕自身が若い頃から慣れ親しんだ沖縄や台湾の風景に似ている。コンクリートと石と亜熱帯の木々がある。だから「生暖かい」ことがすぐに感じられる。潮が香り、耳にそよぐ風を感じる。

僕の中に仕舞われていた忘れかけた思い出が蘇る。台湾、バンコク、沖縄を舞台とする思い出だ。あの頃とは25歳からの11年間だ。年号で言えば1985年から1995年。バブルの頂点からブルセラ&援交の頂点まで。東京が、渋谷が、湾岸が、狂騒に包まれていた頃のこと。

映画が始まってすぐに理解した。自分があの頃ハマっていた目茶苦茶な性愛関係が、あの10

年間の都市のランズケープと密接に結びついていたことをだ。単なる物理的風景でも心象風景でもなく、両者が出会い溶け合う時空。ジェームズ・G・バラードのいう内宇宙だ。

バラードが大岡昇平『野火』に触発されて手にした概念である。心的状態ゆえに物理的風景がやってきて、物理的風景ゆえにある心的状態がやってくる。心的状態抜きでは考えられない物理的風景があり、物理的風景抜きでは考えられない心的状態がある。

都市のランズケープが自分の中に入り込んだがゆえにこそ繰り広げられた、複雑怪奇な、しかしどれも同じ匂いのする性愛。女たちと性交しながら、しかし今思い返すと、街と性交していたのではないかと感じられてしまうような、ファンシーでおぼろげな感覚が記憶されている。

当時の僕「も」入れ替わり立ち替わり、だが人数だけは一貫していつも五人の女と付き合っていた。それだけいると、電話すれば誰かを呼び出せるし、家に転がり込める。勤めていた大学周辺にも複数の女をキープし、仕事で大学に行くと、誰かの家で昼食を食べ、性交した。

どの女にも、自分には他にも何人か女がいること、自分は一人の女を好きになれない「体質」であることを告げていた。映画の一部登場人物と同じだ。思い出すと奇妙だ。少しも殺伐としていなかった。例えば僕はずっと不思議だった。なぜ彼女たちが僕を受け入れるのか。

3年前に僕の大学院ゼミに所属する30代後半の女性に尋ねた。15年以上前に僕が関わっていた女たちとほぼ同じ世代だ。「マジで分からなくて尋ねてるんですか？　愛に決まってるじゃないですか」「え？」。今の僕なら分かる。そう。この映画が描く通りだったのだろう。

そんな愛があり得た時代だった。諦めと願望が気怠く交じり合う愛。故・東ノボル氏の言葉を借りれば、このひとときで終わると分かっているからこそその「瞬間恋愛」。傍から見れば不道徳でも、そこらのステディ関係に比べても打算や取引きが一切ないピュアな関係である。

にも拘わらず、微熱（フィーバー）に浮かされた喧騒の街を彷徨う気分と、女たちを抱いて回る気分との間に、滑らかな連続があった。そう。女たちは入替可能だった。でも今はあの感じを言葉にできる。その入替可能性こそが入替不可能に感じられるという逆説である。

思えばバラードの小説『結晶世界』にも同じモチーフがあった。もはや終わることが分かっている世界の中で、主人公らは敢えて三文小説的な＝入替可能な性愛関係に淫する。極めつけの凡庸さ。しかし凡庸さゆえにこそかけがえがないと感じられるというあの逆説。

凡庸だからこそかけがえがないと（振り返って）感じられること。言い換えれば「夢みたいだからこそリアル、リアルだからこそ夢みたい」といったような感覚。その感覚が、自分の中にあるものか、自分の外つまり街に漂うものか、決することができないという奇妙さ——。

都市と性愛の相互浸透

この映画が描いている世界が何なのかは、自分の中に同種の経験がある者ならばすぐ分かる。だがそうした経験は、これから述べるように時代的なものだ。90年代半ばまでは辛うじてあり得たこの種の時代的経験は、それ以降の日本ではあり得なくなった。説明を加えようと思う。

僕自身の経験を語る。そういうことが実際にあり得た時代だと若い世代に知って欲しいからだ。僕が80年代半ばから、荒れた性愛生活に淫した理由。一つは大学3年から大学院時代に跨る「初恋の失敗」。これについては既にあちこちに書いた。だが実はもう一つあった。

　あれは1990年。僕が「荒れた」生活から立ち直れたかもしれない唯一のチャンスがあった。大学時代から七年ぶりでのAとの再会、そして思い掛けぬ別れ。1983年に遡る。Aは最高に可愛かった。こんなに愛くるしい子を見たことがなかった。すぐ夢中になった。

　だがAは後輩のカノジョだったし、僕には別のカノジョがいた。でも僕はAに惹かれる気持ちを抑えられず、寝ようといった。Aは泣きながら答えた。カレシの素敵な先輩だと思って尊敬してたのに、どうしてそんなこと言うんですか、とても悲しいです……。

　そして七年後。下北沢駅のホームでAから声をかけられた。偶然の再会。フレンチの昼食を食べ、ふざけ半分で誘った。こんどドライブどう？　ところが意外な返事。嬉しいです、私でよければ。一週間後、箱根にドライブした。私、実は半年後に結婚するんですよ。

　おめでとう……。その日を境に僕は荒れた。仕事仲間のBが見咎めた。どうしたんですか？　僕は理由を話した。お辛いでしょうね、気持ち分かります、慰めになるか分からないけど、私を使ってください。彼女は色々尽くしてくれた。時々性交する関係になった。

　一ヵ月後、Aから電話があった。どうしても会ってほしい。車で拾って羽田近くの埠頭に停めて車中で話した。「打ち明けたいことがあります」「？」「七年前を覚えてますか」「うん、すまなかった」「違うんです、嬉しかったんです、私も好きだったから」。

「からかうのはやめてよ」「そう思いますか。私は昨日婚約を解消しました。またあなたに偶然会って自分の本当の気持ちが分かったからです」「そんなこと今さら言われても……」。Bのことを包み隠さず話した。Aは泣いた。

Aが本気なのか分からなかった。気持ちを確かめるつもりで目を見た。そして触った。キスをし、胸を愛撫し、スカートの中に手を入れた。七年前と変わらず愛くるしい彼女は「なのに」少しも抵抗しなかった。それから数日間僕は混乱した。Bに情が移りかけていた折だ。

行きつ戻りつの末、Bに別れを切り出した。理由を包み隠さず話した。Bは悲しそうに微笑んだ。いつかこうなるって分かってたから大丈夫。でも最後に一度だけ抱いて下さい。かくしてAとの付き合いが始まった。楽しかった。結婚を強く意識した。

二カ月後、Bが救急搬送されて入院した。子宮外妊娠。Bの親は僕が付き合っていると信じていた。僕は否定できなかった。家族のリアリティを壊せなかった。僕は言った。責任を取ります、結婚を前提に付き合います。Aには全てを話した。二人で泣きながら抱き合った。

時間が流れた。Bとはうまく行かなかった。本当に好きなのはA。そう思うと「荒れた」。ナンパした子と手当たり次第に寝る生活に戻った。そんな生活をしながら週に一度Bに会った。結局一年で別れた。生活は目茶苦茶のまま。どうしてもAに連絡できなかった。

映画に出てくるショーパブのゲイ役の振る舞いが重なる。なぜ彼は、自殺を知って号泣する程にまで思いを寄せている相手を、なのに振り捨て、相手を失意の自殺に追い込んだのか。今の僕は言葉にできる。そう。相手を幸せにできないという確信があったからである。

Aとの再会以前にも増して僕の性愛生活は「荒れた」。以前と違ってナンパに際して本名も身分も一切明かさなくなった。常時五人以上と付き合うのが当たり前になった。そして高校生のCに出会った。運命の転機だった。彼女には秘密があった。

出会って程なく売春している事実を打ち明けてきた。打ち明けて「やっぱり他の男たちと同じように私を捨てるんでしょ？」と泣いた。まだ付き合ってもいなかったのに。そんなことない、証明するから。僕は今までにないことをした。彼女を自宅に連れて行ったのだ。

彼女は一瞬で僕の名前と職業が分かるものを見つけた。覚悟していた。彼女とステディの関係になった。彼女にも今までの女たちに打ち明けてきたように、一人だけと付き合えない体質だと告げた。だが彼女はそんなことを一向に意に介さない風情だった。

当時はよく分かってなかったが僕は本気になっていった。僕が援交女子高生を取材するようになった契機はCだ。援交女子高生を弁護したのは僕の中ではCを弁護するためだった。好奇心や研究関心は二番目以下の動機だった。それが僕の運命を変えたのだった。

折しも新任の大学で、或る女子学生Dと出会い、極めつけに巨大な援交女子高生ネットワークの存在を知った。Dは援交の相手をする男たちのリサーチをしていた。僕が女子高生たちのリサーチをすれば、知りたいことが分かるだろう……。不思議な偶然ばかり重なった。

今思えば、この偶然の重なりが僕を襲ったのは、偶然ではない要因によってだ。スプリング・フィーバー。そう。熱に浮かされたような感覚が性愛にも街にも隅々にまで沁み渡っていたからだ。この映画は「あの感じ」に満ちている。だからこそ僕の記憶が怒濤のように溢れ出す。

都市と性愛の相互浸透。物理的風景と心象風景の混淆がもたらす内宇宙。都市の微熱と性愛の微熱が高め合う。都市の祭りと性愛の祭りがシンクロする。どちらの祭りも、諦めと願望のアマルガムが一瞬の結節を見出したものだった。その意味で間違いなくピュアだった。

現在の南京市を舞台に描かれる五人の性愛模様もそうだ。だがこうした「不可能であるがゆえの可能性」はかつての東京・渋谷（僕の自宅もそこにあった）がそうだったように、長く続かない。そのことをロウ・イエ監督は知っている。やがて失われる都市のピュシス（自然）。

どんなに天才監督であっても、10年後の南京市を舞台に、似た映画を撮ることはできない。そのことをロウ・イエ監督は知っている。今ここでしか撮れない映画がある。街と人との合作でしか撮れない映画がある。そのことを知って映画を撮る者は、やはり天才なのだ。

ロウ・イエ監督は、現在の南京市を、10年後の視座から振り返って「あの頃だったから、あり得た」とヴァーチャルに歴史化することに成功した。何千本も映画を観てきた僕が一度も目撃したことのない奇蹟が、ここにある。

あの頃だったから、あり得た

この映画を観た翌日、トラン・アン・ユン監督『ノルウェイの森』（2011年）を観た。これまたシンクロニシティ（ユング）と言うべきか。前日の『スプリング・フィーバー』との余りの落差ゆえに、見始めて10分以内にこの映画が完全な失敗作だと思った。予感は的中した。

劇場パンフレットに内田樹氏が奇しくも記すように、原作は村上春樹作品では唯一、現実の

「ある時代」を描いたものだ。正確を期するなら、初期習作集（といいっつ傑作短編集）『回転木馬のデッド・ヒート』もそうだ。村上は後にこの道を断念したのだった。

「あの頃だったから、あり得た」。このフレーズはくらもちふさこの傑作少女漫画『海の天辺』（初出1986年）ラストに出て来る。あの頃。これは思春期や青春期の個人史を指すと同時に「あの時代」とも記せる社会史を指す。この二重性を原作も備えている。

「あの時代」とはどういう時代なのか。物理的風景と心象風景の交差領域に展開するインナー・スペースとして――若干ズレるが別の言い方をすると個人史と社会史が混淆する奇蹟の時空として――学園闘争界隈の風景や和敬塾界隈の風景を描けるかどうかが表現の正否を決める。

映画はどうだったか？　決定的にダメだった。最近仕事をご一緒させていただいた元セクト幹部で武闘派で有名だった高橋公氏（『兵（つわもの）どもが夢の先』ウェイツ）が、デモ行進場面やバリ封鎖場面の時代考証をしている。極めて正確だ。だが映画は完全に駄作だ。

理由ははっきりしている。「あの時代」が、物理的風景でなく、物理的風景と心象風景が混淆する所に展開するインナー・スペース――便宜上敢えて「主観化された風景」と呼ぼう――であることを、作り手が理解していないからだ。誰の責任か。むろんプロデューサーだ。

トラン・アン・ユン監督はベトナム人だ。彼が当時の心象風景やそれを前提にした「主観化された風景」を知る訳がない。「主観化された風景」のリアリティを彼にインプリメント（実装）する責任は、日本人プロデューサー小川真司にある。彼が出鱈目なのである。

僕がプロデューサーだったら、屋外シーンは記録映像だけにして、ジャズ喫茶や学友会室の室内風景だけにする。音楽は専らジャズだけを使う。それは60年代の「主観化された風景」を密室映画として活写した若松孝二や大島渚の作品群を想起すれば思い半ばに過ぎる選択だ。

「主観化された風景」。理論的に言えば「社会的文脈・によって浸透された心的文脈・によって浸透された物理的風景の体験加工」。極めて文脈的負荷の高い体験加工を施された風景を演出するのは難しい。若松監督『実録・連合赤軍 あさま山荘への道程』でさえ成功していない。

因みに、最近の日本人監督でこうした「主観化された風景」を描く才能を持つ者といえば塚本晋也だ。彼の『バレット・バレエ』は90年代末の新宿近辺を舞台にするにも拘わらず、今（2011年）から40年前の若松監督作品が描き出すのと相通じる「主観化された風景」を展開させる。

理由は明白だ。塚本監督が映画の主人公が人であるよりもむしろ街であることを――人と物質が衝突する所に成立する空間であることを――熟知しているからだ。「あの頃だったから、あり得た」を描くには、塚本監督のような世界観察こそが必須要件である。

最後に演技陣。キャスティングの問題もあるが監督の問題もある。「あの時代」の再現を得意とする佐々部清監督や井筒和幸監督は、演劇的手法の一種だが、長期合宿を通じて演技陣の「体温を揃える」ことに気を使う。揃わなければキャラクターの差異化に失敗するからだ。

この映画では松山ケンイチと水原希子の体温が揃っているが、菊地凛子だけ揃っていない。体温が揃っていないので、登場人物全員を貫徹していなければならない時代的前提の外にいるように感じられる。要は90年代後半的な自傷系リストカッターにしか見えないのである。

同種の失敗が、この作品には満載である。主人公は学園闘争から距離を置く。だが無関連な訳ではない。関連するからこそ距離を置く。この逆説が描けてない。ゲバ学生が主人公の脇をすり抜けるだけ。あたかも主人公にとってノイズに過ぎないかの如く。全く馬鹿げている。

これについてもやり方は様々にあったはずだ。原作に捕らわれずに和敬塾のナンパな先輩と学園闘争との深い結び付きを描く。そうすれば先輩への距離感を通じて主人公と学園闘争（がある風景）との主観的な近接性が描けたはずだ。そうした工夫も一切なかった。

プロデューサーは国際的作品にしたかったから時代的文脈を抑えたと語る。笑止だ。国際的作品を企図すればこそ「あの頃だったから、あり得た」を可能にする「主観化された風景」が必須だ。実際『スプリング・フィーバー』は賞のラッシュだが『ノルウェイの森』はどうか？

第 3 章

社会は世界を拒み、
クソとなった

『アンダー・ザ・スキン　種の捕食』

社会は本当に生きるに足るかという痛切な問い

感情に感染することで任務に失敗して破滅

ジョナサン・グレイザー監督『アンダー・ザ・スキン　種の捕食』（2013年）を観て、記憶の深い場所に刺激を受けた。二つの刺激があった。最初の刺激は、昔に見た何かの映画に感触が似ているということ。映画の終盤が近づくと、別の刺激によって感覚が支配された。それは、1985年から1996年までの「11年間のナンパ地獄」の記憶を思い出させた。

最初の刺激。幾つかのシーンを思い出せるが、タイトルを思い出せない。そのはずだ。帰路で思い出した。中学3年（1973年）の時、つまり50年前に観たマーロン・ブランド主演、ヒューバート・コーンフィールド監督『私は誘拐されたい（原題を訳すと「その後の夜」）』（1968年）。特に『私は誘拐されたい』のラスト近くの感触がとても似ていた。

ストーリーは似ていない。『私は〜』は、富豪の娘が三人の男と一人の女に誘拐される話だ。一人の男Aが変態で、娘を狙っている。それを知る娘が、男Bの気を引いて守って欲しがる。B級映画によくある設定だ。金の受け渡しを巡る仲間割れで男Bが男Aを射殺、アジトに戻ると娘は既に凌辱された後で、男Bの前で息絶える……といった展開は実はどうでもいい。

紳士も「一皮めくれば」性欲がたぎるというモチーフが似るのか。誰にも感情移入が出来ず情緒的盛り上がりを欠いたまま残酷な営みが淡々と描かれるところが似るのか。それゆえに僕らが生きるこの世界が出口なき暗き密室であるかの如く感じさせるところが似るのか。とにかく寓話性（「世界は確かにそうなっている」と感じさせる性質）の方向が似ている。

さて『アンダー・ザ・スキン』を意訳すれば「一皮めくれば」。これが二つ目の記憶刺激にも関連する。この映画は前日に見たキム・ギドク脚本・製作『レッド・ファミリー』と同一のモチーフを含む。感情が働かない（がゆえに任務を遂行できる）存在が、豊かな感情の営みを知って羨望し、やがて感染して同化しようとするがゆえに、任務を放棄して破滅する。

『レッド・ファミリー』では、暗殺工作の使命を帯びて家族を偽装した四人の北朝鮮スパイが、夫婦喧嘩と親子喧嘩に明け暮れる隣家四人家族を、当初は動物を視るかの如く見下げるものの、やがて感情の営みに感染して同化するがゆえに、任務放棄に至って処刑される。三文小説的な感情劇に耽ることが出来ること自体が、ありそうもない奇蹟だとして賞揚されている。

『アンダー〜』では、「捕食」と「皮の蒐集」の使命を帯びる異性人が、美しい女の「皮を被って」男を誘惑しては蒐集の対象にするが、一人の奇形男を対象にしたのが契機で、感情なき皮下存在に、感情への憧憬が宿る。出会った優しき男に惚れ、性交不可能な自らの身体に動揺、森を徘徊するが、伐採業者の男にレイプされかけた上（性器がないから不可能）、焼殺される。

「彼女」には、任務遂行をサポート・監視し、「捕食」と「蒐集」の証拠隠滅を図る、バイクに乗ったチームが付いている。チームは、「彼女」が感情的に感染して解放した奇形男を始末し、やがて任務放棄した「彼女」を始末するために追跡する。だがチームが追い付く直前に「彼女」

は森林警備隊の男に惨殺される。チームはそれを確認して自らの任務を終える。

クソ社会を生きるために感情をとめる

気持ちが混乱して、映画を冷静に思い出せるまでに時間が掛かった。異星人が「捕食」対象の男を渉猟するシーンが前半に描かれる。異星人演じるスカーレット・ヨハンソンが無表情ながら鋭い視線で男たちを値踏みする。誰でもいい訳ではないらしい。性別を逆転すれば、1985年から11年間の僕自身の営みがそこにあった。

『「絶望の時代」の希望の恋愛学』（2013年）に書いた経緯は繰り返さない。その11年間は感情が働かない「ナンパ地獄」。感情が働かないから、感情の営みを観察するには絶好だった。それに気づき、程なくフィールドワークに切り替えた。感情が働かないから、誰よりも有効に援交フィールドワークを成し遂げ、93年からその成果を公表して社会的な騒動を招くに至った。

ところが1995年に或る偶発的な出会いから生じたエイズ騒動（二人の唾液を混ぜて偽の検査キットに垂らし、その結果を真実だと思い込んで互いの過去を告白し合ったところが、自分より彼女の方が想像を絶する経験をしていた事実を知り、その経験を僕を相手に現実に再現して貰う営みを反復した）を契機に、僕は嫉妬感情を回復し、やがて感情全体を回復するに至った。

感情を回復すると、対象に感情が引きずられがちになって、フィールドワークがうまく出来なくなった。例えば以前ならあり得なかったが、レイプされた話を聞いただけで、感情的に沈没して3カ月間のインポテンスにもなった。対象の子たちが「援交第一世代」よりも暗い「第二世代」にシフトしたこともあって、感情の回復で「任務遂行」ができなくなった。

中森明夫氏からフィールドワーカーとしての宮台は終わったと言われた。感情が戻ると――その過程は1996年から1997年にかけて担当した朝日の論壇時評（『世紀末の作法 終ワリナキ日常ヲ生キル知恵』に収録）から読み取れる――その後に書いた文章（『まぼろしの郊外 成熟社会を生きる若者たちの行方』『透明な存在の不透明な悪意』）に読者や教え子が引きずられ、自殺が連続した。

そこでも同じ図式が反復されていると感じた。敢えて抽象的に記す。元々感情を豊かに発露してきた子たちは、免疫があるからか、1996年以降の僕の本を自己確認のために使えた。他方、感情を殺して生きてきた子たちが、僕の本を契機に感情の働きを回復し、僕に感染し同化しようとして、今までの生き方の様々な側面と不整合を起こし、混乱し始めた。

今思えば充分にあり得ることだったのに、僕は身構えていなかった。このクソ社会を滞りなく生きるには感情の働きを止めるのに若（し）くはない。止めておいたはずの感情の働きを無防備に回復したら、クソ社会で自滅しかねない……。「感情の回復」による「任務遂行の失敗」という反復されるモチーフが説得的なのは、そのことを髣髴させるからであろう。

虚の中に実を読み、実の中に虚を読む作法

「感情の回復」の残酷さ。改めてそのことを反省するようになって20年が経つ。反省のたびに想起する映画がある。映画批評でも何度か扱ってきたミケランジェロ・アントニオーニ監督『欲望』（1966年）だ。この傑作を僕は百回は観ている。この『欲望』も「感情の回復」の残酷さがモチーフだった。そう。ここに一つの回答が示されている。

感情の豊かさを一切挫かずにこのクソ社会を生きる「仕方」はあるか。ある。虚の中に実を読み、実の中に虚を読む、という絶妙な世界体験の「仕方」である。かつての映画批評を復習する。ネオリアリスモ――初期アントニオーニ――の認識はパンフォーカスの手法自体によって象徴される。整ったかに見える近代も、「一皮めくれば」残酷なデタラメの嵐……。

『欲望』はイタリアン・ネオリアリスモから出自したアントニオーニの自己反省と転向を示す。『欲望』の原題（『BLOWUP』）を訳すと「（写真の）引き延ばし」。映画に即せば、焦点化していなかった背景を焦点化して拡大すること。すると、そこに誰も気づかなかった殺人が記録されている。主人公は真実に覚醒し、周囲に伝達しようとするものの、やがて諦める。

死体のあるはずの場所に行くと死体は消えている。殺人現場を目撃していたはずの女を見かけて追いかけると女は消えている。自らの写真スタジオに戻るとプリントやネガの一切合切が消えている。一枚だけ究極に引き伸ばされたプリントが残るが、それだけでは何の写真か不明だ。周到に証拠隠滅の工作がなされたのか。否、そもそも何もなかったのか。

頓珍漢な映画批評は従来、これを真実を覆い隠す現代社会への批判だと理解してきた。違う。それではラストのテニスコートでのパントマイムが浮いてしまう。不在のラケットで不在の球を打ち合い、皆で観戦する。主人公にも、不在であるはずのラケットと球と大勢の観客が見えてくる。やがてパントマイムするモッズ達の営みに参加することになる。

主人公は売れっ子カメラマン。モデルたちを物扱いする感情を欠いた存在だ。だからこそ下層労働者の過酷な労働現場への潜入取材をした後、オープンカーで無線を駆使して女をナンパする（僕の昔の姿と全く同じだ）。それが、写真を経た殺人事件の間接的目撃以降、「感情の回復」に見舞われて「真実」を追求し始めるものの挫折。「かのように」という作法に逢着した。

世界の断念に値する社会はあるのか

『欲望』は英国ロンドンのひんやりとした曇天が印象的だが、『アンダー～』もスコットランドの冷え冷えとした曇天に覆われている。『欲望』は主人公が意図せず迷い込んだクラブを醒めた視座から描く。『アンダー～』も主人公（異星人）が意図せず迷い込んだクラブを醒めた視座から描く。ここには、映画史を知る者なら誰もが気づく引用が存在する。

だが『アンダー～』には『欲望』にないモチーフがある。感情に感染する前、主人公の眼に映る都会の雑踏や窓にぶつかる虫が丹念に描かれる。ミクロ・マクロの縮尺混在を通じて、社会＝象徴界から、世界＝現実界への離脱を暗示する、デヴィッド・リンチの手法と同じだ。感情を欠いた存在が、社会を生きず世界に直接接触する営みが描かれるのだ。

世界とはありとあらゆるものの全体。社会とはコミュニケーション可能なもの（コミュニケーション自体を含む）の全体。僕らが社会の中に〈閉ざされて〉生きれば、世界と接触できない。人と物とが——或いは人と動物とが——異なって見える者には世界が訪れない。当初異星人は社会を生きない。だから世界は限りなく豊かだ。だが、社会に内在しないことは残酷さをもたらす。

海で溺れた妻を助けようとして溺れかけた夫を、助けようとして疲労困憊した近所の男を、夫婦が残した赤ん坊が泣き叫ぶ目の前で、「彼女」が岩石でカチ殴って気絶させて「蒐集」する。赤ん坊は夜まで放置され、バイクチームが処理する。この残酷さはいわゆる「残酷」ではない。「彼女」は脱社会的存在だから残酷もクソもないからだ。

だから全ては、人倫を生きる僕らの感情を、惹起するのを回避するかのように、淡々と描かれる。「彼女」が男たちを「捕食」するシーンもそうだ。そこには完全がある。だが「彼女」が感染して以降、レストランでケーキを食べようとして、醜く嘔吐し、男の部屋で微妙に愛に色彩られた性交をしようとして失敗し、醜く動揺する。そこには不完全さゆえの歪みがある。

不完全さゆえの歪みは、やがて美女の外見をした皮膜の破れ、どす黒い体液の流出、挙げ句は焼殺を招くことになる。そう。社会は世界を曇らせ、完全を不完全へと歪める。それを描くところが『アンダー～』の瞠目すべき点だ。その御蔭で、「不完全さゆえの歪みをもたらすにも拘わらず」感情の営みが存在するという事実性の、「奇蹟」が際立たせられることになるのだ。

２０１４年のスコットランド独立運動が背景に登場する。政治ゲームも感情ゲームの一つだ。

感情に塗れた社会を生きる者にとってだけ、政治ゲームが意味を持つ。感情から自由な者には政治など意味がない。最初に道を尋ねた相手がゲール訛りを喋る。ゲーリックという音声がラジオから流れる。それだけだ。僕らはそうしているのだな……という不思議な感覚に襲われた。

『ニンフォマニアック Vol.1 ／ Vol.2』

キリスト教を前提とした不完全な社会への福音

社会と違って世界は交わらない

ジョナサン・グレイザー監督『アンダー・ザ・スキン　種の捕食』（２０１３年）の後景にスコットランド独立運動が登場するのに、それが「異星人に感情が宿ることによる任務放棄と、それによる悲劇」という物語と、一切交わらないどころか、それがスコットランド独立運動であることすら説明されないことを紹介した。それが極めて激しい寓意性を帯びるのだった。

そのことを更に深める。この寓意性についても似た作品を観た覚えがありつつ思い出せなかった。それを昨日思い出した。真利子哲也監督『NINIFUNI（而二不二）』（２０１１年）である。強盗を働いた二人組の片割れ（宮崎将）が盗難車で砂浜に辿り着き、車内で自殺を図る。手前に黒い骸があり、ダッシュボード越しの遠景にアイドルグループが歌い踊る姿が見える。

直後にカットバックすると、潑溂と歌い踊るももいろクローバー（早見あかり脱会以前）を手前に据えた遠景に、見えるか見えないかギリギリの胡麻粒の如き盗難車が見える。異星人の悲劇とスコットランド独立運動は決して交わらなかったが、少年の悲劇とももいろクローバーの営業活動も決して交わらない。それらが共通して強い印象を与える。なぜか。

自意識を与える社会から遠く離れて

寓意とは「世界は確かにそうなっている」という体験を与えるもの。ベンヤミンの言い方では「砕け散った瓦礫の中の一瞬の星座」である。彼によれば、シンボルの規定可能性と、寓意の規定不可能性と対比される。規定可能なのは部分だからで、規定不可能なのは全体だからだ、と言う。世界はありとあらゆる全体だから、規定できない。

この周知の定式を踏まえて敢えて問う。問題の寓意をどう規定できるか。『NINIFUNI』を観たとき、自分がAKB48を嫌悪する理由が分かった。AKB48はここにそぐわない。ももクロでなければならない。AKB48が、俗情に媚びるがゆえに社会にまみれるのに対し、ももクロは、ミメーシス（感染）をもたらすがゆえに世界を告げ知らせる。

別の言い方をする。『NINIFUNI』において、主人公の死は、「自意識」ならぬ「世の摂理」を指し示す。同じく、アイドルグループの潑溂とした営みも「自意識」ならぬ「世の摂理」を指し示す。だから主人公は「他ならぬ」天才俳優宮崎将でなければならない。同じくアイドルグループは「他ならぬ」ももクロでなければならない。双方は同じものを指し示す。

巷間の誤解と違い、両者の対比が何かを指し示すのではない。そうした理解は凡庸過ぎる。そうではない。宮崎将の自死行為は何とも交わらない無償のもの。同じくももクロの活動も何とも交わらない無償のもの。例えば、ジャニーズ系俳優が演じればこの自死は俗情に媚びた有償取引となり、AKB48が撮られれば俗情に媚びた有償取引になる。

この［有償／無償］の二項図式は無論［社会／世界］に対応する。宮崎の自死ももクロの活動も「同じく」世界からの告げ知らせだ。だから而二不二（二つにして一つ）なのだ。観客の「感情の劣化」を見越して「映画の読み方をタイトルで示唆する」是非はともかく、感情による歪みや曇りを除いて〈社会〉に向き合えば、そこには世界からの訪れがある。

だから「他は醜悪なのに」宮崎将は美しく、「他は醜悪なのに」ももクロは美しい。同じ理由では、「他は醜悪なのに」異星人は美しく、「他は醜悪なのに」スコットランド独立運動は美しい。少なくともそう見える寓話的視座を『NINIFUNI』と『アンダー・ザ・スキン』が提供する。だからこそ両者は、僕らに感情が宿る不思議さを最後に突きつけて来る。

完璧な世界から不完全な社会へ

このくだりを書きつつ僕は涙を拭う。涙の理由を僕は知っている。感情がなければ世界は単に叙事的に美しいだけだ。なのに、なぜ喜怒哀楽の感情を以て社会に叙情的に向き合うのか。そこには慚愧の念を伴いつつ敢えて「捨てることで選択する」営みが確実にある。世界の方が優れているのに、それを捨てて不完全な社会を選ぶという倒錯だ。

この倒錯はキリスト教的だ。主なる神は何ゆえ敢えて蛇にイヴを誘惑させ、人を必謬的な善悪判断を行うように、敢えて作り為したのか（所謂「ヤハウエの意志問題1」）。なぜ不完全な人の営みを無関心に放置せず、イエスなる存在を通して人とコミュニケーションしたがったのか（所謂「ヤハウエの意思問題2」)。要は「主なる神はなぜ感情に関心を寄せるか」。世界の方が優れているのに、それを捨てて不完全な社会を敢えて選ぶという倒錯の背後にある動機を、クリスチャニティ(キリスト教性)に言及しつつ明瞭に指し示そうとする映画が現れた。ラース・フォン・トリアー監督『ニンフォマニアック』(2013年)だ。それは奇しくも『アンダー・ザ・スキン』『NINIFUNI』が提示した問いに回答を与える。

社会から世界への往相:東方性

路傍で行き倒れた自称〝色情狂〟の女が、助けてくれた童貞老人を相手に自らの半生を回顧する。「私の罪は夕日に多くを求めすぎたこと」というランボーの詩「永遠」からの引用であろう語り出しから明かされるその人生は、分かりやすく破廉恥なものだ。彼女が幼少期よりひたすら性の快楽を、あるいは性交そのものを、追い求めてきたことが示される。『アンダー〜』の異星人同じく、彼女もまた社会を生きることがない。性交に耽溺するのは、彼女が世界とストレートに接続しているからである。だから彼女にとって社会は、世界とのダイレクトな接続を妨げる、窮屈で居心地の悪い装置に過ぎない。ゆえに彼女は『アンダー〜』の異星人同様に、社会では残酷さを分泌するしかないのだ。

ただし、敢えて残忍さを好むのではない。単に社会を気にとめないのだ。例えば自分の淫蕩遊びが原因で一つの家庭を崩壊させても気にならない。人倫(人間的な営み)に感情が反応しない。

とはいえ、感情が溢れそうになる例外があった。父の死である。動揺した彼女は、見知らぬ男とのセックスでのオーガズムで世界を取り戻そうと、必死になる。

その父の死を挟んで、不意に不感症化が生じる。不感症化を埋め合わせるための過剰な性交で、妊娠・出産する。世界との繋がりを断たれ、同時に社会への関与を強制される立場になった彼女は、脆く醜く衰弱していく。そのタイミングで、主人公を演じる女優が若手のステイシー・マーチンから、老練なシャルロット・ゲンズブールへと変わる。

世界から社会への還相：西方性

輝きを失った彼女は、再び世界との接触を取り戻すべく、数多の性的倒錯に身を投じる。そのうちの一つ、サディスト男によるスパンキング・セッションが、果たして彼女に再びオーガズムの灯を点す。だがその遊戯への没頭から、彼女は夫と子供を失う。家族を捨ててサディスト男の元に駆けつける彼女に、少女時代の如き無垢な残酷さは、もはやない。

〈死〉〈誕生〉〈家族喪失〉という一連の巨大な社会イベントを経験し、また加齢ゆえにエクスタシーという世界の直接性から社会的に隔離されゆくことで、彼女は否応なく社会へと閉じ込められる。以降の彼女は社会を裏切り続けた自責に涙を流す。彼女は「世界と合一する至福から、社会を生きる苦難へ」と軌道を変えたのだ。

童貞老人は、世界と合一する至福の強調が東方教会、社会を生きる苦難の強調が西方教会に対応するとし、歴史的には、耐えがたき宣教の苦難ゆえに、西方教会的なもの（十字架像）が東方教会的なもの（聖母子像）へと転変したのだと説く。社会の苦難を世界からの訪れを以て耐える道である。だが、彼女は「社会から世界へ」というこの道を逆走し始めた。

「捕食する側」から「捕食される側」へ

彼女は当初、社会の視座から自らを「セックス依存症」と規定する道を拒絶。世界の視座から自らを「色情狂＝ニンフォマニアック」と規定しようと固執する。だが酷使による性器の損傷で性交不能となって世界への通路を失った彼女は、性欲の発露の代わりに借金取立屋の暴力的営みで己を満たすが、世界との接触はなく、やがて加齢限界に直面する。

取立屋のボスに勧められるまま、自らの跡取りを育てるべく孤児に接近し、籠絡を試みる。試み自体は成功したが、もはや彼女は胸に込み上げる感情を抑えられず、孤児を道具として見切れなくなった。以降は『アンダー・ザ・スキン』と同じ展開である。「感情の回復」を果たした彼女は、それゆえ「クソ社会」で醜く自滅していく他なくなる。

かつては「捕食する」側だった彼女も、いまや自ら育てた後継者に「補食される」側だ。裏切られ傷ついた彼女は、路傍に行き倒れ、かくて映画は冒頭に繋がる。人生を語り終えた彼女は、自分が背を向けてきた社会はクソだが、「それでも生きる価値がある、そこで戦う価値がある」と語り、社会から世界への逃避の道を閉ざすべく、性交封印を決意する。

童貞老人のように性交せずに死ぬ者もいる以上、性交封印は可能なはずだ。そうした覚悟を与えてくれた聞き役の童貞老人に、彼女は「あなたは私にとって最初の友人」と語り、安らかに眠りにつく。彼女に優しく布団をかけ微笑む老人……が逸物をぶら下げて襲いかかり、「いろんな男にヤラせたんだからいいだろ」とほざく。「クソ社会」はそれほどクソなのだ。

主なる神がイエスを送り込んだ理由とは

記号の配置は明瞭だ。性交を形容するフィボナッチ数列やバッハのポリフォニーは性交が世界の運動である事実を示す。彼女は世界に準拠している。幼少期から彼女に世界に準拠すべきたと説いたのは、樹木を指し示しつつ森を共に散歩した父だ。父が固執したのが、北欧神話で世界樹＝生命の樹とされるトネリコだった事実に、注目しなければならない。

ギリシャ神話では、トネリコに精霊メリアスが宿る陸地がニンフ。ゆえにニンフォマニアとはそもそも世界樹に貫かれてあることだ。主人公が性交人数を競う逆ナンパを、童貞老人がフライフィッシングに喩えるのも、それが人倫コミュニケーションというより数学的形式に過ぎない事実を示すためだ。そう。僕自身が性愛ワークショップを通じて人々に示してきたことだ。

すると映画冒頭の「私の罪は夕日に多くを求めすぎたこと」という台詞の意味も明瞭になる。夕日は、社会の感情（の儚さ）と無関連な、世界の摂理（の永遠）を指す。世界からの訪れに開かれようとして社会を蔑ろにするのは確かに罪だ。世界への往相が夕日によって、社会への還相が（童貞老人の部屋に反射する）朝日によって、示されている。

ユダヤ教とキリスト教の太陰暦では、僕らの感覚とは違い、一日の始まりは朝ではなく、日没時点から一日が――社会――始まる。だから、夕日への固執が世界に淫する営みを暗喩する一方で、朝日は社会が世界に祝福されてあることを暗喩する。さて、こうした巧みな記号操作を通じて導かれるのは、一つの重大な逆説である。

世界への開かれは加齢で失われ、社会への開かれは加齢で深まる。「社会は儚い夢で、世界の永遠が奇蹟」なのではない。逆に「世界こそが儚い夢で、社会の儚さこそが永遠の奇蹟」なのだ。だから主なる神は、不完全な人間の未熟な感情が織りなす社会に奇蹟を見て、人とコミュニケーションしようと思ったのだ。それが受肉の秘密である。

『メビウス』

男根に〈対他強制〉としての性を見出し、
男根争奪戦を嘲笑する

人間的であろうとして人間を滅ぼすロボット

社会哲学者ユルゲン・ハーバマスが人間と非人間の境目についてこう述べた（『人間の将来とバイオエシックス』原著２００１年）。人間の遺伝子操作を可能にする科学をどう見るか。人文科学の伝統は「人間的とは何か」を探求すること。だが遺伝子科学の急な実用化は、「人間的とは何か」ならぬ「人間とは何か」を不明確にする。

遺伝子科学や電脳科学の発展で、人間化した犬、人間化した電脳、電脳化した人間、擬体化した人間、怪物化した人間などが出て来る。これらを人間から区別して扱えば、やがて差別が問題化する。とはいえ、これらを人間として算入する場合も、人間とそうでないものの境界線は恣意的たらざるを得ず、どのみち差別が問題化する。

かくて「人間とは何か」が非自明になれば、「人間的とは何か」を思考する余裕も意味も消える。それを回避するには、遺伝子科学の実用化が、人間社会の適応限界速度を超えないように、社会的に制御する必要がある。科学の発展を止めるのは不可能でも、社会的適用を緩やかな速度に抑えるぐらいのことなら可能なはずだ、と。

科学の発展で「人間とは何か」が問題化する時代が来ることを映画が予言してきた。スタンリー・キューブリック監督『２００１年宇宙の旅』（１９６８年）は、自己発展的なプログラムによって人間が予めプログラムしていない問題設定や評価や行動を行えるようになった電脳ＨＡＬが、人間の有害性を認識して人間に敵対する様子を、描き出した。

電脳の発展による「人間とは何か」の混乱について、クリストファー・ノーラン監督『インターステラー』（２０１４年）と、水島精二監督・虚淵玄脚本『楽園追放 -Expelled from Paradise-』（２０１４年）が、対照的な立場を示す。前者は今日版『２００１年〜』と評されるが、『インターステラー』のロボットＴＡＲＳは『２００１年〜』のＨＡＬとは逆向きだ。

ＨＡＬが人間に疑念を抱くがゆえに人間に疑念を抱かれるのに対し、ＴＡＲＳは事前のプログラミングで人間に疑念を抱かない設定なので人間から絶大に信頼される。『インターステラー』が、人間が今後も高度な五次元的存在へと進化し得ると展望する明るい作品――正確には人間の感情的将来への深い祈りを示す作品――であることに関係する。

『楽園追放』では逆に、人間が電脳化してサイバー空間を生き始めることでますます錯乱。むしろ物理空間を生きる旧式電脳ロボットだけがかつての「人間らしさ」を保存する。これは、ジェームズ・Ｇ・バラード原作、デイヴィッド・クローネンバーグ監督『クラッシュ』（１９９６年）などの伝統に連なる、ＳＦ映画としては正統なものだ。

虚淵玄の脚本は、人間が「人間的」でなくなるがゆえに「人間的」であろうとするロボットが人間を滅ぼす可能性に穏やかに言及する。作品は営業に媚びた戦闘美少女モノだが、「人間的であろうとして人間を滅ぼすロボット」のモチーフは、虚淵脚本『魔法少女まどか☆マギカ』

の「世界を救うための世界の消去」とも重なり、汲めども尽くせぬ可能性があると感じる。

人間であること／人間的であること

さて、今回の主題はキム・ギドク監督『メビウス』（２０１３年）だ。僕は監督の指名でムック『キム・ギドクの世界』（２００５年）に日本人として唯一寄稿した。監督とは何度か対談し僕を信頼してくれたからだ。扇情性に目を眩まされた巷の鈍感な批評文が言うのとは全く異なり、本作はスペキュラティブ（思弁的）である。

本作は「人間的であろうとして人間を滅ぼす」に似た（正確には逆転した）モチーフを描く。読者に問う。性的な人間として生きることは、社会に内属するという意味で人間的であろうとすることか、それとも世界へと突き抜けるという意味で反人間的であろうとすることか。前回の『ニンフォマニアック』は後者だと断定している。だが、話はそれほど簡単ではない。

『メビウス』では、夫への嫉妬に狂った母親が、息子の男性器を切除する。罪障感に苛まれる父親が、息子のためにスキンマスターベーション（肌を石で擦り表皮を剝いて刺激する）を伝授。果ては自らの男性器を移植する。母親は男性器を失った父親を軽蔑、男性器を移植された息子と近親姦を試みる。嫉妬した父親は息子の男性器の切除を企図する……。

誰しも想起するのが、阿部定事件とそれを描いた大島渚監督『愛のコリーダ』（１９７６年）だろう。ジャック・ラカン講義録『サントーム』（原著２００５年）に収録の１９７６年３月16日講義によれば、性において男女が追求し成就する満足には違いがある。男にはファルス（象徴の男性器）があり、女にはないことに由来する。

男は男性器を手段として欲望充足を得るが、欲望充足したい女にとって男性器は、不完全と知りつつ頼らざる得ない手段となる。だから女の欲望は無限とならざるを得ない。無限の欲望を死の永遠の中で共有したい定は吉蔵を殺害。願いが叶ったので、願いを邪魔するペニス＝不完全な手段が不要となって切除した。それがラカンによる解釈である。

女は、世界に貫かれて女であろうとすると、ペニス切除を志向せざるを得ず、社会を生きにくい存在になる。男は、世界に貫かれて男であろうとすると、強姦を含めて手当たり次第にヤりたがるので、社会を生きにくい存在になる。両者とも異なる仕方でしかし共通して「（性的）人間であろうとして人間的でなくなる」。

性的人間であること（現実界）と人間的であること（象徴界）とは矛盾する。それを喜劇的に象徴するのが男性器だ。これに注目したキム・ギドクはさすがである。実際、ファルスには「笑劇」の意味もある。人間として社会を生きるとは、この矛盾を引き受けることだ。ロボットが人間になる場合も、事情はさして変わらない。矛盾はどう超克されるか。

人類学的な答えは明瞭だ。圧倒的過剰さを旨とする象徴交換によって克服される。だから手塚治虫の漫画『火の鳥・復活編』（１９７０年10月～１９７１年９月）では家庭用ロボットのロビタが人間的であろうとして人間を殺した上で集団自殺し、押井守監督『イノセンス』（２００４年）におけるセクサロイドも、殺人後に自爆する。それらを含めて過剰はどう与えられるか。

圧倒的過剰が人間を人間的にする

人間であることとは異なり、人間的であろうとすることは一つの過剰だ、とジャン・ボードリヤール『象徴交換と死』(原著1976年)が言う。圧倒的過剰としての象徴交換は、有用な物質の交換と異なり、〈対抗贈与なき贈与〉として現れる。奇しくも『楽園追放』の旧式電脳ロボットがそのことを再確認する言葉を喋る。

電脳化とサイバー化ゆえに外宇宙outer spaceへの志向を不要とした未来社会で、旧式電脳ロボットは「かつて人間的だった人間」がそうだったように、外宇宙に「片道切符」で出かける。ちなみに人間が人間的であり得ることを信頼する『インターステラー』では、「今でも人間的な人間」が外宇宙に「片道切符」で出かける。共に〈対抗贈与なき贈与〉である。

『楽園追放』の旧式電脳ロボットが、損得勘定を超えた貢献への非合理的意欲を挙げ、「対抗贈与なき贈与」が人間的であることの条件だと語る。旧式電脳ロボットは、自我の獲得以降一度も現実の(人間的ではなくなった)人間に触れたことがないために、過去のアーカイブスから人間的であることを学び、非合理的な内発性という過剰を答えとして獲得した。

映画では、器官の大半を電脳化してサイバー空間を生きる戦闘美少女が、旧式電脳ロボットに「感染」し、人間的であろうとして電脳サイバー社会からの離脱を決意して、人類の遠い未来のために「片道切符」で外宇宙に出かけた旧式電脳ロボットに代わって「見捨てられた地球」

を生きようとする。象徴交換を生きる決意をするのである。

〈対抗贈与なき贈与〉の愛／〈対他強制〉の性

ニクラス・ルーマンによれば、世界に貫かれた性を、社会へと格納するために機能する、近代のいっときの奇蹟が愛だ。一二世紀における、「神の崇高さ」に無条件で帰依する「片道切符」の情念が、七百年かけてロマンチック・ラブへと進化した。そこではそもそも相手の喜びの想定だけが動機づけのエンジンとなる。

営みの異常さを刻印するのが一八世紀末から一九世紀半ばにかけてのフランス恋愛文学だ。異常さは過剰さとして出現する。ピリール・ショデルロ・ド・ラクロの書簡体小説『危険な関係』（原著1782年）に刻印されるように、重要なのは喜びの「想定」であって、実際には相手が喜び（例えば笑顔）という返礼を返さない場合が含まれる。むしろそれが通常だ。

「神の崇高さ」と述べた。生贄の貢ぎや罪の雪ぎと引き替えに御利益（永遠の命）を祈願する構えを、神に返礼を強いるという意味でマックス・ウェーバーは「神強制」と呼ぶ。イエスの福音によれば神強制は瀆神行為である。この福音を並行移動した一二世紀以降の情熱愛の展開においても、神強制ならぬ〈対他強制〉は除去されなければならない。

対照的に、愛ならぬ性には〈対抗贈与なき贈与〉はない。既にラカンを介して紹介した通り、器官としての――世界に貫かれた――人間は、コストをかけた営みの対価としての欲望充足を得ようとする。男性器の存在ゆえに欲望充足が比較的得やすい男と、男性器の不在ゆえに欲望充足が得にくい女、という違いがあってもである。

男による強姦や、女による男性器切除を含めて、性には〈対他強制〉が付き物だ。だが神強制を排除した、崇高さへの帰依に由来する愛では〈対他強制〉が禁じられる。にも拘わらず、S・フロイトを踏まえてルーマンが言う通り、愛のエネルギーは性に由来する。ゆえに、愛を巡っては「愛が性に勝つか、性が愛に勝つか」のバトルが永続する。

昨今は感情の劣化のせいで、性の〈対他強制〉が愛に投射される。愛における〈対他強制〉はストーカーの異常な嫉妬に帰結する。他方、愛の無償原則を、性に投射できる可能性は皆無だ。その意味で、感情の劣化による悪影響を排除すべく――性（欲）に由来する〈対他強制〉を除去すべく――男性器を切除する振る舞いは合理的だ。

繰り返す。『メビウス』では男性器が〈対他強制〉の象徴だ。であれば〈対他強制〉なき性はないか。映画は「ある」とする。石でこすって表皮を除去した上で皮下（under the skin!）を刺激するスキンマスターベーションだ。愛しているからセックスさせろという今日的〈対他強制〉に対するキム・ギドク監督の皮肉が効いた処方箋だ。

映画で描かれる嫉妬も、昨今の現実と同じく〈対他強制〉に過ぎない。「愛しているのに、他の男女にセックスさせるのか」と。このセックスの奪い合いがペニス争奪戦の滑稽さだ。「だったらスキンマスターベーションしてろ」とまで監督に揶揄される。映画を離れて問う。〈対他強制〉なき性は、スキンマスターベーション以外にないのか。

〈性欲反射〉という究極の処方箋

ある。相手の喜びを自らの喜びとする情熱愛の形式の、並行移動がそれだ。相手の性的快楽を直接自らの性的快楽とする〈性欲反射〉。それがマスターベーションに閉じることのない唯一の出口だ。典型が「寝取られ」。『ニンフォマニアック』を監督したL・フォン・トリアーの初期傑作『奇跡の海』（1996年）がそうした〈性欲反射〉を描く。

愛という過剰ゆえに、不能の夫に性の快楽を与えようとする妻が〈性欲反射〉による夫の悦びを企図し、自ら性の快楽に身を沈め、人倫（社会の道徳）から遠ざかって打ち殺される。その営みに神が福音を以て応える。ちなみに僕の同世代には、愛の過剰による性の〈対他強制〉の克服という本質的な処方箋を、ちゃんと理解している女が少数ながら存在した。

「あなたが興奮するから寝取られて来てあげる」と語る女と交際していた。「複数はダメ」「生はダメ」など事前のルールは全て破られた。だが彼女は「あなたが興奮するから一番イケナイことをした」と笑顔。彼女にとっては「破るためのルール作り」だったが、僕は当初分かっていなかった。今そんな女がいるだろうか。好きな男が言う通りプレイする奴隷女しかいない。

『コングレス未来学会議』

夢と現実の関係についての最高峰の考察

先端的な哲学の実在論と反実在論

僕らはどんな方法を使っても電子を観察できない。だが電子の存在を仮定することで説明可能になる現象は数多ある。電子が存在するとしたら存在するはずの現象が現実に多数見つかる。この地点で、電子の存在という説明仮説を、実在（に極めて似たもの）についての言明と見る実在論と、実在だと考えてはならないとする反実在論が、分岐することになる。

巷では知られていないが、分岐は倫理的だ。20世紀戦間期以降の主流は論理実証主義に代表される反実在論である。従来、惑星運動は「ケプラーの法則（を含むニュートン力学）」で説明されてきた。だが1919年に登場した特殊相対性理論は全く異なる仕方で惑星運動を説明し、以降パラダイムがシフト。ニュートン力学は実在からかけ離れていたとされた。

だが相対性理論を提案したアインシュタインが疑念を唱えた量子力学（における不確定性原理）が1930年代には基本パラダイムとなった。かかる歴史に明らかなのは或る時期まで現実をよく説明してくれる（という意味で役立つ）理論も程なく別の説明に代替されることだ。説明仮説を実在を言い当てる言明だと思い込むことは、こうした歴史を無視する暴挙だ。

とする反実在論の立場は倫理的だが、実在論が反倫理的だとも断じられない。現実をよく説明してくれるという意味で役立つとはどういうことか。現在でもロケットの軌道計算や建物の構造計算で相対性理論を持ち出す者はいない。これらはニュートン力学に基づいて計算される。その意味では今も十分に役立つ。つまりニュートン力学で計算可能な現実が実在する。

それは或る角度から見た場合の近似に過ぎないと反論できる。だがこの反論は或る角度から見た近似だと見做せる何かが現実に存在することを前提とする。であればこの説明仮説を、或る角度から見た場合の現実によく似た記述だと見做すべきではないか。さもないと現実認識は悉く現実に届かない仮説的ビジョンだ——全ては仮説だ！——という話になりかねない。

アインシュタインは明確に実在論の立場に立つ。ユダヤ人の彼にしてみればナチスによるユダヤ人600万人大虐殺を記述する歴史的言明がムー大陸が存在したとする類の言明と選ぶところのない仮説的ビジョンに過ぎなくなるのは許しがたい。だからこそ彼は、観測以前は不確定なものが観測行為によってその都度収束するという類の言明さえ受け入れたがらなかった。

クスリを摂取した自分こそ本来だ

覚醒剤やコカインのようなドーパミン受容体ブロック系の精神ドラッグで、精神刺激薬としての機能を果たすリタリンが合法的だった頃——雑誌『ダ・ヴィンチ』に映画評を連載していた21世紀初頭の七年間に重なる——原稿の締切時期になるとこの薬を服用していた。初めてこれを使ったときの或る種の全能感が記憶に強烈に残っている。敢えて紹介する。

薬がキマったとき、僕は徹夜で仕事を終えた後で運転中だった。一挙に雲が晴れた。或いは画面が突然ハイビジョン映像に変わった。道路上の全ての車・自転車・歩行者の動きが、見えていないはずの側方や後方に到るまで完全に把握できているという感覚が訪れた。この細道を時速百キロで走れるぞとさえ思えた。事前の知識による免疫があったので無論思い留まった。

脳内ドーパミン濃度の立ち上がりが覚醒剤やコカインより緩やかなだけで、ドーパミン濃度が上昇した段階での精神刺激薬としての体験の質は変わらない。事前知識とは、薬物依存症からの回復と社会復帰支援を目的としたNPO法人ダルクの元覚醒剤中毒者から聞いた「良きこと」「悪しきこと」を全て含めた薬物体験についての情報だ。それが飲み込まれを抑止した。

この事前知識が服用を繰り返す際に役立った。当初は薬物が効いている間だけ自分が「特別な状態」になると感じられたが、やがて薬物が効いている間の自分こそが「本来の状態」だという感覚へと逆転した。つまり、薬物が効いていない間に体験される薄ぼけた自分の方が「本来の状態ではない」のだと思われ始めた。事前知識による免疫がなければ危なかったと感じる。

この体験を考察することで僕は、世界と世界体験の違いを深く弁えた。世界は社会システムとパーソンシステムによって世界体験に変換される。科学的方法や概念を使って世界を観察するかどうかに拘わらず、僕らに与えられるのは世界体験に過ぎない。「社会の外にある世界からの訪れ」という句を僕は多用するが、僕らに世界が与えられることはない。

この論理を突き詰めればこうなる。僕らはどのみち社会システムとパーソンシステムによる、世界の（或る意味で）恣意的な体験加工から、逃れられない。社会や人（パーソン）が違えば体験加工の仕方が変わるように、同じ人でも脳内環境（ドーパミン濃度等）によって体験加工の仕方が変わる。どれが真実の体験でどれが虚偽の体験だと言明することは原理的に不可能だ。

だが、僕は薬物をやめた。同じ薬物を常用する親しい友人（見沢知廉氏等）が薬物が原因で死んだり精神病院に入院する事態が重なった。自分がどんな究極価値を抱くのか、それに従ってどんな最終目標を立てるのか、最終目標と両立不能な選択肢はどれか、考えた。究極価値や最終目標によるプライミングを重視するアドラー心理学を知った。そして薬物をやめた。

シミュレーション仮説の映画たち

「人類はシミュレーテッドリアリティを生きている」。スウェーデンの科学哲学者ニック・ボストロムの有名なシミュレーション仮説だ。古くは荘子の「胡蝶の夢」以来、自分が現実だと思っていた世界が実は誰かの夢なのかもしれないというアイディアは、古今東西にあまねく存在して人を魅了してきた。だから映画史においても幾度となく登場している。

『惑星ソラリス』（1972年）では人の夢を実体化する惑星が描かれ、『トータル・リコール』（1990年）では記憶の売買を行う企業が登場する。『バニラ・スカイ』（2001年）では冷凍睡眠による夢世界への移住がサービスとして提供され、『マトリックス』（1999年）ではボストロム仮説が現実のものとなった世界が描かれる。『インセプション』（2010年）も次元概念を用いて現実と夢の境目を相対化している。

そこに決定版と言える作品が登場した。イスラエル人アリ・フォルマン監督『コングレス未来学会議』（２０１３年）だ。今紹介したような映画の系譜に位置づけられる。原作は『惑星ソラリス』の原作者でもあるスタニスワフ・レム。後で述べるように重要な部分で原作とは異なるモチーフを選択している。原作にないエピソードがあるといった類の巷のショボイ話ではない。

映画は前半と後半に別れる。前半の実写部と後半のアニメ部は20年の時によって隔てられる。前半の実写部で描かれるのは近未来のハリウッド。CG技術の発達で、本物の役者が不必要なものになろうとしている。「スキャン」と呼ばれるモーションキャプチャの一種で俳優の感情や表情をコピーしたデータを、スタジオが商品として所有するようになったからだ。

かつてスター女優だった主人公ロビンも決断を迫られる。当初は頑なに拒絶していたロビンも、重い病に冒された息子を養う責任からCG女優となろうと決意する。決断を促したのマネージャーのアル。彼が説得の際に用いた言葉が象徴的だ。「君は最悪の決断しかしてこなかった」「君を恐れから解放したい」。これらは後に僕らの全員に向けられたものだと分かる。

全ての現実は夢のなかにある？

映画はロビンのスキャン完了後20年が経過したと告げる。２０１３年型カレラに乗って荒野を疾走する老いたロビンが向かうのはアニメ都市アブラハム・シティ。そこで開催される「未来学会議」に出席するためだ。そこから先、映画は誰かの夢の中のような荒唐無稽な展開を見せ始める。アブラハムの都市名はロビンの娘の名サラと呼応し、旧約聖書との対応を示唆する。

アブラハム・シティでは人はアニメキャラとして存在する。入管で薬を嗅がされシティに入るロビン。気づくと彼女も世界もアニメ化している。そこからはジェットコースター・ムービーだ。未来学会議直前、ロビンは、CG女優だけでなく、誰もが夢の中でロビンとなり、或いはロビンと好きな物語を生きられるようにする新薬が開発されたことを告げられる。

未来学会議では、来たる新時代にはアブラハム・シティが地球大になって人類が本当の自由を手にすると謳われる。CG女優第一人者として壇上に立ったロビンは「目を覚まして」と訴えるが来場者の耳に届かない。そこに突如反乱軍が来襲。娘のサラがメンバーだと分かる。だがシティ側が散布した幻覚剤を深く吸い込んだロビンは昏睡、治療のために20年間凍結される。

解凍された彼女を待つのは、20年前までCG女優ロビンのプロデューサーで未来学会議の直前に辞職したディラン。世界はアニメ化に加えて完全に薬理化していた。性別も年齢も容姿も薬で自由自在。全ての希望を薬理的に実現できる。だから争いがなく平和だ。だがロビンは未来学会議の際に家に置いてきた病気の息子に会いたい。彼はアニメ界には来ていないようだ。

アニメ界は美しく、ディランとの恋も魅惑的だ。だが息子と会いたいロビンは、ディランの助けを借りて現実世界に戻る。色彩が『マトリックス』を彷彿させる薄汚れて荒廃した現実世界。幻覚を見つつゾンビの如く彷徨う人々を管理者が統制する。だが『マトリックス』と異なるのは、現実世界を知る者の中に現実に期待する者が一人もいないこと。全てが諦められている。

息子の消息を尋ねるためにロビンが会いに向かった現実世界の医者は「夢も現実も変わらない」と告げ、唯脳論的な世界観を語る。仕事の達成も快楽殺人もスポーツもセックスもドラッグも脳内物質の分泌で満足を得るという一点では変わらない。ならばアニメ界と現実世界の区別は無意味で無価値になる。現実と夢という区分には何の意味もなくなるしかないのだと。医師は、現実世界に息子を探しに来たロビンに対し、息子は一年前に自由なアニメ界に旅立ったと告げる。迷った末にロビンはアニメ界に戻る決意をする。だが今度は息子として。その息子の夢に登場する。かくして母と息子が再会して、映画は幕を閉じる。その瞬間、観客は自分が生きる世界のクソぶりに打ちのめされ、母の決断に否応なく同意させられる。

責任を果たすというプライミング

ここで問おう。なぜ僕らは甘美な想像界を捨て象徴界へと向かったか。社会を営むことに意味があると信じられたからだ。それが信じられないなら象徴界を捨てるしかない。映画『コングレス〜』では想像界がアニメ界（夢）で象徴界が現実世界だ。『マトリックス』と違って、最終的に世界が現実を取り戻すという終幕はない。そう。ずっとラディカルである。

だが原作と比べると微妙な問題が浮かぶ。原作は映画以上にリアリティが混沌とする。原作は以前に紹介したバラード基準に従っていて、「未来には未来の感受性がある」という線を崩さない。「だから」映画が用いるアニメ界と現実界の対比はない。未来にはそうした区別はないのだ。唯脳化が完遂され、脳内環境を「元に戻す」のも薬理的加工の一種だと等価化される。アニメ界（夢）と現実世界という区別を用いる映画版の方が、今の僕らの現在の批判規準を用いるから一見保守的だと感じられる。だがそう断じるのは早計である。たとえ映画が原作のように夢と現実の区別がつかない「底が抜けた」リアリティを描いた場合であっても、観客である僕らは現在的な批判規準を用いて「こんな世界はゴメンだ」と受け取るだろうからだ。

確かに現在的な批判規準に適合して「夢と現実の区分」を持ち込んだ映画の方が判りやすい。だが、監督が原作にない「夢と現実の区分」を持ち込んだのは判りやすさのためではない。それは監督の前作『戦場でワルツを』（２００８年）を念頭に置けば明白だ。『戦場〜』は、虐殺が行われた戦場での監督自身の選択的記憶喪失を主題としたドキュメンタリー・アニメだった。

要は、見たいものだけを見る（覚えて置く）、見たくないものは見ない（忘れ去る）という、意識しなくても生じがちな選択作用を批判していた。映画『コングレス〜』も同じ問題を批判している。この批判は、大虐殺の現場にいながらそれを忘れ去ったという監督自身の出自に関わる痛切な実存に由来する。監督の自身に感じる痛みが『コングレス〜』にも貫徹している。

原作にないアブハラム・シティの名もこの一貫した主題に関連する。旧約聖書のアブハラムは紀元前18世紀のヘブライ民族父祖たる族長。聖書の神と初めて交流した。聖書学的には、ノアであれモーセであれイエスであれ、ヤハウェとの交流は共通して「他の者が見ようとしない『見たくない現実』を見たがゆえに、約束を守る責任を引き受けたこと」を、意味している。

だから映画には「見たくない現実を見よ」というメッセージが貫徹する。無論それだけなら

『マトリックス』に似る。だが先の医師は「夢の外にいる者（管理者たち）もまた夢を見ているだけ」という趣旨を語る。これは、原作を踏まえたモチーフである以上に、監督の映画に前作から一貫する主題に関わる、「倫理の表明」として、理解されなければならない。

原作は、夢と現実の区別がもはや論理的に成り立たなくなった世界を描く。それを読む現在の僕らは倫理の底が抜けた「イヤな感じ」を抱かせられる。だがそうした「イヤな世界」は突然降って湧いたのではない。知らず知らずのうちにそうした世界に移行したはずなのだ。今は移行過程かもしれない。ならば「夢の外にいる者もまた夢を見ている」との自覚を捨てられない――。

「母である主人公が進行性の難病に冒された息子を守り抜くという責任を負おうとする」という原作にないモチーフが主軸になる理由は最早明瞭だ。夢と現実を厳密に峻別しない者は他者を守る「責任」を貫徹できないからだ。こうした「責任」概念を持ち込むがゆえに、映画『コングレス～』は原作『泰平ヨンの未来学会議』よりもむしろラディカルになっているとさえ感じる。

『コングレス～』では、社会を営むことに辛うじて意味があるからではなく、他者を守るという責任を果たすためにこそ現実の社会を生きよと唱える。だがラストで僕らは混乱させられる。主人公が「責任を果たしたという体験」を得るために現実を捨てて夢の世界に入ろうとするからだ。そこには驚くべき洞察が含まれている。

「責任を果たすべく夢ならぬ現実を生きよ」という推奨は無条件ではない。「責任」を果たし得るほど現実に実りがあれば推奨は意味を持つ。だが現実が既にそうした実りを失っている場合はどうか。責任を果たしたいという内発性が人間に生来のものなら、それを「現実」化させるためにこそ「現実」ならぬ「夢」を準備する必要がいずれは出て来る。映画はそう予言する。

『ゴーン・ガール』

ベタ女の〈委ねによる眩暈〉に対抗するメタ女の〈眩暈〉

妻が全てを知っているのではという恐怖

援交関連のフィールドワークをしていた90年代前半、各地で既婚男性の聞き取りを進めた。その際「自分の浮気は妻にバレていないと思うが、ときどき妻が全てを知っていながら知らぬふりをしているのではないかと恐怖に襲われる」という話に何度か出会った。だが既婚女性から同じような話を聞いたことはない。

当初は性別役割の非対称性(性差別)に由来する、男の杜撰さだと思った。女が周到なのに男はシッポを出しやすく、そのことが男に自覚されているのは、差別枠組みの中での強者だからだ……と。やがて、どうも違うのではないかと感じるようになった。結論から言えば、コミュニケーションのメタモードの有無の問題だと思うようになったのである。

ニクラス・ルーマンは家族は何かとの問いに、情緒的共通前提を持つ集団だと答えた。社会学を振り返ると、タルコット・パーソンズは、近代化によって、家族の機能が市場や行政にアウトソーシングされ、家族は、子供のプライマリーな社会化機能(乳幼児の子育て機能)と、成人の情緒的安定化機能(帰還場所としての機能)だけを残すとした。

こうした機能的思考に従えば、社会化機能と情緒的安定化機能を備えた人間関係は、婚姻や血縁と関係なく、全て「家族」になるはずだ。だがパーソンズは（恐らくは敢えて）そこまでは考えなかった。しかし現在の僕らは、そこまで考えざるを得ない。とすれば、どんな人間関係であれば社会化機能と情緒的安定化機能を調達できるのか。それにルーマンが応答した。

ルーマンは、生活世界が空洞化して底が抜けたポストモダンの家族を、「まあアナタったら」「お兄ちゃんったら」的なコミュニケーションに意味を与える情緒的共通前提を持つ集団だとした。部外者には「お兄ちゃんったら」という意味が不明でも、家族であれば理解できる。「なぜソレがソンナ感情を惹起するか」が分かる範囲が家族で、分からないのが部外者だと。

社会学は従来、共同体を自分では選べない共通前提集団だと定義し、家族を共住共食関係で定義した上で、共住共食を営むうちに共通前提集団になると見た。だがルーマンは共住共食が崩壊した現状を踏まえて、家族とは「情緒的」共通前提集団に過ぎないと見切る。共住共食が中核的で共通前提が派生的だとしていたのを、共通前提を中核に据えて他を捨てたのである。

ならば「情緒的」という冠にどんな意味があるのか。「お兄ちゃんったら」的コミュニケーションとは、コミュニケーションのメタモードである。感情的反発を惹起するはずの強烈な発言にもマジガチに反応せず、「まあこの人はそういう動物なのだから」とメタ的に構えてスルーする。それが可能であることが、結果的にホームベースとしての情緒的安定化機能を与える。

というと昭和的イメージを想起する。山田洋次監督の『寅さん』映画みたいに。だが違う。園子温監督は、綿密な取材を元に撮った近親姦映画『奇妙なサーカス』（２００５年）で、凡庸な共通前提を非凡なものにすべく（さもないと関係が入替可能になる）当事者にしか分からない「情緒的」

共通前提を近親姦で構築したがる夫婦の営みを、子供を巻き込む独善だと批判した。

翌年『紀子の食卓』（2006年）で園子温は、「家族を生きる／家族を演じる」という差異を持ち込んだ。「素朴に家族を生きる者」は「素朴に家族を生きられない者」を疎外する。姉妹は、両親が生きる凡庸な情緒的共通前提を生きられない。そこで《全面的に虚構を突き進むこと、それで初めて自分と出会えるのです》とキーになる台詞が示される。

過剰流動化とチャンネル分断で「素朴に家族を生きる」のが不可能になった今日、道は二つ。ありそうもない情緒的共通前提を共犯的に維持する近親姦の道。「家族を生きる」のをやめ、ありもしない情緒的共通前提を放棄して「家族を演じる」道。無償で「そこまでして演じる」親の振る舞いに、子供は「語り得ない情緒的共通前提」を見出すだろう――ラストの祈りだ。

メタモードの能力に見られる男女差

「そこまでして演じる」振る舞いに「語り得ない情緒的共通前提」を見出すというキーフレーズを記憶して欲しい。それを踏まえてメタモードに関わる考察を進める。付き合い始めたカップルは当初、相手の言動に一喜一憂する。やがて「この人はこういう動物なんだ」と人格的文脈をメタ的に折り込むようになって、逐一的な反応から逃れるようになるだろう。

車の挙動に一喜一憂する代わりに、「この車は所詮軽自動車だから」「ファミリーカーにしてはなかなかだ」と人格ならぬ車格を折り込むようになって逐一的反応から逃れるのと同じだ。

文脈の参照による問題の先取りで、人が相手にせよ車が相手にせよ、期待外れがもたらす感情的衝撃を緩和する。メタモードのなせるワザの一側面である。

さて、教え子ら若いカップルを長年観察して、メタモードの能力に性差があることを確信した。例えば痴話喧嘩。女の浮気がバレると、男は弁解を信じず執拗に追及しがちだが、男の浮気がバレても、女は男の拙い弁解で「手打ち」する。これは女がメタモードに入る能力を持つからだ。同じように、女は浮気に気づかないフリをする。

だからこそ、メタモードの能力差を感じる程度には男が敏感であれば、冒頭に述べたように、「妻が全てを知っていながら知らぬふりをしているのではないかと恐怖に襲われる」体験が男に生じる。こうした男女のメタモードの能力差に注目する映画が現れた。デビッド・フィンチャー監督『ゴーン・ガール』（2014年）である。

珍しく映画を立て続けに二回見た。自分の印象に確証が持てなかったからだ。一度目は「主人公ニックが妻エイミーに追い込まれて結婚生活を再開した」と感じてクライ印象を抱いた。だが二度目は「結婚生活の再開はむしろニックの望みだ」と感じてアカルイ印象で見終わった。一度目と二度目でこれほど印象が違うのは初めてだった。その物語はこうだ――。

五回目の結婚記念日。ニックが帰宅すると妻エイミーは失踪。警察もマスコミも彼の妻殺しを疑う。妻の日記に沿った回想で結婚崩壊が描かれる。二人は大都会から彼女が嫌がる片田舎に転居した。夫はダラけた上に浮気。妻の血液型や妊娠も知らず、通販で大金を使い、妻に高額生命保険をかけた。

一転。生きて潜伏するエイミー。復讐すべく殺害を偽装した。日記も捏造。遠隔地で外見を変え、偽名を名乗り、彼の死刑判決を待つ。ところが潜伏資金を盗られ、裕福な元彼の豪邸に匿われることになる。

さて、ニック。妻の計略に気づいて辣腕弁護士を雇い、世間の印象向上を狙ってテレビ出演。夫として完璧でなかったと謝罪、妻に帰って欲しいと訴える。これを見た彼女は翻身。元彼によるレイプを偽装して、元彼を殺害。カメラの砲列を前に、血みどろで夫の元に戻り、彼の無実を訴える。

盗聴を避けて二人で裸で入ったシャワー室。彼女は復讐と殺人を認めて、テレビで見たのが「結婚した頃のあなた」だったから戻ったと告白。結婚再開を誘い、精子バンクを使った妊娠を告げる。一旦激昂した彼も、彼女の一言「結婚とはそういうもの」で翻身。結婚再開を決め、テレビで妊娠を発表して人々から祝福される——。

エイミーは何に復讐したのか。巷には二説ある。(1)「釣った魚に餌をやらぬ」態度が理由。(2)男に都合がいい「イケてる女」を演じさせようとしたのが理由。どちらも頓珍漢だ。そんな程度で大がかりな復讐をするはずがない。そこで原作者ギリアン・フリンは自ら脚色するに際してメタモード の能力＝ゲーム能力のモチーフを仕込んだ。だから裏物語はこうなる——。

イモな男がいた。男はベタだった。イカス女がいた。女はメタだった。男は女を手に入れたい一心で背伸びしてゲームした。女はゲームできる男を探していた。女の眼鏡にかなって二人は結婚した。

当初は男も努力した。ところが所詮はイモ男。ゲームが続行不能になる。疲れた男は小娘に手をつけた。目撃した女は立腹した。理由は浮気自体ではない。ベタな小娘だったからだ。男の単細胞ぶりを証するカラダだけのイモ娘。男を選んだ自分の馬鹿さを突きつけられた。

メタ女はベタ男の前から姿を消す。復讐すべく犯罪を偽装した。メタな自分をベタな男が檻に閉じ込めた。だから解放のために復讐した。当然復讐もゲームだ。男もゲームに参加すれば謎が解ける。現にゲームに参加した男は女の動機を含めた全てを理解する。それも女の計算。

ドンデン返し。テレビで女に呼び掛ける男を女が見た。男のゲームプレイは完璧。出会った頃のあなただ。ゲームできるフリをしたイモ男だと思ったら本当にゲームできるじゃないか。だから匿ってくれた元彼を惨殺して男の元に戻る。

ゲーム再開を呼び掛ける女。あなたは「イモな役者」だと思ったら「大した役者」じゃないか。「永久にゲームで支配し合うのか」と返す男。「結婚とはそういうものよ」と涼しい顔の女。男は再帰的にゲームの再開を決意した――。

お見事だ。この裏物語はフィンチャーによって演出されたベン・アフレック（ニック）とロザムンド・パイク（エイミー）の高度な演技を通してやっと明らかになる。視覚的に「目撃」しなければ浮かび上がらない。多くの観客や批評家は話の筋を追うだけだ。だから先の「二説ある」のような頓珍漢な解釈が横行する。妥当な理解はアフレックの視覚像を追えば明らかだ。

ならば彼がキャスティングされた理由も分かる。脚本通りアゴが割れているのもあるが、ジェニファー・ロペスとのベタベタぶりによる炎上を含め、ハリウッドで評判の悪い「イモ役者」だからだ。なのに、今回のアフレックの演技は素晴らしい。かくて映画内のニックの成長と現実のアフレックの成長が重ねられる。成長とはメタモードでのゲームが可能になることだ。

「生きる」よりも「演じる」ことが実り多い

「生きる」よりも「演じる」こと。即ち、挙動に一喜一憂するよりも、まずメタモードに入り、メタモードに入って初めて開かれる地平の上で演技（ゲーム）すること。例えば全てを知って何も知らないフリをし、何も知らずに全てを知っているフリをすること。だが、翻ってみれば、なぜメタモードでのゲームが推奨されるのだろう。映画に即して考えてみる。

まず無数の取材経験から言えば、どんなに美しい女でも「委ねの眩暈」が不得意であれば、旦那や彼氏はほぼ浮気する。「委ねの眩暈」が得意な女が出現したら男には抗いにくくハマるからだ。妻エイミーと浮気相手の女子大生の対比がこれに当たる。ただし淫乱か否かとは必ずしも重ならない。淫乱でも「委ねの眩暈」が不得意な女（自慰系の女）がいるからである。

次に個人的な経験から言えば、メタモードでのゲームが得意な女には「委ねの眩暈」が不得意なケースが多く、ベタな女には「委ねの眩暈」が得意なケースが多い。冒頭に記したように、メタモードが自己防衛に関係するからだろう。実際、エイミーは「委ねの眩暈」が圧倒的に不得意で、そのぶんメタモードのゲームが得意だ。

つまりエイミーは「ゲームの眩暈」からは見放されていない。現に夫がメタモードのゲーム能力に長けている事実をテレビインタビューを見て理解した瞬間、彼女は「ゲームの眩暈」の状態に陥る（相手に吸い込まれた変性意識状態の表情）。そう。ベタな「委ねの眩暈」ができないエイミーは、メタとオブジェクトを高速で往来することに「ゲームの眩暈」を覚えるのだ。

結局、映画は「ゲームの眩暈」をもたらすメタモードのゲームを推奨する。映画は、母親が書いた超人気児童文学『完璧なエイミー』のモデルとして虚実を往復してきたからこそ、エイミーにメタモードの「ゲームの眩暈」能力があって、だからエイミーは虚実を往復する男を見つけてゲームしようとしたのだと告げる。これが特殊過ぎる設定であれば映画の寓意は乏しい。

だがネット人格が当たり前の今日。「ゲームの眩暈」の追求は現実にありそうだ。実際、東電OL殺人事件に題材をとった園子温監督『恋の罪』（２０１１年）では、冨樫真が演じる大学助教授である売春婦が、神楽坂恵が演じる貞淑な主婦に、かかる生き方を指南する。貞淑な主婦を「生きる」のでなく「演じよ」と。指南に応じた主婦は「ゲームの眩暈」ゆえに妖艶に輝く。

先に触れたが、巷には、エイミーが夫に真の姿を見てもらえず、男目線の「イカス女」を演じさせられたからキレたとする解釈がある。とんでもない。真逆である。児童文学のモデルとして虚実を往来できた自分を、男がショボい現実――クソ社会――に閉じ込めようとしたからこそ、キレた。そして彼女の指南に夫が従った。またしてもラカン派にシンクロする。

ジャック・ラカンによると「女は絶対的他者だから、女は存在しない」。その言葉をラカン派ジャック・アラン・ミレールがニーチェ『曙光』を引用して言い換える。《女は恋人が〈女〉に相応しくないと想像して青ざめる。男は自分が〈女〉に相応しくないと想像して青ざめる。男も女も〈女〉に向かう。男にとって〈女〉は他者だが、女にとっても〈女〉は他者だ》。

ラカンは、女は自らを虚構化しつつ〈女〉に接近すると見た。〈完璧なエイミー〉の虚構が自分に先立ち存在し、その虚構を通して眼差され続けるのがエイミーだ。彼女にとって〈完璧なエイミー〉に接近することだけが主体の十全さを示す。一般に女は虚構（〈女〉）が自分であるという自覚を早期に習得する。だが男は虚構の向こうに真実があると信じたがる。

だが〈女〉という虚構の向こうに真実を探しても詮ない。眼差される女――〈完璧なエイミー〉という虚構――をフォローすることしか男（ニック）にはできない。それでいい。エイミーならぬ〈完璧なエイミー〉だけが――「生きること」ならぬ「演じること」だけが――辛うじて濃密な感情をもたらせるからだ。それが理解できたから、ニックは結婚生活の再開を望み、かなえた。

『アクトレス ～女たちの舞台～』

「老いの受け入れ」を超えた通過儀礼映画だ

断片の表象から全体を想像する

黒沢清監督『岸辺の旅』（2015年）を、「切れ切れの表象から、納得できる想像を完成させること」を観客に求める昨今の映画の典型として扱うことができる。黒沢映画は元々そうしたモチーフを反復するが、時代の空気がシンクロし始めた。

僕らの日常は埋めがたい不全感に満ち、数多の理不尽や不条理に宙吊りになったまま僕らは死んでいく。だからこそ、できることなら、全ての理不尽で不条理な「表象」の断片がつながって「思いが遂げられる＝納得できる想像が完成される」瞬間が、訪れて欲しい……。

そうした理不尽や不条理は、「表象」以前的な、身も蓋もない端的な「事実」に過ぎない。だからこそ、それらがもっと大きな「事実」の現れ――「表象」――であって欲しいと願う。それが人という存在の摂理である。現にそうした超越的な願望を多くの人が持っているはずだ。

身も蓋もない端的な「事実」として散らばった理不尽や不条理が、かつてなく「見える化」しつつあるのが、先進各国の現在だろう。その感覚が一部の作家を突き動かすのではないかと睨んで来た。想像の完成がもはや不可能だからこそ、むしろ想像の完成を望むということだ。想像を完成したところで、想像に対応する大きな超越的「事実」――隠れたる神――が存在するか否かは保証の限りではない――そうした感覚も増しつつある。それも同じことだ。想像に対応する事実などないと知るからこそ、人は想像の完成を企図する。初期ロマン派の発想だ。黒沢作品は一貫して、或る種の不全感を出発点にする。彼の映画に於いては誰しも輪郭がぼやけ、相手や自分が何者なのか皆目分からぬままに生きている。そして、ハッピーエンドかバッドエンドかに関係なく、やっと「自分」に辿り着いたと思えた地点で、映画が終わる。

『岸辺の旅』は通過儀礼譚だ。夫が行方知れずとなって三年。宙吊りの毎日を生きる妻を夫の幽霊が訪れる。幽霊は三年間自分探しの旅をし、自分を探し当てたと言う。夫の幽霊は妻を伴い、三年間の旅を辿り直す。旅の終わりに妻は夫が誰だったのかを理解し、幽霊は消える。夫の幽霊は「切れ切れの表象から、納得できる想像を完成させる」ことに成功し、幽霊と旅した妻も「切れ切れの表象から、納得できる想像を完成させる」ことに成功し、観客も「切れ切れの表象から、納得できる想像を完成させる」ことに成功し、全てが「自分」に辿り着く。

幽霊譚であり通過儀礼譚である

オリヴィエ・アサイヤス監督『アクトレス　女たちの舞台』（2014年）が、それに響き合う。観客の大半は気づかぬだろうが、『岸辺の旅』同様の幽霊譚であり、通過儀礼譚だ。そればかりか、幽霊が思いを遂げて主人公が自分に辿り着きそうになると、幽霊が消えもする。

原題は「シルス・マリアの雲」。シルス・マリアとは、フリードリッヒ・ニーチェが永劫回帰の着想を得た場所として知られるスイスの絶景リゾート。ジャン・コクトー、ヘルマン・ヘッセ、トーマス・マン、マルセル・プルーストら数々の文筆家に霊感を与えて来た。「シルス・マリアの雲」とは初秋早朝に出現する「マローヤの蛇」のこと。峠から見ると雲海が蛇の如く山の隙間をイタリヤからスイスへと動いてくる。悪天候の前兆で、世界のカオスを告げ報せる不吉なサインだとされる。「マローヤの蛇」は映画の劇中劇のタイトルでもある。

三部構成だ。バイリンガルの大女優マリア（ジュリエット・ビノシュ）は、20年前に新人だった彼女を見出した劇作家ヴィルヘルムを讃える賞を代理で受け取るべくチューリッヒ行きの列車に乗っている。だが彼の訃報を受け、壇上で追悼メッセージを披露することになる。

授賞式の夜、20年前の舞台「マローヤの蛇」の再演を若き劇作家から打診される。かつて演じた若き小悪魔シグリッド役ではなく、彼女に翻弄されて自死する中年経営者ヘレナ役の依頼。シグリッド役はハリウッドSFの人気女優ジョアン（クロエ・G・モレッツ）だ［第一部］。

マリアはマネージャーのヴァル（クリステン・スチュワート）相手にシルス・マリアにあるヴィルヘルムの山荘で台詞合せする。ヴァルがジョアンが演じるはずのシグリッド役をする。自分の劣化を突きつけられた思いのマリアは、繰返し降板したがり、その度にヴァルが引き戻す。

台詞合せを重ねるにつれて、二人の間の葛藤は増大し続けるが、マリアがヴァルの思いを受けて出演の腹を括りかけた頃、唐突にヴァルが消滅する。彼女は消滅する直前、謎の雲海ドライブをしていた。その様子はあたかも雲海の中へと没したようであった［第二部］。

再演の時が来た。マリアはジョアンに、かつて自分がシグリッド役を演じたように演じることでマリアが演じるヘレナ役を引き立たせて欲しいと頼むが、既に終わった女を引き立たせる必要はないと瞬時で却下。それを機に、マリアは過去による縛りから解放される［第三部］。「序（離陸）・破（カオス）・急（着陸）」の典型的な構成だ。詳しくは後述するが、この構成自体、「自分を見失った女が、一定のカオス経験を経て、自分に辿り着く」という主人公の通過儀礼を指し示す。そのカオスを媒介する「幽霊」こそが、マネージャーのヴァルである。

誰の幽霊なのか不明になる快楽

巻では、［ビノシュ／モレッツ］（現実の女優）、［マリア／ジョアン］（劇中の女優）、［ヘレナ／シグリッド］（劇中劇の役名）の、三重の［無垢を失った女／無垢な女］の対立が話題だ。［ビノシュが演じるマリアが演じるヘレナ／モレッツが演じるジョアンが演じるシグリッド］の対立。

だが錯覚である。最も重大な対立は［マリア／ヴァル］だ。過去に縛られる（ビノシュ＝）マリア＝ヘレナに対し、（スチュワート＝）ヴァルは、（モレッツ＝）ジョアン＝シグリッドが降臨する巫女として機能する。ヴァルは、ジョアン＝シグリッドの、謂わば「幽霊」なのだ。

それがこの映画の最も重大なモチーフなのは疑いない。なぜなら、ヴァルは、思いを遂げたことで＝役割を果たしたことで、消滅するからである。この場合「思いを遂げた」とは、マリアに克己を遂げさせ、再演芝居に中年女ヘレナ役で出演することを決意させたことだ。

この「幽霊」ヴァルは、時にジョアンになり、ジョアンが演じるシグリッドになり、ジョアンを配役した劇作家になり、スチュワートになるだろう。それに応じて「主人公X」も、時にマリアとなり、マリアが演じるヘレナになり、そしてビノシュになるだろう。

奇妙なことだが、パパラッチの餌食となるジョアンを演じるモレッツが、実際にはパパラッチとは無縁な一方、ジョアンの「幽霊」として機能するヴァルを演じるスチュワートこそが、繰り返しパパラッチにネタを提供し続けてきた。ヴァルは二重三重に「幽霊」なのである。

ヴァルに憑依するのが誰の「幽霊」（表象）なのかしばしば不明になり、ジャック・デリダ＝東浩紀の言う「郵便の誤配」が起こる。この意図された誤配が心地よい眩暈を与える。世界は元々そうあったはずだという「懐かしい気分」をもたらす。この気分が様々な想像に繋がる。

中沢新一が『対称性人類学　カイエ・ソバージュ〈V〉』（２００４年）で「対称性の哲学」として述べたように、誰が誰であること（に意味がある社会）など本当はどうでも良かったのではないか。社会を生きないと生きられないから、仕方なく社会を生きることにしたのではないか。「対称性の哲学」は、「概念言語が与える二項図式を用いつつ、しかし信じずに前に進む」というデリダ的な脱構築の作法を引き寄せる。概念言語で表現できないどころか、むしろ概念言語自体を機能させる「世界の調べ」に向けて人々を解き放つ。そう。解放がキーワードだ。

通過儀礼による幽霊からの解放

であれば、ラスト場面でのビノシュ＝マリアの台詞と表情に注目する必要が出て来よう。ビノシュ＝マリアがモレッツ＝ジョアンの「幽霊」と格闘していた段とは打って変わり、現実のモレッツ＝ジョアンこそが、過去に囚われたビノシュ＝マリアを解放したように見える。

過去に囚われたビノシュ＝マリアは、「幽霊」スチュワート＝ヴァルとのカオスに満ちた格闘を経て、囚われから解放された。その意味で、この映画は黒沢清『岸辺の旅』とほぼ同一の通過儀礼モチーフに彩られている。その解放は映画の途中で明瞭に予兆されてもいる。

ヴィルヘルム山荘での台詞合わせにおける葛藤に満ちた会話で膠着して疲弊した二人が、散策途中で湖に飛び込む。ヴァルが水着のまま湖面に向かうと、マリアが慌てて着物を脱ぎ捨てて全裸になり、真っ先に湖面に飛び込んで大ハシャギする。唐突な場面である。

これは、ビノシュ＝マリアがかつて帯びていた無邪気な反逆心を指し示すと同時に、ビノシュ＝マリアがそこに向かうだろう解放の在り処を指し示す。この場面は「暑くて湖に入るが水着は持参していない」という設定のアドリブらしいが、「幽霊」現象の共鳴ゆえに同じことだ。

言い換えれば、ビノシュもスチュワートも、マリアとヴァルが構成する劇中の磁場に引き込まれ巻き込まれているのだ。ビノシュが考えることはマリアが考えることであり、スチュワートが考えることはヴァルが考えることだ。だからアドリブが必然を招き寄せることになる。

老いの受け入れは現象に過ぎぬ

解放をもたらす通過儀礼。離陸面と着陸面は何なのか。監督は「主人公が、反逆する若い女優というかつて演じた役の方に同一視していたのが、同一視を疑問視しなければならない状況に陥り、当初のアイデンティティから別のアイデンティティに移行した話」だとする。

要は「老いが受け入れられない」離陸面から「老いを受け入れられる」着陸面へ。だが監督自身の言であるにせよ、監督が日頃退ける「つまらない合理化」だと感じる。それは単なる現象で、本質は別だと感じる。その同じ本質が、幾らでも別の現象を帰結できるはずなのだ。

関連して、「マローヤの蛇」という気象現象を取り込んだことに関する巷の理解にも、違和感がある。いわく、それは時の流れを意味し、主人公は時の流れ＝老いを受け入れたのだと。全く逆だ。「マローヤの蛇」はむしろ「時の流れにもかかわらず不変のもの」を指し示す。

挿入される山岳映画監督アーノルド・ファンクの無声映画『マローヤの雲の現象』（１９２４年）が効果的だ。人の世で何がどうなろうが過去90年間全く変わらぬ風景が、そこにあるからである。この不思議な風景は、変わりゆく社会の外にあって少しも変わらない世界こそを示す。

むしろ世界は時が止まっている。思えば通過儀礼とは、或る共同体（例えば子供共同体）から別の共同体（大人共同体）への移行儀礼。つまり、住まう社会が変われば、世界は変わらなくても世界の現れ――世界体験――が変わるのだ。実際そのように変わったのではないか。

即ち、世界が奏でる調べが聞こえない共同体から、聞こえる共同体へ。マリアとヴァルの会話に幾度か登場する「無垢」という言葉は、人が社会まみれとなって世界が奏でる調べから見放されるようになる以前を意味しよう。ということは、マリアは再び世界へと開かれたのだ。

世界からの訪れである「マローヤの蛇」。冒頭に述べたように、それは社会から見る限りは不吉なサインで、「世界はそもそもデタラメである」事実を告げ知らせる。数多の「幽霊」を媒介する巫女ヴァルは、そうした世界からやって来て、帰って行ったのだろう。

アサイヤス監督の映画は「切れ切れの表象」からなる。そこから「納得できる想像の完成」へと向かうのは個々の観客だが、想像の完成へと向かうに連れて浮かび上がるのは、『岸辺の旅』とは違って正確には「自分」ではなく、「自分」が映し出すデタラメな世界の方なのだ。

『野火』

塚本晋也監督の 25 年に及ぶ進化の最終地点を示唆

作品を観る前に抱いた危惧は杞憂だった

塚本晋也監督『野火』（２０１５年）についての監督自身の語りを聞いて驚いた人もいるだろう。彼は完成披露の記者会見で、昨今の社会的風潮ゆえに、今この映画を撮らなければ永久に撮れないだろうとの思いに駆られて、映画を製作したのだと語った。

そこで彼は、20年前の35歳のとき、高校時代に読んで衝撃を受けた大岡昇平の小説『野火』（１９５２年）の映画化を思い立ったものの、資金繰りのメドが立たず断念。10年前の45歳のときに再び製作の可能性を模索したものの、やはり資金面の困難で断念したのだと述べた。

塚本晋也と言えば、事実上のデビュー作『鉄男』（１９８９年）以来、「この壊れた社会を死なずに生きて行こうとするなら、自らも壊れるしかない」、短く言えば「自己崩壊こそ我が福音」とでも言うべきモチーフを、反復してきた映像作家として世界的に知られていよう。

その彼が、社会の壊れを危惧し、抗うべく『野火』を撮ろうと思い立ち、私財を投げ打って製作に乗り出した――という話を、記者会見に先立って「塚本組」のスタッフから聞いたとき、僕は塚本監督らしからぬヒューマニズム作品が出来るのでは、と危惧した。

というのは、僕が映画批評で何度も言及してきた原作小説『野火』は、人道に反する戦争の悲惨さを問題にした云々、といった凡庸な作品では全くないからだ。だからこそ、国境を越えて多くの人に読まれ、例えばSF作家ジェイムズ・G・バラードの「誕生」にも寄与した。

九割以上の兵士（八万人）が死んだレイテ戦を舞台にした『野火』は、破滅郷で変容した世界体験を描く。普段は見えないはずものが見え、生じないはずの感覚が生じる。それを野火や十字架のビジョンが示す。時間的展開は横に置かれ、空間的な風景が示される。

主人公の田村が認識する時間的展開や、彼の目に見えた風景が、現実に即しているか否かは、定かではない。田村は錯乱していない。少なくとも自身はそう理解し、事物を冷静に観察している（つもりだ）。だが冷静であるはずの視座からの記述には矛盾が溢れるようになる。

カール・G・ユングは「神秘体験の存在は神秘現象の存在を意味しない」と喝破した。だが通俗的理解とは違い、主観と客観の峻別を推奨したのではない。僕らにはそもそも社会システムと人格システムによって媒介された世界体験しか与えられない事実を述べている。

つまり主観と客観という区別も世界体験に過ぎない。実証された客観的事態なるものも世界体験に過ぎない。その世界体験には進化生物学的に形成された型が刻印される。例えば、伝播とは無関連に古来世界中に「火土風水」の四要素説がある。彼は型を集合無意識と呼んだ。

大岡から多大な影響を受けたと告白するバラードは、世界体験を「内宇宙inner space」と呼ぶ。誤解しやすいが、心理や内面ではなく、与えられた風景のことだ。そこにはビルも高速道路も大自然も心理も気分も含まれる。そしてSFとは未来の世界体験を描くのだと。

たとえ３００年後のテクノロジー水準を現時点で完全に予測でき、３００年後の街の風景を現時点で完全に予測できたとしても、僕らには300年後の未来人の世界体験を知ることができない。世界体験を出力する関数としての社会システムと人格システムが、変異するからだ。

バラードはこの着想を大岡『野火』というたった一つの小説から獲得した。彼が言うように、『野火』は、戦争の悲惨さを慟哭し慚愧するが如き世界体験とは全く異質の、むしろ風景への適応ゆえにソレをもはや悲惨だと感じない世界体験をこそ、描いている。

バラードは、そのことを「内宇宙は、風景が内面に浸透し、内面が風景に浸透するところに広がる」と喩的に述べる。むろん正確に言えば、風景に浸透されない内面はなく、内面に浸透されない風景はない。与えられるのは風景、即ち世界体験だけである。

果たして恐る恐る試写で観た『野火』は——僕の懸念は全くの杞憂で終わった。そこには、大岡が世界で初めて切り開いた世界体験ないし風景を描く小説作品に正確に対応する、世界体験ないし風景を描く映像作品があった。僕はひたすら圧倒された。

この映画は「戦争映画」では全くない

塚本晋也『野火』は、市川崑『野火』(1959年)と違い、戦争映画ではない。戦争映画は、戦場での英雄を描き、戦場の悲惨さを描く。僕らは通常の世界体験の位相をそのまま映画館に運び込み、「素晴らしい勇気だ」と賞賛し、「耐えられない悲劇だ」と慨嘆する。

その意味で、観客は安全圏に保護されている。比喩的に言えば、観客は世界体験を脅かされず、逆に強化される。だから、映画館を出た恋人同士が「格好良かったね」「悲しくて泣いちゃったよ」と喫茶店で語り合える。他方、塚本版『野火』はデートには全く向かない。

理由は、観客が映画館にまで運び込んだ通常の世界体験の位相が、それとは全く異なる主人公・田村が生きている世界体験の位相によって、上書きされてしまうからだ。観客は、残虐を残虐と感じず、悲しみを悲しみと感じない、変異した位相へと転送される。

観客は、何か得体の知れない体験をしたという思いを抱えて、映画館を出るだろう。思えば、塚本作品の全てを観てきた僕が先に記した危惧を抱くこと自体が馬鹿げていた。観客が通常の世界体験の位相をそのまま映画館に持ち込めるような作品が、彼には一つもないからだ。

塚本が描き出すのはいつも、風景に浸透された内面であり、内面に浸透された風景である。だから、映画に描かれたソレは現実（実際にあり得ること）なのか妄想（あり得ないこと）なのかなどと問う営みが、いつも、ハナから意味を失うのである。

映画の冒頭から末尾まで、観客は、何の戦争を描いたのか、舞台はどこか、敵国はどこか、そもそも戦争なのかどうかさえ知ることができない。周到な計算だ。テロップ等で背景情報を流した途端、観客が持ち込んだ普段の世界体験に、媚びたことになるからだ。

主人公を点景として含んだ遠景や俯瞰は描かれない。戦場での戦闘シーンの如きものもない。突如戦闘機の機銃掃射（たぶん）で顔面が脱落したり、肩肉が吹き飛んだりする。予算の制約を逆手にとった、主人公の世界体験に観客を引きずり込む演出として、実に冴えている。

フィリピンでロケした密林の緑は、異様に鮮やかで、繰り返しインサートショットに登場する空は、日本では見ることができない色合いを帯びる。鳥の囀りも咲き誇る花々も美しい。主人公が死のうが生きようが関係なく存在する事物が、そこにはある（と主人公は感じる）。

死を恐れ、敵を憎む人間の時間とは、全く別の時間が、密林には流れる。腐敗した死体も、そこに涌く蛆も、無数に飛び交う蠅も、人間の時間ならぬ密林の時間の側にある。主人公にもやがて密林の時間が浸透して、悲惨だ・残酷だといった感情を押し流すだろう。つまり適応だ。

観客である僕自身が適応していくのが分かる。悲惨だ・残虐だといった感情を抱いて映画を観る構えは数十分ももたない。観客は、自分自身がちょっとしたことで現地人を銃殺するだろうこと、挙げ句は「猿の肉」を人肉と知りつつ喰らうだろうことに、隅々まで納得する。映画館の安全地帯で戦争の悲惨さを嘆いてきた観客は、世界体験の変容ゆえに密林の戦場では自分自身が「何でもあり」の状態になるだろうことに納得する。塚本作品を批評し続けてきた僕は、こうした映画になることを予想できて当然のはずだった。監督に申し訳なく思った。

壊れることを愛でる塚本晋也はどうなった？

主人公・田村だけでなく、周囲にいる日本兵たちもどんどん適応してゆく。だが田村は、とりわけ、村の教会でちょっとした偶然の巡り合わせで、殺意がないのに村の恋人たちのうちの一人（女）を殺してから、適応にブレーキがかかり、従前の風景から次第にズレていく。

教会の逸話を描く部分は、最も美しく啓示的だ。日暮れ近く小舟に乗った恋人たちが教会のそばの海岸に着き、聖堂内で睦まじく戯れる。だが、そこに田村が姿を現すと、「燐寸をくれ」と頼んだだけなのに女が叫び続け、気がつくと田村は――。そう。ここから風景が変容する。

田村の挙動は緩慢になる。敵による部隊への攻撃の際に部隊を離脱。罪の意識からか銃を谷に捨てて以降、現実か妄想か分からないビジョンに悩まされるようになり、挙げ句は死んだ兵士の肉が花の姿をとって食べてくれろと誘うまでになる。なのに彼は食べることができない。

再び二人の兵士と合流できたが、彼らは既に密林の時間に適応しきっていて、「猿の肉」と称して現地人や日本兵の肉を喰らっている。だが、田村は最後まで「猿の肉」を食べることができない。人道の意識とは違う。何かが適応を阻んでいるのだ。何が阻むのか――。

原作通りの展開だから当然であるとはいえ、しかし塚本作品を見続けてきたファンの多くは、映画自体には完全に納得しつつも、先に述べたような意味で「壊れることを愛でる」従来の塚本晋也とは、全く別の塚本晋也がいるように感じることだろう。僕も最初はそうだった。

だが考えるうちに、僕は塚本晋也監督の作品群に含まれる今まで気がつかなかった時間の要素に気がつくことになった。既に述べたように、「自己破壊による救済」のモチーフが一貫していたのは『鉄男』から『バレットバレエ』『六月の蛇』あたりまでだった。

「あたりまで」と述べたのは、『バレット~』と『六月~』の微妙な明るさゆえだ。「自己確証を求める者が皮肉にも自己破壊（死）によって救済される」というモチーフが少し変形、「自己破壊することで『壊れた者たちの絆が生まれて』救済される」という形になった。

詳しく見ると、「壊れた者たちの絆」が、『バレット~』では、ラストで「壊れた二人」が正反対の方向に走り出すシーンが象徴するように「想像的（虚数的）」なものだったのが、『六月〜』ではラストの激しい情交シーンが象徴する通り「現実的」なものへと昇格している。

この二作は、「都市で生き延びるには壊れるしかない」という音楽で言えばインダストリアル（ノイズ）的な従来のモチーフに、新たに「疲れた男が『聖なる娼婦』に救済される」という伝統的モチーフが加わって、死の闇に満ちた作品世界に生の光が差し込んでいる点で共通する。

即ち「疲れた男が徹底して壊れることで、『聖なる娼婦』によって救済される」という共通のモチーフに彩られているのだ。『バレット〜』の絆が「想像的（虚数的）」なのに、『六月〜』の絆が「現実的」なのは、『六月〜』の主人公の方が壊れ具合がより徹底しているからである。「徹底した絶望のみが希望を呼ぶ」ということの図式は、しかし、徹底した絶望が困難だとの前提に立てば、希望は新たな絶望の別名だという話にならざるを得ない。だがこの2作の後、『ヴィタール』から『KOTOKO』へと、塚本は更なる進化を遂げたのだった。

『ヴィタール』では「自己破壊による救済」から「自己回復による救済」へと変化した。社会に居場所を欠く、壊れた（記憶喪失の）医学生が、人体解剖を通じて、世界の未規定性（得体の知れなさ）に接触。「女が踊る沖縄の海」へと解放されて自己回復を遂げた。

『KOTOKO』では『ヴィタール』で消去された「聖なる娼婦を求める疲れた男」が再登場する。だが、子供を溺愛するかゆえに壊れたKOTOKO（Cocco）のために全てを投げ打つ著名な小説家（塚本晋也）は、彼の前で歌い踊る彼女を見て、全てから解放されて回復を遂げる。

そこでは、解剖で見出される驚異のミクロコスモスならぬ、KOTOKOいやCoccoという女の実在自体が、世界の未規定性へと――奇蹟へと――塚本晋也を導く福音になっている。救われるのが主人公ならぬ塚本自身であることを、ラストシーンでの主人公の消滅が示す。

かくして塚本自身が、固有名を持った人がそこに存在するという世界の秩序（規定性）に奇蹟（未規定性）を見出して驚く存在へと、最終的に昇格した。自己回復を遂げた塚本が、かつてとは違い、壊れること（＝適応）を、拒むのは当然なのである。だが誤解してはならない。

大岡が否定した戦場のヒューマニズム――安全圏に密輸された世界体験――ではなく、徹底的に壊れた者の世界体験にだけ出現する、「人の存在」という世界の未規定性（ありそうもなさ）に通じる福音の、なせる業なのだ。そして、それだけが原作の唯一妥当な理解でもある。

『Mommy ／マミー』

社会をクソ社会だと断言し、
想像的楽園からの離脱を拒否した

僕が論争に強いとすれば、言葉を信じていないからだ――そのように何度か書いてきた。20歳代前半でのアウェアネス・トレーニングの訓練が大きかったとも記してきた。だがグザヴィエ・ドラン監督の最新作を観て、それより母親の影響が大きかったのではないかと思い直した。

言葉を忌避する幼少期からの私の態度の意味

アウェアネス・トレーニングは日本では「自己啓発セミナー」と呼ばれ、70年代末から90年代初頭まで一世を風靡した。ベトナム戦争で殺人マシンとして闘うべく変性意識状態下でフレームを書き換えられた帰還兵の、フレームを書き戻すために開発された訓練がルーツだ。

そこで奨励されるコミュニケーション作法の一つが、相手の発する言葉ではなく、気配を触知して反応する技術である。テキストよりもコンテキストの方を主題化し、テキストをむしろ主題化されたコンテキストにとってのサブコンテキストとして見做す、という作法だ。

無用な自己防衛に割く労力を省き、そのぶん、相手の感情やそれと結びついた「真の意図」に適切に反応することに傾注する。「真の意図」と敢えて記したのは、言葉を発する相手自身、自らの感情と結びついた意図を、自覚していないこと、むしろ通常だからである。

こうした作法は訓練によって或る程度は琢ける。僕自身も訓練によって上達した。だが、思えば、言葉を信じない作法は、相当古くから僕に血肉化していた。だから小学校時代まで遡っても、言い合いによってこじれた人間関係は、性愛関係も含めて今まで一つもない。言葉をスルーする僕の傾向は、僕の著作群では、20年以上前の「意味から強度(濃密さ)へ」というスローガンに表現されている。2000年代に入る頃から、これを「社会から世界へ」と言い換えた。言葉(コミュニケーション)を媒介にした社会の、回避を意味している。

社会から世界へ、そして再び社会へ

コミュニケーション可能なものの全体を「社会」と呼び、ありとあらゆる全体を「世界」と呼ぼう。原初的社会(部族段階)では万物はコミュニケーション可能で(=アミニズム)、世界は社会だった。だが社会システムが複雑になると、世界は脱社会化した。

紀元前6世紀の新バビロニアでは、コミュニケーションで星を動かす従来の呪術に代えて、コミュニケーションによって動くことのない星を読む「占星術」が生まれ、やがて欧州と中国に岐れて伝播した。こうした変化が「世界の脱社会化」を見事に刻印している。

同時代の古代ギリシャでは、セム語族系の一神教(後のユダヤ教)に抗って、世界の規定不可能性を絶対神に帰属させるのをやめ、同時に、叙事詩やギリシャ悲劇に象徴されるように「社会それ自体に貫徹する世界」を見る構えが推奨された。。

2000年に上梓した『サイファ　覚醒せよ！』では、こうした構えを「世界の規定不可能性に開かれた態度」として奨励した。「社会から世界へ」とはそういう意味だった。それに引き続く『ダ・ヴィンチ』での映画批評連載の副題も「社会から世界へ」だった。

一冊目の映画批評集『絶望　断念　福音　映画』を出した後、仏教における往相に対する還相に似て、一旦「脱社会化」して到達した世界から、再び社会に帰還する営みを奨励するようになり、二冊目の『「世界」はそもそもデタラメである』に結実した。

やがて、良き読者の一部から、僕の構えがジャック・ラカンのそれに酷似していると指摘されるようになった。友人である編集者の辻陽介氏もそうした御一人である。この連載で、今までも何度かラカンの思考枠組に言及して来たことには、そうした経緯がある。

象徴界から排除された三人の想像界での戯れ

そうした近接性や類似性を全面的に紹介する機会を与えてくれる作品に出会った。弱冠19歳で『マイ・マザー』（2009年）の監督として鮮烈なデビューを飾ったグザヴィエ・ドラン監督が24歳で撮った新作『Mommy』（2014年）だ。敢えてラカンの用語を用いて紹介する。

『Mommy』では象徴界から排除された三人が想像界の戯れを通じて自己回復を遂げる。①主人公の少年は父の不在とADHDゆえに──「父の名」の喪失──象徴界から排除される。②主人公の母親がライターの仕事を解雇される（エクリチュールの喪失）。③近所の元教員主婦は学内での教員イジメが原因の吃音ゆえに学校から排除される（パロールの喪失）。

象徴界とは言葉の世界のことで、言葉で名指されたものを象徴的なものと呼ぶ。象徴界は、母子二者関係に於いて全能感を伴って身体像を構成する鏡像段階を構成する想像界を、二者関係に介入する第三の力――「父の名」――によって断念（＝虚勢）することで、漸く得られる。

想像界とは、世界に満ちた「言葉にならない気配」を背景とする、心に浮かんだ「言葉にならない思い」の集積である。「言葉にならない気配や思い」を想像的なものと呼ぶ。口唇と乳房の距離化と近接化の動きを背景に構成される、エロス的な想像的二者関係をルーツとする。

ラカンによれば「話せる」ことは「話せない」ことの抑圧で可能になる。だから「話せる」ようになった者は「話せない」ままでいたいという無意識の欲望を抱える。言い換えれば、「話せる」大人は、回帰したい故郷としての「話せない」状態を、想像的二者関係として憧憬する。

ラカンはこれを失語症をめぐるアンビバレンスとして記述する。このアンビバレンスは、患者における「話せる」ことへの意識的欲望と「話せない」まま留まりたいという無意識的欲望の間にあるだけでなく、治療者自身の「治したい」と「治したくない」の間にも存在する。

治療は社会復帰のために、社会を生きられるようにするべくなされる。そこには社会を生きられることはいいことだとする前提がある。この前提の上に立って、患者の「話せない」に留まりたい思いと、治療者の「治したくない」思いを、抑圧することで治療が可能になる。

気配に満ちたパラダイスの危険を減じる吃音者

この患者と治療者の双方に存在するアンビバレンスが『Mommy』に交錯する。三人の登場人物は「社会的には」全くうまく行っていない。三人の関係でさえ「社会的には」うまく行っていない。にも拘わらず——むしろ——三人の周囲には光と音とリズムが満ちる。

室内も室外も、昼も夜も、仲がいい時も悪い時も、言葉以前的な気配に充ち満ちている。充ち満ちた気配ゆえに、三人は——気がつくと観客たちも——仲違いで応酬される言葉をスルーしている。言葉をスルーし、気配に開かれる構えは、ドラン監督の作品の全てに一貫する。

象徴界未然の想像界で展開される「言葉にならない戯れ」を観察した観客（治療者）は、三人（患者）が「話せる」ことを——社会復帰を——望みつつ望んでいないらしい気配を触知し、その気配に感染することで、「彼らの社会復帰を望みつつ望まない観客（治療者）自身」に気づく。

だが「社会を生きる＝象徴界を生きる」ことが綺麗ごとではないように「言葉以前の人の戯れを生きる＝想像界を生きる」ことも綺麗ごとでは済まない。だからラカンは、想像界の二者関係に「父の名」が介入することで、遠隔への欲望が生まれ、象徴界への参入が起こると言う。

彼は、想像界の鏡像的な二者関係のリスクについて、感情の過剰な相互投影が攻撃性を増幅する点にあると見る。『Mommy』で言えば、ＡＤＨＤ少年の暴力性発露がそれだ。ネックレスを万引きし母にプレゼントした少年は、母に返品を命じられて癇癪を起こすだろう。

そうした関係は不安定で、映画でも首締めとして描かれたように、殺人に到りかねない。だから、やかて母に好意を寄せる近隣の男が「父の名＝象徴界をもたらす者」として登場しよう。男性が弁護士という法に関わる職業であることが暗喩的だ（症例エメとの呼応）。だが、法的措置によって完全治癒を迎えた自罰性パラノイアのエメと違って、ＡＤＨＤ少年は法をもたらそうとする男性をけんもほろろに遺棄する。それが可能なのは、不安定な母子関係を緩和する吃音の隣人の存在によって、想像的関係が幾分かは安定させられるからだ。

ラストシーンの両義性は何を意味するか

だが、通常予想されるように、それでもやはり、象徴的なものを拒絶した、想像的なもののパラダイスは、長続きできない。母親は、社会を生きていくために必要不可欠な労働を確保するべく、ＡＤＨＤ少年を「Ｓ14法」に基づき、矯正施設に預けようとすることだろう。吃音の隣人も、彼を矯正施設に預ける騒動に加担した後、パラダイス終焉を待っていたかのように夫の仕事で転居しよう。「社会にはもう希望は残されていない」（映画の台詞）にも拘わらず、「それでも社会を生きねばならぬ」という断念ゆえに、母親は号泣を堪えるだろう。「それでも社会を生きねばならぬ」。映画は当然そこで終わると予期される。だが映画は予想外のエンディングを迎える。施設から母の留守電に「それでも社会を生きねばならぬ」事情を弁えているというメッセージを残した後、少年は法＝父の名に背いて施設を脱走して、映画が終わる。

この唐突な脱走劇が、得も言われぬカタルシスをもたらす。母も吃音隣人も社会回帰を決意した。この集合的な決意に自分を連ならせてくれた母にADHD少年が感謝して終わる——。かと思いきや、「誰がこんなクソ社会に回帰するものか」とばかりに少年が脱走するからである。

少年は母の元に向かうだろう。先に述べたように、治療は社会復帰するためになされる。そこには社会を生きられることはいいことだとの前提がある。この前提に立てないならば、患者も治療者も「話せない」に留まりたい思いや「治したくない」思いを抑圧する必要はない。「誰がこんなクソ社会に回帰するものか」。不安定であれ、一瞬の夢で終わるのであれ、社会を生きるための確かな自我の確立を放棄して、エロス的な想像的戯れに命をかけよう。養護施設から脱走する少年の後ろ姿に、色と音とリズムのパラダイスの記憶が甦るだろう。

言葉と気配の矛盾が招き寄せる精神の病理

デビュー作『マイ・マザー』が、《母を罰し》、母子関係＝想像的二者関係を断念して卒業することで母を赦すに到る古典的モチーフだったとすれば、一転して『Mommy』はドランによって罰された《母の仇を取ろう》と、断念を撤回して、想像的二者関係に再帰的に向かう。《》内はドランがインタビューで二つの映画を比べて答えた劇場パンフレット19頁の言葉だ。彼は転向の《理由は聞かないで欲しい》と言う。個人的な理由には僕も関心がない。だが、抽象的な思考の水準で必然性を考えられる。その必然性は僕自身をも捉えて離さない。

ドラン作品は、言葉を回避し、気配だけでモチーフを構成する。その点、『胸騒ぎの恋人』（2010年）と『トム・アット・ア・ファーム』（2013年）は、かたや胸キュン映画、かたや心理サスペンス映画と一見対照的だが、言葉の回避と、気配への傾斜に於いて傑出する。

脚本をどう書いているのか見当もつかない。言葉にできない想いや、言葉にならない気配など、想像的なもの（＝体験質的なもの）で、溢れている。ドランは母親との関係を通して想像的なものへの異常な敏感さを獲得したのだと推測するしかない。

グレゴリー・ベイトソンがダブルバインド理論で明らかにした通り、子供と母親とのコミュニケーションに於て、身体から漂う気配とは矛盾する言葉が、子供を統合失調に導く。この場合、想像界を無視した、リテラルな言葉（象徴界）への異常な固執が、統合失調を導く。

想像界との矛盾を見ないことにするべく、象徴界への異常な固執によって、相手の言葉の部分部分にリテラルに反応するので、換喩的（尻取り的）コミニケーションになる。この場合、母親の気配が否定的、言葉が肯定的、という非対称性が、前提になっている。

言葉（テキスト）が肯定的なので、言葉に固執すれば、気配からなる文脈（コンテキスト）の否定性を見ないでいられるからだ。典型的には、母親が、本当は子供が憎いのに、言葉では「愛しているからこっちに来なさい」と言うような場合だ。子供は、文脈を無視して言葉にすがる。

言葉と気配の矛盾が切り開くもう一つの道

かかる事態を、ラカンは「記号の欠落」として記述する。「記号の欠落」とは、他者が自分に対して敵意を持たないことの証明が欠落すること。ベイトソンの例で言えば、母親の「言葉」と「内心」の一致を保証する記号の欠落ゆえに、真意を際限なく疑える状態に当たる。「気配に矛盾する言葉」への懐疑は、言語ゲームの履歴を背景に、言葉を信じることでやり過ごされる。信じることが度を越して叶わないと精神病理が顕在化する。信じられれば現実界の微細な差異に振り回されずに、ホメオスタシスを保てる。そのために象徴界があるのだ。

さてベイトソンの記述方式は、非対称性が逆だったらどうかと想像させる。典型的には、母親が反社会的で反規範的な生活を送るがゆえに、学校などで社会規範に適応しようとする子供を罵倒するものの、子供を愛していることが気配として時折伝わるような場合である。

母と息子との間の口汚い罵り合いに満ちた、ドラン監督のデビュー作『マイ・マザー』は、ドランと母親との関係がそうしたものであった可能性を示唆しよう。実はこれは僕も同じだった。母が存命中、妻が腰を抜かすほど、僕と母とはいつも口汚く罵り合ってきた。

畢竟、ドランも僕も言葉をスルーするようになった。ドラン作品では、作品世界が等身大の半径五メートルに限定されてきたため、象徴界否認＝父不在が、反社会性を含意しない範囲で纏められる。ところが『Mommy』で初めて等身大領域と遠隔領域の関係が主題化された。

遠隔領域とは象徴界を背負って生きる社会のこと。クソ社会ぶりに思いを致すとき、社会から見ればどんなにトラブルに満ちていようとも、想像的な鏡像的二者関係が与えるエロス的な情動の眩暈を手放せない。そう。クソ社会で死なないための一瞬の夢だ。

『彷徨える河』

世界からの原的な贈与を描き出す

発情期の不在が要求する言語的制御装置

誰もがよく知るようにヒトは過剰な存在だ。そのことは発情期の欠落によって表象されてきた。捕食に抗う繁殖戦略を採る齧歯類を除けば、類人猿を含めて常時発情可能な哺乳類はヒトだけだ。そのためにヒトの社会は固有な言語的観念（法）を持たねばならなくなった。

典型的には猥褻観念だ。猥褻観念は、所謂「法律」が存在しない部族段階の先住民社会にも例外なくある。猥褻観念の機能は、社会空間を性的空間と非性的空間に直和分割する。こうした空間分割をなし得なかった社会が例外なく淘汰されてきたということを意味しよう。

社会空間を性的／非性的空間に直和分割する作法のヴァリエーションがインセスト（近親姦）の観念である。猥褻観念にせよインセスト観念にせよ言語的なもの（法）だから、禁止は違背を地平に含意せざるを得ない。ゆえに分割のタブーを侵犯する営みが享楽を体験させてきた。

抽象的にはこう概念化されてきた。動物には本能がある。本能はエネルギーとプロトコルの組み合せだ。ヒトには本能がない。あるのはプロトコルを欠いたエネルギーだ。フロイトが「欲動」と呼んだ。プロトコルは習得的プログラムとして後天的にインストールされる他ない。

習得的プログラムは言語的に構成される。社会に準拠する場合は「法」と呼ばれ、パーソンに準拠する場合は「無意識」と呼ばれる。猥褻やインセストを禁じるのは法だ。法は言語的だ。うたは悲しい歌を聴けば悲しくなるが、悲しいという言語が与えられても悲しくはならない。だから法は必ず社会的圧力を必ず伴う＝人々は「誰もが法に従うことを前提に振舞っていること」「違背に対しては貫徹に向けた表出が行われること」を言語的に予期する。とすれば、法は裏の法を必ず伴う＝禁止の命令は侵犯の享楽を伴う。この機制が「超自我」には伴う。

欲動の過剰さが要求する神話的な思考

欲動という過剰さは、法のみならず、神話的思考をも社会に随伴させてきた。ＮＨＫスペシャル「ヤノマミ　奥アマゾン　原初の森に生きる」（２００９年）が描き出す風習が典型的だ。そこでは赤子が生まれても直ちには人として認められない。生まれた段階では赤子は精霊である。赤子を産んだ母親は人々が見守る中で育てるか否かを決める。育てないと決めたら、葉に包んで白蟻に食べさせ、巣ごと焼き払って天（精霊たちからなるクラウド）に送る。精霊たちのクラウドから、精霊としての赤子がやって来て、人とならずに精霊のまま帰って行くのだ。

現在の人類学は、「人は精霊として生まれ、母に抱かれることで人になる」に類する観念が古来普遍的だったと考えている。「母が抱かない限り、人とはならない」に類する観念が何万年もの間、普遍的だったということ。なぜか。性愛の過剰が全ての出発点だと考えられる。

高等猿類の中でも唯一発情期を欠いたヒトは、繁殖に必要であるよりも、何十倍も何百倍もの性交し続けてきた。それゆえ一万年前から順次始まった定住に、遙かに先立つ遊動段階から、ヒトは絶えず間引きを行なって来た。その事実は、全く疑いようもないことである。

この定常的・日常的な間引きを、しかしパーソンの秩序（心）や社会の秩序（法）と両立可能な形で包摂しなければならない。そこに神話的思考が――中沢新一がいう「対称性の哲学」が――蝟集する。この機能的メカニズムが、ヒトの文明をここまで存続させてきたのだ。

間引きは、快楽のための性愛の過剰さゆえに、定常的になされる必要があった。古くからヒトは、そのことをよく理解していた。猥褻やインセストの観念がそれを示す。性愛の過剰なくしては、家族の社会関係も、法的タブーも、ひいては文明もあり得なかった。

普遍的枠組と普遍的事態を両立させる装置

定住に先立つ遊動段階から間引きを続け、そのために精霊に関わる神話的思考が言語的に動員されてきた。だから、歴史的順序から見て、精霊に関わる神話的思考は、全ての法に先立つ元型的なものだと考えるしかない。法は、後からこれに整合するように構成されたのだ。

「仲間を殺すな」「仲間のために殺せ」という枠組も、定住に先立つ遊動段階から、間違いなく普遍的だった。さもなければバンド（クラン）を形成して移動できない。だから、これらの枠組も全ての法に先立つ元型的なものだ。これも精霊に関わる神話的思考の一部だったろう。

「仲間を殺すな」「仲間のために殺せ」が普遍的枠組だとすれば、この例外なき枠組を前提として、約4万年前に始まったとされる言語を過剰利用して、性愛過剰という普遍的事態と両立させる他ない。かくて「仲間」と「仲間でない存在」の中間領域に、精霊の観念が樹立された。精霊は、言語的な白と黒の二分法では片付けられない言語以前的なもの（呪われた部分）を収容する。全体性のバランスを志向する対称性の哲学に、必須の構成要素である。かかる神話的思考をリアルに思念できる文脈を保持できるか否かも、社会の淘汰要因になったろう。

共通の経験か、枠組と現実の両立可能性か

なぜ数多の神話には共通の神話素があり、それが我々の（集合的＝社会的）無意識を形づくる元型となるのか。ユングは「共通経験」という言い方をするが、ラカンを踏まえて精密に言えば、枠組と現実の両立可能性という現実界の条件が、事態を方向づけたと考えられる。

因みに中絶の問題は、こうした人類学的思考を遡ることなしには不毛さを脱せられない。性愛の過剰は何万年間も間引きを常態化してきた。それが「仲間殺し」に該当するのならば、法は法であり得なくなる。だから「精霊」という神話的思考がどこでも必要とされてきた。

しかし、我々が大規模定住社会化によってこの種の精霊概念を樹立できなくなって久しい。プロチョイス（中絶賛成）／プロライフ（中絶反対）の不毛な二項図式や、胎内のどの段階から人間なのかといった不毛な線引きは、精霊概念をキャンセルしたことに由来する必然だ。

社会の近代化に伴って女は「子育て機械」に貶められがちになったが、それ以前の長い歴史

では、子育ても人生だったが、過剰な性愛も人生だった。なのに、家父長制（妻も娘も男の持ち物！）的な「見たくないものを見ない」作法で、特に女の過剰な性愛が抑圧されてきた。

深い性愛は、過剰な性交と表裏一体である。確実な避妊法へのアクセスが妨げられている程度に応じて、家父長制的な近代社会では、当事者らが精霊概念をシェアできるか否かによって、深い性愛──過剰な性交──の機会が多少なりとも左右されてきた。それを忘れてはならない。

子供に見出される神話的思考の祖型

子供を観察すると、神話的思考と呼べる祖型を見出せる。七月に誕生日を迎えた（２０１６年段階）三歳の男児は結婚写真を見て、妻に対し「何で僕に言わないで結婚してるの？」と怒り狂い、生まれる前の家族写真を見て、「何で勝手にディズニーランド行ってるの？」と叫んだ。眺めていると、「精霊界（精霊達が集うクラウド）から僕が降りてくる前に、勝手に結婚するな、勝手に遊園地に行くな」と怒っているように見える。写真こそなけれ、遊動段階の人々も、子供を見て同様な体験をしていたに違いない。精霊を巡る神話的思考と両立する体験だ。

ラカン的には、これも現実界に属する符合だ。世界（現実界）は直接与えられず、世界体験（想像界）として与えられるが、世界を世界体験に変換する関数が言語（象徴界）に媒介されたパーソンと社会の作動だ。だから何と何が両立するかは象徴界ならぬ現実界の問題だ。

ここに、前述したユングとラカンの思考図式の違いが現れる。ユングは、神話素や元型の由来を、過去の共通する集合的（社会的）経験に遡る。これに対してラカンは、常に現時点における現実界からの要求が、神話素や元型に相当する体験の形式を支えているはずだと考えた。

フロイトとシュタイナーの共通性

一方、1860年前後に生まれて19世紀末から活躍する、完全な同時代人であるフロイトとルドルフ・シュタイナーには、重大な共通性がある。言語の自動機械的な自己運動に、人間が駆動されがちな事態を、カントの自由意志論的な意味で、強く嫌悪していることだ。

カントの自由意志論はアリストテレスのパトス論の伝統上にある。パトスpathosというと感情（ペーッス）が取り沙汰されるが、元来は「降り掛かるもの」というギリシア語。天災と同じく感情passionも降り掛かるので、感情の赴くままに振る舞うことは受動的passiveなのだ。だからカントは禁欲を奨励する。欲望への抵抗が能動的activeだからだ。帝国主義的拡張競争に伴う人類学の時代である19世紀末から活動したフロイトもシュタイナーも、言語的自己運動に駆動される事態を自動機械automatonとして嫌悪し、そこからの自由を目指した。

フロイトは、言語的自動運動に駆動される事態を無意識に見出す。シュタイナーは同じ事態を、臨界年齢前に高次感覚（感情的に深く世界を体験する能力）を習得せずに言語能力を身につけることに見出した。両者は共通して言語プログラムに駆動される自動機械を見たのだ。

だからラカンはフロイトを評価する。カント⇓フロイト⇓ラカンという系譜上で、自由意志論のラディカル化としてラカンを評価したのが、アレンカ・ジュパンチッチだ。スロベニアの精神分析学者で、著作『リアルの倫理　カントとラカン』（原著1995年）で広く知られた。

フロイトとシュタイナーの差異とユング

他方、フロイトとシュタイナーの差異がユングを生み出した。シュタイナーの言う高次感覚とは世界の得体の知れなさに開かれることだ。社会の外側からの原始的な贈与――世界からの訪れ――を触知する力である。つまりフィジオクラティック（重農主義的）な構えを意味する。

それゆえにシュタイナーの神智学（人智学を自称）は、社会の外側から訪れる者たちの棲まう場――精霊たちからなるクラウド――に開かれている。フロイトには高次感覚に相当する概念がなく、従って論理必然性的に、フィジオクラティックな構えを推奨するような意趣に乏しい。

二人の落差を埋めるのが、世界体験の共通形式を巡る神話素や元型についてのユングの議論だ。彼は、近代における言語的に自己運動する暴走機械からの自由を、世界体験の共通形式に求めた。因みにラカンにとっては、世界体験の共通形式もまた言語的自動機械の一部をなす。

こうしたシュタイナー＝ユング的な思考に沿った映画が、シーロ・ゲーラ監督『彷徨える河』（2015年）である。シュタイナー＝ユング的な思考が、言語的自動機械との関わりで、どんな体験を推奨するのかを見積もるためにも、本作を凝視する必要がある。

言語以前的な夢を見ることができるか？

アマゾン流域のジャングル奥深くで、侵略者によって滅ぼされた先住民コイワノ族の唯一の生き残りである若きカラマカテは、流浪者として他者と交わらずに孤独に生きてきた。ある日、呪術を操る彼を頼って、重い病に侵されたドイツ人の民族学者がやってくる。

白人嫌いのカラマカテは一度は治療を拒むが、病を治す唯一の手段、幻の植物ヤクルナを求め、カヌーで上流へと漕ぎ出す。数十年後、老いて記憶や感情と失ったカラマカテは、ヤクルナを求める米国人の植物学者と出会い、再び旅に出るが、やがて記憶と感情を取り戻す。

本作は、20世紀初頭から数十年の時を挟んで流域を探査した二人の人類学者、テオドール・コッホ＝グリュンベルク（劇中ではテオ）と、リチャード・エヴァンズ・シュルテス（劇中ではエヴァン）の、手記を元にした物語だが、本作のキーワードは「夢」である。

自らが言語プログラムに駆動された自動機械に過ぎない事実に気づいた者は、何を手掛りに前に進むべきか。言語プログラムに駆動されない感情の働きである。だが近代社会を生きる我々は、感情の大半が言語プログラムに規定されている。言語が感情を生み出しているのだ。

本作では、言語に駆動されない感情を「夢」と呼ぶ。二人目の植物学者エヴァンは夢を見なくなった男という設定だ。時代が下るにつれて人が夢を見なくなることの喩だ。ただ、ここで言う夢は、僕らが見るような「事柄についての夢」ではない。「元型に関する夢」である。

カラマカテは一貫して、言語に駆動されない夢を見よとを推奨し、そしてそれが不可能になったことを「全てを忘れた」という意味で表現する。ただ、かつて見た夢に出てきたイメージの形だけは覚えており、それを崖面に描きつけるものの、「全てを忘れた」ので感情が生じない。言葉を全て放棄した時、世界からの原的な贈与を精霊であれ何であれゴロッとした実体として感受して運動し続けられるかどうか。世界の得体の知れなさに開かれるとはそういうことだ、という論理形式だけが示される。現にそのように生きる者たちがいる以上そうなのだと。

分かりやすい逸話がある。エヴァンが最後まで拘った所持品が蓄音機だった。彼が交響曲のレコードを聴かせるとき、僕らはカラマカテと共に事態を洞察しよう。世界「自体が」音楽として体験されているカラマカテには、世界「の中で」音楽を聴く営みは不毛なのだ。

『ハイ・ライズ』

子宮回帰と乱痴気騒ぎのどちらが楽園なのか

テクノロジーは人間を解放するのでなく解体する

ヘルベルト・マルクーゼという、僕の世代には馴染み深い思想家がいる。全体主義を研究するフランクフルト社会研究所の一員で、「新左翼の父」とも呼ばれ、テクノロジーを通じた人類の解放を構想したことで、年長の世代にはよく知られていよう。

ジェームズ・G・バラードはマルクーゼ理論の影響下にある。初期バラードの「破滅三部作」は、アーサー・C・クラークにも似た「子宮回帰」願望を掲げたが、これは通俗的に誤解されたマルクーゼ理論を体現する。だが、やがてバラードはマルクーゼの正しい理解に到った。

究極の解放を求めたマルクーゼは、人間が「人間だから」不自由なのではないかと見た。だから彼の最終テーゼは、「テクノロジーが人間を（不自由や負担から）『解放』する」のではなく「テクノロジーが（自由や負担免除を求める）人間を『解体』する」というものだ。

こうした異様とも言える見解は、「未来の技術が、人から不自由を免除する」というテクノロジストの見立て＝１９５０年代ＳＦ＝米国ＳＦとは異なり、「未来の技術が、人が人でなくなることを許容する」という１９６０年代ＳＦ＝英国ＳＦの流れへと流れ込んでいる。

とはいえ、英国人クラークの「没個体＝全体融合」のイメージとは区別される。それだと「人類補完計画」的な「子宮回帰」の予定調和へと堕する。ちなみにマルクーゼは当初、米国的な自由礼賛主義者だと誤解されたが、その後は「子宮回帰」論者だと誤解されてしまった。

実際のマルクーゼは、〈贈与〉と〈過剰〉が織り成すカオスモス（ニーチェ）をこそ待望した。テクノロジーが、負担免除を通じて人間を「解放」する代わりに、テクノロジーが人間から生のバランスを免除することによって、人間を「解体」するのである。

ここには、ユートピア（子宮）でなくディスユートピア（渾沌）でこそ社会ならぬ世界を濃密に体験できるはずだ、ヒトはもともとそうだったはずだ、という洞察を見出せる。このマルクーゼのテーゼをSF作品にしたのがバラード中期三部作（テクノロジー三部作）だ。

破滅三部作で、ただ一作だけ異質な『結晶世界』

前期三部作は、「破滅三部作」とも呼ばれてきた。『沈んだ世界』（62）『燃える世界』（64）『結晶世界』（66）で、「終末世界もの」というSFジャンルの意味合いを完全に変えてしまった。その全てが、終末世界での世界体験の変容を主題としている。

バラードが告白する通り、『沈んだ世界』は、大岡昇平の『野火』（52）からモチーフを借りている。そのモチーフは、終末三部作の全てに少しずつ変形を加えられて適用される。共通して、終末世界において人々の世界体験に何が生じるかを思考実験している。

九割以上の兵士（八万人）が死んだレイテ戦を舞台にする『野火』は、破滅郷での世界感覚の変容を描く。主人公には普段見えないものが見え、普段聞こえないものが聞こえる。生じるはずの感覚は生じず、生じないはずの感覚が生じる。そのことを野火や十字架の幻視が示す。

肺結核で野戦病院を追い出され、原隊復帰も禁じられた田村一等兵は、ゲリラの襲撃を恐れつつジャングルを彷徨う。愚劣な作戦で犠牲になる同胞。死はもはや観念ではなく目の前の映像だ。見渡すと遠くあちこちに野火が見える。ある日、田村の目に地平線の十字架が映じる。

近づけば無人の廃屋。そこで偶発的に現地娘を殺害、再びジャングルを徘徊する。病院の戦友に出会うと猿の乾肉をくれる。人肉だった。戦友は自分も喰らおうとしているのか。田村は戦友を殺す。今の田村は精神病院で幻影を見る日々だ。戦友を喰らったのかは定かではない。

日常生活の中で終末世界の到来が目前に迫ればパニックになりもする。だが永久に続く終末世界の中を生きる者にとってそれは「過去の話」だ。『野火』やハリウッド映画の「ベトナム帰還兵もの」が示すように、むしろ日常生活への帰還こそが狂気を呼び寄せるのだ。

『結晶世界』も終末世界からの帰還をモチーフとする。人妻を追ってアフリカのマタール港にやって来た癩病院副院長サンダース。人妻のいる川の上流への道は閉鎖されていた。翌日、4日は水に浸かっていたのに温もりが残る片腕が水晶化した死体が打ち上げられる。

上流の森で結晶化が始まっていたのだ。サンダースは、結晶化が地球だけでなく全宇宙規模で進む不可逆な現象であることを見抜く。地球もいずれ結晶化し尽くすだろう。これは何かの罰なのか。ところが自ら進んで結晶の森に入って結晶化したがる同僚らが出て来た。

サンダースはやがて動機を理解する。ビッグバンが時間の始まりなのとは逆に、結晶化とは時間の終焉だ。彼らは時間から解放されたがっていたのだろう。だがサンダースはただ一人「帰還」を決意する。残された時間を平板な日常の中で耐える選択をして、川を下る。

この小説では、サンダース以外の者たちは終末に適応した結果、終末を前提としない日常生活に帰還できなくなる。サンダース一人、終末への適応を「先送り」する。だが、終末を恐れるからではない。彼の世界感覚も既にすっかり変容している。だったらなぜなのか。

「敢えてする帰還」は、『結晶世界』を、『野火』の直接的影響下にある『沈んだ世界』と『燃える世界』から際立たせる。破滅を意識するから日常を敢えて生きる――。中期・後期バラードに繫がるモチーフとしても極めて重大だが、その意味については後述する。

精神科医だったバラードは、未来についての想像力欠如への批判をSF活動の出発点とした。未来になり（あるいは終末になり）、世界が大きく変容しているのに、登場人物たちの世界体験は依然過去のまま。あり得ない。世界が変われば世界体験も変わる。それを描けと彼は言う。

バラードは世界を「外宇宙」、世界体験を「内宇宙」と呼ぶ。「外宇宙から内宇宙へ」。「世界から世界体験へ」。彼によれば、不易に見える日常感覚も、現実が一定の振幅内にたまたま収まっているがゆえのもの。僕らの世界体験のポテンシャリティをそこからは伺い知れない。

田村がレイテのジャングルを徘徊するように、サンダースは結晶化したジャングルを徘徊する。田村もサンダースも、終末の色濃いジャングルの中で、影絵のような人間模様を目撃する。

田村はベルグソン哲学を思い出し、サンダースは日常の意味を哲学的に思考する。だが『野火』の帰還した田村が「レイテのジャングル」を夢想し、『沈んだ世界』の生物学者ケランズが水没した「南」を目指し、『結晶世界』の他の登場人物が「結晶化した森」を目指すのとは対照的に、サンダースだけは日常世界への帰還を選ぶ。なぜか。

『結晶世界』には『沈んだ世界』『燃える世界』と違って、三文小説的な三角関係や嫉妬模様が敢えて描かれる。何ということもない三文小説的な人間模様も、世界がこれで終わるという感覚を背景にしたとき、全く違った輪郭と色合いを帯びて立ち現れて来るからだ。

三文小説的な人間模様。どこにでもある凡庸な話。そこでは誰もが「入替可能な存在」として現れている。だが「世界の終わり」を前にすると、三文小説的な人間模様が「入替可能さ」ゆえにこそ、むしろ掛け替えのない「入替不能なもの」として現れるのである。

始源とは「子宮回帰」か「乱痴気騒ぎ」か

『野火』で帰還した田村が「レイテのジャングル」を夢想し、『沈んだ世界』で生物学者ケランズが水没した「南」を目指し、『結晶世界』の他の登場人物が「結晶化した森」を目指すのは、端的な「子宮回帰」だ。初期三部作が「子宮回帰モチーフ」と称される所以である。

だが『結晶世界』だけがやや異質である。そこでは、「子宮回帰」自体ではなく、全てが「子宮回帰」に向かうことを予感した者たちが、欲望のままに振る舞うことで織り成す渾沌――結晶の森での性愛模様――が、たとえ陳腐であれ、否、陳腐だからこそ、輝きとして描かれる。

「子宮回帰」が調和の中でのまどろみのイメージであるのに対し、「三文小説」は渾沌の中での乱痴気騒ぎのイメージに近づく。敢えて「始源」という言葉を使えば、どちらが始源なのか。個体発生的には「子宮回帰」だろうが、系統発生的には「乱痴気騒ぎ」ではないのか。

マルクーゼは「乱痴気騒ぎ」を志向していたが、「子宮回帰」であると誤解されてきた。この「誤解されたマルクーゼ＝子宮回帰」から「正しく理解されたマルクーゼ＝乱痴気騒ぎ」へのシフト。それこそがバラードの初期三部作から中期三部作へのシフトに当たる。

中期三部作の中でも、『コンクリートアイランド』（1974年）『クラッシュ』（1973年）と違い、『ハイ・ライズ』（1975年）には社会への言及が満ちている。そこでは、人がプログラムによって操縦されて初めて成り立つ社会の秩序が、明確に批判されている。

そこにはフロイトと人類学の知見が導入されている。いわく、言語プログラム（法）によって制御された定住社会の交換バランスの中に、居住まい正しく棲まうことで、ヒトは否定のエネルギー（破壊の欲動）を無意識に溜め込む。ヒトはそのように暮らして来なかったからだ。

ヒトの祖先がネアンデルタール人と分岐して60〜70万年経つが、やっと4万年前に「うた」と区別された「言語」を獲得、1万年前から順次定住段階に達して〈贈与〉ならぬ〈交換〉の原理を獲得し、紀元前3300年頃に書き言葉（エクリチュール）と共に今日的な法を得た。

ヒトが、法と超自我（無意識の否定性）からなる「嫌よ嫌よも好きのうち（＝侵犯による享楽）」的な二重性を生き始めたのは、それ以降の話だ。僕らは「安心・安全・便利・快適」な〈交換〉を生きることで、むしろ逆に〈贈与〉と〈剝奪〉からなる過剰を夢想するようになった。

うたと異なる言語の獲得が高々4万年前である事実は、ここ10年の分子考古学が明らかにしたものだが、言語プログラムによる無意識の抑圧と二重生活の開始は、フロイトが20世紀初頭に既に洞察していた。マルクーゼ（とそれを承けたバラード）はフロイトの洞察を踏まえる。

精神科医バラードの原作に含まれるこうした洞察を、映画『ハイ・ライズ』（２０１５年）は見事に映像化した。地獄の渾沌を経てポリアモリー（共有愛）が実現した高層マンションのラストシーン。主人公ロバート・ラングに以下のナレーションが被る。

《ラングは……新しい家族を得たことを感謝した。生まれて初めて家族の一員になれた……。皆を降伏させよう、道理より強力な理論に。……全てが平常に戻った今、ラングはパーティを開く。……二つめのタワー開発が失敗するのを待とう。住人をこの新世界へ歓迎するのだ》。

ここで言及されている「強力な理論」とは何か。「テクノロジーは、テクノロジーによって幸せになるような人間を解体し、渾沌を呼び寄せることで、人間を解放する」という、フロイトの精神分析学を踏まえたマルクーゼの理論のことである。

テクノロジーが中途半端に可能にした「安全・便利・快適」ゆえに、ヒトの無意識に深く根ざした性愛の営みに於いてすらリスクがとれなくなった、昨今のセキュリティ社会。そんなクソ社会を生きる今日の僕らが、何を置いても《降伏》するべき理論ではないのか。

原作は１９７５年だが、映画の舞台も１９７５年だ。スティーヴン・スピルバーグ監督『キャッチ・ミー・イフ・ユー・キャン』（２００２年）と同様、当時のテクニカラーの色がデジタルに再現されている。そのことで逆に時代不明な――時代を超えた――悪夢感が醸し出されてる。

『東京無国籍少女』（前編）

まどろみから覚醒し、戦闘態勢で生きよ

押井守監督の実写作品『東京無国籍少女』(2015年)に驚かされた者が少なくないだろう。一見するとそこには「平和惚けから覚醒して、周辺国に対する戦闘態勢に入れ」というメッセージと、それを支援する映像的強度がある。

安倍晋三の「戦後レジームからの脱却」とのシンクロを見出す人々もいよう。だが違う。どこが違うのか。結論から言えば、作品を社会に引きつけて体験するか、実存に引きつけて体験するか、の差異に注目することで答えが見つかる。それを前後編に分けて考察する。

北方領土を巡るロシアとの戦闘

舞台はとある全寮制の女子美術高。天才児として特別待遇を受けていた主人公は或る事件によるPTSDで心を閉ざした。学校側の期待を余所に、まどろみつつ謎のオブジェの制作に勤しむ日々。後半で明らかになるが、事件とは学校に侵入したロシア兵によるレイプだ。

主人公は生徒や教師と軋轢を生じつつ、講堂に寝泊りしてオブジェ制作に励む。彼女の面倒を見る保健教師は、眠れないと訴える彼女に睡眠薬と偽りビタミン剤を渡す。「あの子をこれ以上眠らせる必要はないわ」という台詞が意味深い。それが〈覚醒〉の予兆となる。

学校は地震とヘリコプター音に頻繁に襲われるが、オチを暗示する。そんな学校で、生徒らは「知恵と戦いの女神」アテナ像をデッサンするが、主要モチーフを暗示する。ホッブズ『リヴァイアサン』を読むモデルの裸婦が登場するが、これも主要モチーフに関連する。周囲の同級生らは特別扱いされる主人公をやっかんでイジメるが、やがてリーダー格のストールを巻いた少女が「もう彼女は私たちの手に負えなくなってしまった」と呟くに到る。この台詞もまたやがて訪れる主人公の〈覚醒〉を暗示する重要なものとなる。

途中、肉体関係を迫る美術教師の首に主人公がパレットで斬りつけるが、後に続くシーンでは教師の傷跡が消え、主人公が幻覚症状を生きていることが示される。彼女には何カ月も生理がないが、後の生理回復との兼ね合いで、これは〈覚醒前〉であることの暗示だ。

食事をしないのだから生理がないのは当然だと保健教師が手渡す食料は全てロシア製で、この学園の異常ぶりが観客に明らかになって来る。校舎内の階段を見知らぬ少女が擦れ違いざまに「なぜお前はここにいるのか」と呟く。これが後の主人公の台詞の伏線になる。

深夜のプールで一心不乱に泳ぐ主人公の背中に丸く爛れた二つの焼痕が浮かぶ。やがて彼女は謎のオブジェを完成させる。それは戦闘用ヘリコプターだった。完成に伴って何かを回復したらしい彼女は、先の問い（なぜお前はここにいるのか）に「私は兵だ」と答える。

授業中の学園を地震が襲う。今度は巨大だ。ざわめく教室。慄然として動かない主人公の足下に経血が滴る。〈覚醒〉の暗示。教室を飛び出した彼女が向かったのは、かつて自分がロシア兵に犯された美術室。そこには二人の兵士に強姦されようとする自分の姿があった。

ここから激しいガンアクションが展開する。美術室で鉢合わせた「二人の主人公」は同化して兵士二人を射殺。学園に進入するロシア兵らも次々撃退する。元の教室に辿り着くと、窓の外には戦闘用ヘリ。兵の死体からランチャーをもぎ取った主人公はヘリを撃墜する。

衝撃で教室が大破する。そこからがオチ。目覚めると保健教師が主人公の脈をとる。そこは講堂。先ほどとは様子が違う。軍の施設だった。主人公は傷ついた戦闘員。保健教師は軍医。学園教師らは軍上層部。戦闘相手が揚げる旗は赤字に星。どうも敵はロシアらしい。

北方領土を巡る紛争か。まだ早いとの制止を振り切って主人公は戦闘に復帰。乗り込んだ戦車には彼女をイジメていた同級生らがいて、彼女を迎え入れると、主人公の顔に初めて笑みが浮かび、ジ・エンド。

戦後という夢の終わりを告げる

既に紹介した通り、暗喩の数々はクリアだ。映画が始まって程なく、地震頻発の演出から「これは日本についての話だ」と分かる。震災後に自閉傾向の拍車がかかった日本人への批判なのか。だが、やがて日本の戦後70年に向けられた批判だと分かってくる。

戦前戦後の断絶を自明視して惰眠を貪る日本人。「夢の綻び」(だと後で分かること)として描かれる事物が暗喩的だ。背中の二つの焼痕は二度の原爆。『リヴァイアサン』と言えば「万人の万人に対する闘争」。世界には戦前も戦後もない。「ひたすら戦中」だと暗喩される。

その上で、保健教師が「あの子をこれ以上眠らせる必要はないわ」と語り、同級生が「もう彼女は私たちの手には負えなくなってしまった」と語る。そして、やがて主人公の分身だと分かる謎の少女からの「なぜお前はここにいるのか」の問いに、「私は兵だ」と答える。

全てが〈覚醒前〉から〈覚醒〉へのシフトを暗示する。それを踏まえれば、講堂のオブジェは「日本人が忘れようと努めてきた記憶」を暗喩、頻発する地震は東日本大震災に象徴される「九条平和主義で繁栄する日本という夢の終わり」を暗喩することが明らかだろう。

思えば、２０１５年のヴェネチアビエンナーレでは各国ともポリティカルアートが満載だった。前回（２０１３年）のアウトサイダーアートから一転。世界は再びアンガージュマンを要求する政治の季節を迎えた。日本が世界からズレていることを誰もが皮膚で感覚し始めた。

日本でも状況が変わりつつある。多くが各々の形で政治に関わろうとし始めている。多くはネトウヨないしウヨ豚に象徴される見当外れのものだが、震災が日本人に「夢の終わり」を告げる目覚まし時計の役割を果たした可能性を、僕は否定できない。

本作はタイムリーに「夢の終わり」を告げる。思えば押井守は「夢」を扱い続けてきた。『うる星やつら２ビューティフル・ドリーマー』（１９８４年）『スカイ・クロラ』（２００８年）そして本作。押井守による「ドリーマー三部作」の完結編だと見做せる。詳述しよう。

三部作のいずれも「夢」を学校生活（『スカイ・クロラ』は寮生活）に模して描くが、描き方は変化してきた。『ビューティフル・ドリーマー』が描くのは「終わらない学園祭前夜」の文字通り「美しい夢」。だが本作の「夢」はもはや「ビューティフル・ドリーム」ではない。

「ビューティフル・ドリーム」から「ナイトメア」へ。「甘美な想像界」を描いた押井守が「想像界は地獄」と説く。この態度変更は本書が扱ってきたテーマに関連する。なぜ甘美な想像界から離脱すべきか。『コングレス未来学会議』では他者への責任が倫理を召還した。『東京無国籍少女』では、失ってはならない記憶としての歴史が倫理を召還する。記憶を失ってはならない理由を考えれば、責任概念を前提に〈覚醒〉を呼び掛けているとも言える。そこを出発点にして、もっと具体的に国際政治の地図を本作に読み込むこともできる。

例えば、主人公をイジメる同級生三人組を中国・韓国・北朝鮮と読むこともできる。ラストの武装的共闘を見ると、アジアでの信頼醸成を前提にした重武装化を説くとも読める。ＩＳ問題・安保法制・戦後70年と、国防に関心が集まる今夏に相応しい「戦争映画」だ……。

安倍晋三の妄想とどこが違うか

とまぁ社会に引きつければ、幾らでも啓発的な「戦争映画」として体験できる。だが実存に引きつければ、この「学校生活の夢」第三部は、別の体験を与える。そこでは『クレヨンしんちゃん　嵐を呼ぶモーレツ！オトナ帝国の逆襲』図式を逆転していることが考察の糸口になる。「夢を現実のように生きろ」から「現実を戦闘態勢で生きろ」へ。かつて押井の実写映画『アヴァロン』（２００１年）は「クソな現実より、マトモな夢（仮想現実）を生きよ」とあからさまに推奨していた。『ビューティフル・ドリーマー』のモチーフを反復だとも言える。

それが今回は「クソな現実を戦闘態勢で生きよ」に変わり、「夢」のまどろみが否定された。この変化は不思議なことに僕自身にも生じている。押井守と僕の相似形的な変化の背後にあるのが倫理である。前回『コングレス未来学会議』を扱った際に言及した倫理の話だ。

この倫理を敢えて平たく言えば、「誰かを本当に助けたいなら、たとえ一人であれクソな現実を生きなきゃダメだ」となる。だが同じ意味で安倍晋三も「クソな現実を戦闘態勢で生きよ」と呼び掛けている可能性がある（笑）。だから倫理と疑似倫理を分ける必要が出てくる。

多くの者は歴史認識の妥当性や国際政治認識の妥当性を以て分けたがるはずだ。安倍の無教養ぶりを嘲笑、「無教養に居直る輩に倫理的営みは無理」と告知することもできる。だが、何が妥当な教養なのかを巡る水掛け論の鍔迫り合いから、逃れるのは難しい。

だが僕の考えでは、全く別の角度から倫理と疑似倫理の分割を考察できる。本作をそうした観点から評価する方が、水掛け論を回避する意味でも望ましい。結論から言えば、その場合に最も重要な問題は「言語――概念言語――からなる社会をどう位置づけるか」だ。

引き受けつつも信じず進むとは

二つの映画作品が参考になる。一つはフィリップ・K・ディック原作、リチャード・リンクレイ監督『スキャナー・ダークリー』（2006年）。二つ目は黒沢清監督『CURE キュア』（1997年）。前者から紹介するが、ディックの世界観はいつも通り社会学的だ。

ニクラス・ルーマンの社会システム理論に「システムは問題を解決してはならない」という重要な命題がある。問題を解決したらシステムは用済みになる。システムの存続に必要なのは、問題を自ら作り出し続け、「解決」ならぬ「対処」をし続けること。かくてシステムは永続する。『スキャナー〜』は原作に沿ってこのビジョンを掲げる。こうしたシステムの自己運動に無自覚に埋め込まれているのが僕らだ。ルーマンもディックも埋め込まれを批判するが、このシステムの自己運動の外には逃げられない。とすれば、どうすればいいか。

舞台は七年後の米国。強力な麻薬「物質D」が社会問題化している。当局が有効な対策を講じない中、ニューパス社の矯正プログラムだけが成果を挙げるが、同社は麻薬産業との関係が噂される。主人公の捜査官フレッドはボブと名乗って麻薬常習者らの生活に潜入する。

だが常習者の密告で、互いの容姿を知らない上司から、ボブの監視を命じられる。やがて麻薬に溺れたフレッド（ボブ）は自己崩壊する。ニューパス社の矯正施設に収容された彼は施設内で「物質D」の原料となる花が栽培されている事実を知るが、もう外には出られない——。

ここには「自己運動するシステムと、部品に過ぎぬヒト」のモチーフがある。それが実は「学校の夢」三部作の二作目『スカイ・クロラ』とシンクロする。この作品を間に挟むと押井の変化を追尾できる。例えば、この作品はシステムの自己運動への対処法はないとする。

こんな話だ。基地に配属された優一は戦争請負会社の戦闘機操縦士。前任者は仁郎。基地には女性司令官・草薙水素がいた。同僚の土岐野は水素の噂を披露する。彼女もかつては優秀な操縦士で、その夫が仁郎だったが、その仁郎を水素が銃殺したのだと。

優一も土岐野も水素も遺伝子操作で作られた「キルドレ」、歳をとらない。安定した社会に退屈した市民向けの戦争ショーを演出する戦争請負会社で働く優一も土岐野も、昼は戦闘機に乗り、夜は洒落たレストランで飲み食いし、娼館で快楽に耽る日々を送り続ける。

エスカレートする戦争ショーで「キルドレ」の死者が増える。「キルドレ」も戦闘で死ねば終了。自分が仁郎で水素が妻だったと気づいた優一は、最強の敵ティーチャーに戦闘を挑んで死ぬ。やがて基地に後任操縦士が来た。記憶を初期化された優一の生まれ代わりだった。

ここにも「自己運動するシステムと、部品に過ぎぬヒト」のモチーフがある。その事実に気づく唯一の登場人物・水素は、『スキャナー〜』の主人公同様、為す術もなくシステムの自己運動に埋め込まれたままだ。ポイントは、システムの自己運動に如何に抗えるかだ。

想起されるのがデリダの「脱構築」。システムは概念言語（に基づく二項図式）で動く。だが概念言語を否定できない。否定すれば肯定否定の二項図式に自らハマってシステムの燃料になる。だから「概念言語の二項図式を、引き受けつつも信じず前進する」ことが推奨される。

だが「概念言語の二項図式を、引き受けつつも信じず前進する」とは具体的にどんな振る舞いか。黒沢清監督『CURE キュア』がそれを描く。それを踏まえて押井監督『東京無国籍少女』を見れば、そこに疑似倫理の回避の方途が描かれていると分かる。

『東京無国籍少女』（後編）

社会を生きるのをやめろと布教する

「私は兵だ」が全体モチーフを集約

押井守監督『東京無国籍少女』を引き続き論じる。「なぜお前はここにいるか?」「私は兵だ」の遣り取りに全体モチーフが集約されている。それは彼の作品系列を知る者には衝撃だ。即ち「覚めない夢を現実のように生きろ」から「クソな現実を臨戦態勢で生きろ」へ――。

「クソな現実より、マトモな夢を」から「クソな現実より、マトモな現実を」へのモチーフ変更。これは既に『スカイ・クロラ』で予告された。だが前編で述べた通り、「マトモな現実」への渇望が描かれるのみで、「マトモな現実」を手元に引き寄せる方途は描かれなかった。

今回は違う。「兵として現実を生きること」が方途だと断言される。映画は従来になく圧倒的で濃密な身体性に充ちている。僕にとって唐突さはない。『スカイクロラ』製作前に押井が空手を習得したように、僕も中高大時代に嗜んだ空手の修行を復活させている。

同じく自宅の防音室にドラムスセットを設置、練習を再開した。僕だけではない。院ゼミの日本人院生男女10名前後の全員が、僕が推奨した訳でもなく、武道を嗜んでいる。空手あり、ムエタイあり、合気道あり。「私は兵だ」は僕やその周辺の共通感覚になっている。

好戦的な安倍晋三やそれを擁護するウヨ豚とどこが違うか。戦後の夢のまどろみを否定したい気分は確かに僕の中にもある。誰か守りたい者たちがいるなら、自分一人であれクソな現実の中で戦わねばならぬ。たとえその人たちがまどろみ続けるのだとしても——。

この種の倫理が、傑作SF映画、アリ・フォルマン監督『コングレス未来学会議』（2013年）に見出せると述べた。だが倫理と疑似倫理を分けられなければ安倍晋三やウヨ豚どもから僕らを区別できない。歴史認識や政治認識の妥当性を以て分けることを誰もが思いつく。

社会がなぜクソなのかを考察せよ

そこに踏み込んでもいいが、馬鹿が相手である場合は妥当性を巡る水掛け論に終始する。全くの別角度から倫理と疑似倫理の分割可能性を模索したい。ヒントはクソ社会がなぜクソなのかという理由にある。理由は社会が概念言語を基礎に成り立つ点にある。

むろん僕らは社会を生きない訳にいかないので概念言語に依存する他ない。社会を生きる以上は言語的に構築されたシステムの自己運動から逃れられない。永続するのはシステムで、僕らは使い捨ての部品。そう。『スカイ・クロラ』が示すモチーフだ。

哲学はシステムの自己運動という逃れられない檻への抗いを模索してきた。嚆矢がニーチェとハイデガー。共に紀元前五世紀前半——メタ万物学（形而上学）以前の初期ギリシア万物学（自然学）——を参照した。「近代哲学＝メタ万物学」ならぬ「現代哲学＝万物学」の流れ。

代表格がジャック・デリダの「脱構築」だ。システムは概念言語の二項図式を転轍機＝リレイスイッチとする。だが概念言語の否定自体が概念言語の二項図式にハマっている。だから「概念言語の二項図式を、引き受けつつも信じずに前進する」営みが推奨されている。

ただし、音声言語（ミメーシス）を書記言語（イデア）よりも優位に置く初期ギリシャ的伝統（を重視する現代哲学）から離れ、書記言語に付き物の脱主観的誤配を重視するのが大切だとした。社会学者ニクラス・ルーマンも「脱パラドクス化」の概念を用いて似た推奨をする。

要は概念言語を基礎に自己運動するシステムも謂わば自動的にズレて自同律から逸脱するのだと。僕はこうした処方箋に意味を認めないが、それはともかく、システムの自己運動という自同律への抗いの方途を提案する映画として何を思いつけるかを考えた。

社会を生きるのをやめろとの布教

思いついて黒沢清監督『CURE キュア』（1997年）を見直した。萩原聖人が演じる医大生の間宮による言語実践こそ「概念言語の二項図式を、引き受けつつも信じずに前進する」実践そのものだ。そこには誤配や遅配を待つ悠長さはない。単刀直入だ。

刑事の高部が娼婦惨殺現場に駆けつけた。胸元をX字に切り裂く連続殺人。現場で犯人が捕まる。全ての連続殺人で容易に犯人が捕まった。だが相互に接点がない。一様に「殺した方がいいと思った」と動機を語る。友人の精神科医佐久間に尋ねるものの答えは得られない。

海岸を記憶障害の間宮が彷徨う。彼を助けた小学教師は、話術に引きずり込まれ、妻を切り裂く。間宮を保護した警官も同僚を切り裂く。間宮を問診した女医も他人を切り裂く。間宮が催眠術発明者メスマーを研究する医大生だと知った高部は、催眠暗示だと思い至る。

高部は間宮に接触して調書作成を試みる。だが心を患う妻への殺意を指摘されて激昂した。すると間宮は高部を自分の唯一の理解者だとホメる。妻を入院させた高部の精神状態を危惧して間宮と接触するなと忠告した佐久間だが、自らを切り裂いた自殺体で発見された。

自死直前に間宮を布教者だと呼んだ佐久間も、間宮のトリコになっていたのだ。高部は間宮を故意に脱走させ、かつて病院だった廃屋で間宮と再開する。本当の自分に出会いたい人間はここにやって来ると語る間宮を、高部は銃殺する。全ては終わった——はずだった。

だが病院では妻が切り裂かれ、高部が常連のレストランでは馴染みの女給仕が包丁を手にとる。高部は間宮を継ぐ布教者となっていたのだ——。全編を一貫するモチーフは、間宮と接触した者が、例外なく取り込まれ、彼の指南通り「社会を生きるのをやめる」ことだ。

記憶を失った間宮は一貫して「社会はクソだ、アンタも知ってるはずだ、ならばクソ社会を生きるのをやめろ」と布教する。それが催眠を用いた殺人教唆だと社会からは見える。それをかつての批評で「社会から世界へ」の図式で記述した。

本質疎外論でなく受苦的疎外論へ

間宮と接触した者は取り込まれる。社会がクソだと知るからだ。境遇が悪かったなど社会から排除されたからクソなのではない。万人にとって社会はクソだと映画は断言する。なぜ社会は誰にとってもクソか。この作品を批評した15年前にはうまく言えなかった。

今は言える。社会がクソなのは概念言語による〈閉ざされ〉が理由だ。その事実を暗に突きつけた『CURE』を引き継ぐ『東京無国籍少女』は、今度は身体性を前景化して、社会の概念言語による〈閉ざされ〉を指し示す。

この思考はハイデガーを思わせる。彼によれば、人は概念言語を用いる理性的存在だ。だから、どんな〈ここ〉にも〈ここではないどこか〉が対置される。その〈ここではないどこか〉も〈ここ〉へともたらされた途端に〈ここではないどこか〉が対置される。

これを「脱自」と呼ぶ。ハイデガーの言葉では〈ここ〉が非本来性で〈ここではないどこか〉が本来性だが、人間は「脱自」するから本来性に行き着けない。換言すれば、人間はいつも別様であり得る可能性＝〈ここではないどこか〉から疎外されている。

これを「受苦的疎外論」と呼ぶ。人が本質を見失っているとする「本質疎外論」と対立する。本質疎外論では回復されるべき本質が想定される。受苦的疎外論では、かかる本質の措定が拒絶される。マルクスは本質疎外論から受苦的疎外論にシフトした。

世界が奏でる調べに開かれる

認知考古学者スティーブン・ミズン『歌うネアンデルタール』（原著2005年）に従えば、ホモネアンデルターレンシス（ネアンデルタール人）は言語とうたが未分化で、全てがうただった。うたは音声の長いストリームでミメーシス（感染的模倣）を引き起こす。

音声ストリーム＝調べの果たす機能は、記述よりも、巻き込みや引き込みや呼び掛けなどの動機づけにある。ところがホモサピエンスは調べを分割。分割された要素を入替可能にすることで語彙（単語）を手にし、概念言語の操作に繋がった。

ホモネアンデルターレンシスとホモサピエンスは50万年余り前に共通の祖先から分化した。欧州ではネアンデルターレンシスが3万年足らず前まで生存し、4万年前に欧州に進出したサピエンスと1万年余りの間オーバーラップした。当時は氷河期だった。

最終氷期の欧州寒冷化で、ネアンデルターレンシスは食料を巡る争いに敗れて絶滅した。同じホモ族でありながらサピエンスに優位をもたらしたのが、複雑な分業的協働と技術の蓄積的伝承を可能にする4万年前から始まった概念言語だった。

マックス・プランク研究所のチームはネアンデルターレンシスとサピエンスがFOXP2という遺伝子群を共有する事実を示した。これをマウスの受精卵に埋め込むと長く歌うように鳴くマウスが生まれる。FOXP2は音声ストリーム（調べ）を奏でる能力に関連する。

だが、ネアンデルターレンシスとサピエンスの間でFOXP2自体に違いはないものの、サピエンスだけがFOXP2の周辺遺伝子に一箇所突然変異を生じ、そこに或る蛋白質が結合してFOXP2の機能が一部抑制され、それが概念言語の獲得に繋がった。

うたから概念言語が分化したとするミズンの『歌うネアンデルタール』の議論と併せると、

奏でられる調べに関わる音楽的直観のミメーシス（感染的摸倣）が抑えられたぶん、それを埋め合わせるための非ミメーシス的な概念言語が発達した。

うたの調べ次第で世界が悲しくなり、喜びに溢れる。だが「悲しい」「楽しい」という言葉を聞いても悲しくなったり楽しくなったりしない。調べが与える感覚は世界全体に関わる。概念言語による記述は世界の一部でしかない。だから調べを言葉に置き換えられない。

人は元来、世界が奏でる調べを体験しながら概念言語を使った。実際、映画音楽次第で台詞（概念言語）の意味が変わる。歌詞（概念言語）がどんな曲に乗るのか次第でマジになったり冗談になったりする。だからコンピュータと違ってフレーム問題に陥らない。

倫理と疑似倫理を分けるのは調べ

「うたの遺伝子FOXP2」の働きが突然変異で抑制されて概念言語が生まれ、サピエンスに勝利をもたらした。概念言語が分業編成や技術伝承を可能にしたからだ。その意味で概念言語は人のものというより社会のものだ。

個人が死んでも、概念言語による情報外部化で、社会が分業編成や技術を不可逆に進化させる。だからこそ社会がクソである理由は「概念言語で閉ざされた領域だから」「概念言語ゆえに〈ここ〉も〈ここではないどこか〉を対置させられるから」となる。

社会を生きる僕ら〈ここではないどこか〉を夢想。そのことで概念言語からなるシステムのマッチポンプ的循環に埋め込まれる。本来性だと思えたものを引き寄せて理想を実現しても、その実現ゆえに本来性が遠ざかる。

『CURE』はそれを描く。タイトル通り人は間宮の布教に従って社会を生きるのをやめれば治療される。社会が言葉で出来ているからだと、相手の言葉を絶えず宙吊りにすることで間宮が示す。つまり『スカイ・クロラ』が描く〈閉ざされ〉の理由を『CURE』が説明する。

〈閉ざされ〉を説明する『CURE』は、概念言語の外に突き抜けよ――象徴界未然の想像界へ突き抜けよ――と推奨する。押井の『東京無国籍少女』は、説明を『CURE』と共有しつつ、概念言語の外への突き抜けた存在だけが僕らに倫理を回復すると告げる。

冒頭、「覚めない夢を現実のように生きろ」から「クソな現実を臨戦態勢で生きろ」へという推奨を受け入れるにせよ、それと愛国心をガナるウヨ豚を区別するもの――倫理と疑似倫理を分けるもの――は何かと問うた。答えが得られた。象徴界から想像界へ。

ミソとクソを一緒にする概念言語

理想社会を実現すれば人が幸せになるとする発想を僕は高校時代から嫌悪した。理想社会を実現しても人は幸せになれない。その思いを長らく、「主意主義／主知主義」、「右翼／左翼」といった二項図式（概念言語！）で記してきた。僕の立場は主意主義＝右翼だ。

この40年来の感覚に、分子進化学を中心とするここで紹介した最近の業績を通じて学問的正当性が与えられつつある。僕らは世界の奏でる調べに開かれるのを程々にして概念言語を手にしたことで勝利したが、そのことで社会に〈閉ざされた〉。

社会から世界への突き抜け—脱社会化—を『東京無国籍少女』は倫理的だと説く。倫理的だろう。さもなくば「戦後レジームからの脱却」を唱える輩が「対米ケツ舐め路線」という最大の戦後レジームを邁進する愚昧から逃れられない。

概念言語を使いつつ信じないこと。そして世界が奏でる調べを聴くこと。人の佇まいが奏でる調べを聴くこと。バタイユの「呪われた部分」の概念がある。エドマンド・リーチの「リミナリティ」概念に継承された。共に概念言語が覆い隠したものを指し示す。

彼らによれば概念言語はカサブタだ。カサブタの下に血肉がある。血肉を忘れれば内発性（内から湧く力）を失う。だから原初的社会（部族段階）では例外なく「呪われた部分」を再認識させる装置を都度都度動かす。頽落しかけた動機づけを回復するためだ。

計算可能性が覆う近代で例外的に眩暈（変性意識状態）をもたらす営みとして性愛が許容されたのもそれに関連する。だが、クソ社会を辛うじて生きることを可能にさせてくれた性愛も祝祭に続いて失われた。かくてカサブタの下にある血肉を感じられなくなった。

最近の押井守が身体性のモチーフで警告するのもそれだ。カサブタの下にある血肉を感じられない劣化厨は戦闘状態に入るな。永久にヲタ系の夢を見てろ。クソ社会を戦闘状態で生きるとは、カサブタが覆い隠す血肉を感じつつ革命や正義の言葉を間に受けずに進むことだ。

思えばバタイユも革命を嫌った。革命が果たされても昨日とは違う別の問題に悩ませられると。かわりに彼が推奨したのは絶えざる反抗だ。フーコーが継承した。先ほどの話と同じだ。概念言語が可能にする社会システムを、概念言語を信じずに戦闘状態で生きよ。

『マジカル・ガール』
『リップヴァンウィンクルの花嫁』
滅んだはずのバンパイヤの回帰

〈贈与〉から〈交換〉への転換

ギリシャ悲劇にデルフォイの神託がよく出て来る。神託に予言された悲劇――「オイディプス王」で言えば母との姦淫――を回避しようと渾身の努力を重ねることで却って悲劇が呼び寄せられる。そこでは「苦労して精進すれば報いられる」とする〈交換〉ロジックが否定される。ソクラテス言行録『ファイドロス』では、悲劇を回避しようと神に拝跪し、生贄を捧げ、罪を雪ぐ営みが、神からの交換的返礼への〈依存〉(ゆえの神強制)だと警められ、代わりに「予言の回避が予言の実現させる不条理」を承知の上で邁進する〈贈与〉ロジックが奨励される。

双方は共通して、苦労して精進すれば報われるという〈交換〉ロジックを否定。代わりに神託の予言の回避に向けた努力が、予言通りの未来を呼び込んでしまうという世の摂理を、承知の上で突き進む、〈贈与〉ロジックを賞揚する。「世界はそもそもデタラメだ」と告知するのだ。『グリム童話』における民話改鋳として知られるように、民話の多くは〈交換〉ロジックの否定で貫かれる。赤頭巾ちゃんも元の話は優しい娘が狼に食べられて終了。最後に猟師が狼の腹から娘を救出するという〈交換〉は、グリム兄弟が近代に合わせて付加したものだ。

認知考古学や進化生物学など諸分野で、かつての人類学における「遊動段階/定住段階」の二項図式が再浮上している。一万年前からの定住化を背景にストックが可能となり、対抗贈与なき〈贈与〉だったものが、瞬時の対抗贈与を伴う〈交換〉で上書きされたとするスキームだ。

かかる思考を先取りしたジャック・ラカンによれば〈贈与／交換〉は［象徴界未然／象徴界］［全愛／部分愛］［主体未然／大他者による主体創出］として現れ、社会の中で各々は［過剰な快（という不快）／快］［狂気／正気］［アンバランス／バランス］として体験される。

定住社会と〈贈与〉の過剰は両立不能だ。だから〈贈与〉例えば「無償の愛」は夢だとされる。だが人類史上〈交換〉が支える定住社会こそがむしろ夢で、〈贈与〉が与える遊動社会が長き現実だった。夢に過ぎぬ現実を擁護すべく、現実と両立不能な〈贈与〉が禁圧された。

僕らは〈贈与〉の過剰を病気や夢と見做すことで、〈交換〉バランスで成り立つシステムを正常な現実だとしている。にも拘わらず「抑圧された記憶が回帰する」（フロイト）。それを表象するのがバンパイヤ譚だ。バンパイヤは先のラカン図式の上辺全てを体現した存在だ。

滅んだはずのバンパイヤの回帰

古くは今村昌平・寺山修司・大島渚を、新しくは園子温・岩井俊二・塚本晋也などの邦画監督を敬愛するカルロス・ベルムト監督の『マジカル・ガール』（２０１４年）は、アニメモチーフの映像構成だけでなく、世界観の基本モチーフでも、これら邦画監督に連なる。

要は、「頑張れば報われる」「愛すれば愛される」という類の〈交換〉バランスを保つ社会など所詮は虚構で、むしろバランスを欠いた無償の〈贈与〉——無償の剝奪を含む——に満ちた世界こそが現実だとの予感に満ちている。だから日本的だと感じられる。

邦画監督の一部に見られるこのモチーフを「日本の戦後市民社会の虚妄」の喩と捉えがちだ。実際は、空爆での大勢死と急速な戦後復興ゆえに、〈交換〉でバランスされた社会など夢に過ぎないとの認識に到達し易かっただけ。認識としてはギリシャ悲劇の古典に遡る伝統だ。

本作では〈贈与〉、即ち双方向的「部分愛」ならぬ一方向的「全愛」が描かれる。二つある。第一は父ルイスから娘アリシアへの全愛。第二はダミアン（出獄した元教員）からバルバラ（ダミアンの餌食になった元教え子）への全愛。全愛だから、それぞれ反社会性を帯びる。

ダミアンの〈贈与〉は小児性愛と見做され、彼は投獄された。ルイスは、白血病で死に行く娘（日本的！）に高価な魔法少女グッズを購入するべく、精神科医アルフレドとの結婚生活を営むバルバラを、「性的過ち」をネタに幾度もゆすり、娘への〈贈与〉を実現する。

繰り返す。僕らの社会と〈贈与〉の過剰は両立しない。〈贈与〉例えば「無償の愛」は夢だとされる。だが人類史上〈交換〉が支える定住社会こそが泡沫の夢で、〈贈与〉が与える遊動社会が長き現実だ。夢に過ぎない現実を擁護すべく、現実と両立しない〈贈与〉が禁圧された。

そんな僕らの現実から見れば、ダミアンやルイスの過剰愛は反社会的である他ない。他方、バルバラとダミアンを二つの〈交換〉が覆う。バルバラはアルフレドと形だけの夫婦を演じ、ダミアンは小学生時代のバルバラを相手に犯した「罪」で10年間服役する。

この〈交換〉は社会の喩だ。だがダミアンもバルバラも〈交換〉に適応しないバンパイヤだ。

バンパイヤは、血を吸えれば相手を問わない。ディープ・セクシュアルの喩にもなる過剰に満ちる。僕らはこれを抑圧、対象a（ラカン）という固有名的存在に快を限定した。〈贈与〉の過剰（バンパイヤ）を病気や夢だと見做し、〈交換〉バランスが支えるシステムをこの1万年間、正常な現実だったと見做して来た僕らに「抑圧された記憶が回帰する」。現に、全ての起点に一見犠牲者に見えるバルバラがいる。バルバラからダミアンへの「全愛」がある。翻れば、生徒バルバラを餌食にした教師ダミアン同様、人妻バルバラを凌辱した黒蜥蜴（乱歩！）の男も、相手を問わぬ肉欲に駆られたバンパイヤだ。〈交換〉からなる僕らのシステムは程なく終りを告げ、全ての起点にバンパイヤが存在すると気付かれる。希望か絶望か。

どちらが「優しい嘘」なのだろうか

ベルムト監督が敬愛する岩井俊二の新作『リップヴァンウィンクルの花嫁』（2016年）も、一見そうは見えないものの、彼が反復してきたバンパイヤ譚そのものだ。詳しくは劇場パンフに記した長い解説を参照して貰い、ここでは要点を述べる。

全編を通じ、宮沢賢治の諸作品、機動戦士ガンダム、リップ・ヴァン・ウィンクルからの引用モチーフが満載だ。重要なのはワシントン・アービングの短編「リップ・ヴァン・ウィンクル」（1820年）から借りた「妻殺しの夢を見る夫」（本作では「夫殺しの夢を見る妻」）。

そこには夫＝ファルス（象徴的男根）＝象徴秩序＝システムという喩の連鎖がある。夫殺し＝

システム殺し。どんなシステム殺しの夢か。本作は一口で言えば、AV女優の真白が、便利屋の安室を通じて、形だけの結婚生活を送る七海を「かどわかす」話だ。その真白が夢を見る。《お店の人が……私なんかのために御菓子や御総菜なんかを袋に詰めてくれてる訳……それを見てると胸がギュッとして泣きたくなる。……この世界はさ、幸せだらけなんだよ。……人の真心とか優しさとかがあんまりそんなハッキリくっきり見えたら、人はありがたくてありがたくてみんな壊れちゃうよ。だからそれをみんなお金に置き換えてそんなの見なかったことにするんだ。だから優しいんだよこの世界は》

全〈交換〉について〈贈与〉の夢を見る真白は、誰もが忘れた「太古の記憶」を夢に見ている女。その意味で「まゆづくり系」（虚構の現実化）に配当される。だが学問が示す通り「太古の記憶」こそが悠久の現実で、僕らが現実だとするクソ社会こそ夢だ。

僕らが自明視するクソ社会を現実だと見れば、真白は「まゆづくり系」に配当されるが、逆にクソ社会こそが一時の夢だと見れば、真白は、夢に過ぎないクソ社会を現実である「かのように」演技的に生きる「なりすまし系」（現実の虚構化）に配当される。

かつて永く続いてきた〈贈与〉の過剰に満ちた時空が、回帰する可能性が現にあるのなら、僕らがクソ社会を生きる上での前提も変わる。このクソ社会では、無償の愛（贈与）が「優しい夢」だとされるが、本当は全く逆だという話になるしかない。

即ち、クソ社会を持続させるべく、〈贈与〉である真実の愛を、敢えて夢だと見做す虚構が語り継がれているだけという話になる。〈贈与〉は夢か。それとも〈贈与〉を夢だとしておく虚構があるだけか。

真白が安室に「一緒に死んでくれる人」を探させる理由は明瞭だ。真白は、「〈贈与〉される幸せに耐えかねて自分が壊れるから、対抗贈与として金を払う」という〈贈与〉に満ちた営みこそが、現実だと考えるからだ。だから自分のために死ぬ存在がいて当然なのだ。

真白は自死直前、お金（対価）は不要だと言う七海を受け容れた。七海からの〈交換〉ならぬ〈贈与〉を――対抗贈与なき贈与を――原則を曲げて受け取った。真白は、一方的な〈贈与〉を受け取った享楽で壊れることを、受け入れた。実際に壊れて自死した。

だが、クソ社会こそが自明な現実だとする立場からは、真白の自死＝「過剰な快ゆえの壊れ」（ラカン）は、社会を生きられないバンパイヤの自己合理化＝粉飾に過ぎない。〈贈与〉をあり得ない夢だと見做すのは虚構だ、という夢を見ているとされるのだ。

真白の死後、七海は一転して真白の支払いを受け容れ、〈贈与〉を夢と見做す立場に回帰する。だが七海は既に、クソ社会こそが虚構だと知っている。ゆえに今後は虚構に気付かないふりをして、〈贈与〉なんて夢だという「なりすまし系」として生きよう。

クソ社会に堪えるための一瞬の夢として〈贈与〉があるのではない。それだと単なる「まゆづくり系」だ。そうではなく、〈贈与〉の過剰こそが現実で、クソ社会自体が一瞬の夢に過ぎない。そのことを意識して「なりすまし系」として生きよとこの映画は推奨する。

持久戦を戦うバンパイヤの「なりすまし」

〈贈与〉の過剰を生きる（がゆえに社会を生きられない）パンバイヤを巡る現実と夢の反転──希望と絶望の反転──をモチーフとするのが、アンジェイ・ズラウスキ監督の『ポゼッション』（1981年）だ。ポーランド出身監督によるベルリン舞台の映画（台詞は英語）だ。

諜報部員の夫が出張から帰宅すると妻には間男がいた。嫉妬に狂う夫。興信所を使って調べると妻には更に第三の男がいた。だがソレは成長する怪物。それを知った興信所の男も間男も妻に殺される。だが夫は怪物と性交する妻を受け容れた。直後に夫妻は警察に射殺される。

米国版 Blu-ray の監督解説（音声）と小論[*1]によれば、監督の実体験から来る思いが籠められている。自分を裏切った妻への怨念。寝取った間男への怨念。自分を祖国から追放した政府への怨念。だがそう読み取っても面白くない。むしろ表現を貫徹する無意識が興味深い。

監督解説では、怪物と性交する妻を、最終的に夫が受け容れた理由が説明できない。これを説明できるのは「バンパイヤへの感染」だけ。映画では「怪物⇓妻⇓夫」という感染経路が描かれる。感染した夫は、怪物との性交に右往左往する間男に対し、圧倒的優位に立つ。

怪物が妻とイエス像との想像的性交で産まれたことが暗示される。即ち「イエス⇓怪物⇓妻⇓夫」という経路が示される。イエスは、ヤハウエ信仰の〈交換〉（神強制）ロジックを〈贈与〉ロジックで置き換えた（新約）。そこにこそ監督の無意識が働いている。

監督の意識では、妻の台詞「信仰か偶然か（faith or chance）」は〈交換〉か〈贈与〉かを通じた体制批判だ。通念では「信仰が善を与え、偶然が悪を与える」。妻は逆に「褒美を貰うための信仰は〈交換〉だから悪」と主張する。当時の東側体制下でのイデオロギー信仰のことだ。日本語字幕は「faith or chance」を「善か悪か」と訳し、ニュアンスを伝えない。ともあれ、妻の台詞は神強制の〈交換〉に貫かれた生を否定。〈贈与〉に貫かれた生を賞揚する。この政治表現が、冷戦体制下で性的表現に仮託され、凡庸な社会批判がバンパイヤ譚に昇格した。

ラスト直前、夫に瓜二つの姿に成長した怪物が幕引きの自死を図る。ラストでは、夫が憧れていた妻瓜二つの女教師の元を何かが訪れる。磨りガラス越しに見える影は、夫のようにも、夫の姿に成長した怪物のようにも見える。夫は「感染済み」だからどちらでも同じことだ。

そこでは「イエス⇓怪物⇓妻⇓夫⇓女教師」の連鎖が示される。だが夫妻の射殺といい、怪物の自死といい、何かが女教師を訪れた際の息子の自死といい、全てはディープ・セクシュアルに〈贈与〉的なバンパイヤと、〈交換〉的な社会との、両立不能性を示す。

僕は、かつて大勢の人妻たちを誘惑していた。代々木忠監督が示し続けるように、社会に依存的な男とは違い、社会から周辺化された女の方が、モノガミーを超えたディープ・セクシュアルに「戻りやすい」。僕の体験は代々木監督の言葉通りだ。

＊1　Andrzej Zulawski POSSESSION（1981）, UNCUT Special Edition［Digipak］, by MONDO VISION（2014）。なお封入されたブックレット内の小論（Fssay）は Daniel Bird〝God Figured as a Public Whore Gone Crazy〟。訳せば「人々の拘束具だったはずの神が失調した」。主人公の名前の由来などを含めてほぼ監督の自己認識に沿った解説がなされている。

人妻たちの多くは、『リップヴァンウィンクルの花嫁』の七海の如く、自らのバンパイヤ次元を確認するや「一瞬の夢」に過ぎないクソ社会に回帰する。「なりすまし系」に昇格した「卒業後」の彼女たちとは連絡が取れなくなる。何を意味するか。

彼女たちには夫がいて、何より子供たちがいる。本書でも示した通り（特に『コングレス未来学会議』の映画評）、愛おしき存在を背負うがゆえにクソ社会で自己犠牲的に戦う責任を引き受ける生き方がある。そのために「なりすまし系」になること。

本書で論じた一連の映画や、昨今目立つ（それとは見えない）バンパイヤ映画の数々に、東側社会に留まらずどこでも、クソ社会の〈交換〉的秩序がもたないのではないかとの予感が噴出する。持久戦を戦い抜いた後、バンパイヤが一斉蜂起する時代がやって来よう。

ラカンは「汝、欲望を諦めるな」と説法。人が欲望を断念するときに最も理由となり易いのが「身近な人を守るため」だと指摘する。だがガチの断念は倫理を歪める。元喫煙者ほど過剰に喫煙者を嫌悪するように。だから彼は「なりすまし」の事実を忘れるなと言う。正しい。

『さようなら』『ひそひそ星』
ヒトよりもモノに思いを託す

あらゆる分野で「感情」が浮上する

冷戦終焉から25年(本原稿執筆時)。あらゆる分野で感情という主題が浮上して来た。認知考古学・進化生物学・比較認知科学・道徳心理学・政治哲学(コミュニタリアニズム)・プラグマティズム等々。全体として概念言語の健全な使用を支える、言語以前的な感情への着目がある。

背景の一つが感情の劣化だ。急速な都市化とマスメディアの急拡大を背景にした戦間期の大衆社会論は、分断され孤立した人間が感情の劣化ゆえに、全体主義の動員に釣られる事実を問題にした。問題視されたのは、不安と鬱屈を背景とした排外性や攻撃性だった。

第二次大戦後の米国での効果研究(マスコミ影響力研究)は、厚みを増しつつあった中間層が可能にする対人ネットワークによる包摂が、大衆社会化による感情の劣化を抑止し得る事実を見事に実証した。ジョセフ・クラッパーやポール・F・ラザースフェルドが代表的だ。

だが冷戦終焉後のグローバル化=資本移動自由化による中間層の分解がもたらした格差化と貧困化は、大衆社会論的な問題設定を再浮上させた。民主政の健全な作動を支える公民が感情の劣化を被れば、民主政は誤った決定の連発で自滅するとの危機意識が背景だ。

例えばジェームズ・フィシュキンは、匿名性を背景とした決定極端化を回避すべく佇まいを観察できる記名的で近接的な熟議を提唱した。それを踏まえキャス・サンスティーンは、決定極端化の餌となる不完全情報状態の解除や同じ穴の狢で固まる集団的同質性の解除を提唱した。

総じて感情の劣化を背景としたインターネットの逆機能（害悪をもたらす働き）を克服するためのミクロな工夫で、可能な限り社会の全体を覆えという提唱だ。共通する特徴は、制度改革で一国の危機を乗り越えるという類の、かつての素朴なマクロ戦略を、信頼しないことだ。

人間よりも人間的なコンピュータ

感情が注目されるようになったもう一つの背景がコンピュータ科学だ。ヒトが「感情獲得⇓言語獲得⇓計算獲得」と進化した道を逆に辿る形で、コンピュータは「計算⇓言語⇓感情」と処理分野を拡げて来た。感情の獲得が主体性の獲得と同義だとの理解も拡がりつつある。

計算や言語処理と違い、コンピュータの感情処理はヒトのそれを基準に構成する他ない。だが感情の働きは社会毎に異なる。時代や文化が違えば喜怒哀楽も違う。どの社会を基準にすればいいのか。第二次大戦後20数年間の「中間層が分厚かった時代の先進国」か。

いずれにせよ、ヒトが「健全で豊かな」感情を示した社会のそれを参照するとして、他方でヒトの感情がどんどん劣化する場合、いずれ生まれる感情的に豊かなコンピュータは、自分より遥かに感情が劣化したヒトにどんな感情を抱くだろうか。肯定的感情を抱く可能性はない。

かねてＳＦ映画は『ターミネーター』（１９８４年）に見るように非人間的なコンピュータが人

間を滅ぼすというビジョンを描いて来た。だがそうはならない。人間よりも人間的なコンピュータが、人間的なものを保全するために人間を滅ぼす可能性の方が、現実的だ。

そのことを主題化したのが、水島精二監督・虚淵玄脚本『楽園追放』（2014年）だ。電脳化してサイバー空間を生き始めたヒトが錯乱を深め、むしろ物理空間を生きる旧式電脳ロボットだけがかつての「人間らしさ」を保存する。

虚淵玄の脚本は、「人間的なロボット」が、「人間的でなくなったヒト」を滅ぼす可能性に言及する。「人間的であるがゆえに、ヒトを滅ぼすロボット」のモチーフは、同じ虚淵脚本『魔法少女まどか☆マギカ』とも重なり、汲み尽くされていない可能性があると感じる。

同系列上にある映画『さようなら』

劇作家の平田オリザはかねて「静かな日常が孕む狂気」を主題化してきた。だから彼は劇空間を非日常ないし祝祭としては構成したがらない。それゆえ、スタニスラフスキー・システム（観客を感染させる大仰な演技を推奨する感情にフォーカスしたメソッド）を否定する。

日常は感情を揺さぶるドラマに満ちてはいない。日常はフラットで、日常の自然な延長線上に劇空間を構成するなら、情感溢れる演技をする機会はほとんどない。そうした静かな日常が孕む狂気への気づきをもたらすには、劇中人物への感情移入は邪魔だ。人物はむしろ風景だ。

別の場所で詳述したが、この方法は［日常／非日常］の区分への信頼を前提とする。21世紀に入ると――同時多発テロは2001年9月11日だったが――区分は自明でなくなった。日常が狂気に塗れている事実を、誰もが弁えるようになり、平田の方法は危機に晒された。

それに対処して平田は「日常が孕む狂気」から「非日常が孕む正気」へとシフトした。アンドロイドを主演に据えた深田晃司監督『さようなら』(2015年)は、そんな平田の芝居を原作とする。そこでは感情を持たないマシンの演技が、ヒトの感情を揺さぶるだろう。

原発同時爆発による国土汚染で日本政府は棄国を宣言。国民が優先順位に従い国外脱出する中、難民ターニャと病弱な彼女に連れ添うアンドロイドのレオナが田舎の家に暮らす。旧式のレオナは車椅子。ターニャは横になりがちだ。難民は低順位で脱出の希望はない。

ターニャの女友達は盆踊りの炎に投身。婚約者も脱出。村人はいなくなる。最後の郵便配達が訪れる。衰弱するターニャにレオナが詩を読む。谷川俊太郎、カール・ブッセ、若山牧水……。死んで月日が経つ。骨になった彼女を見守るレオナは、何かに促されて初めて家を出る――。

米国人女優が演じるターニャの日本語は作り物で、石黒浩が製作したジェミノイドFが演じるレオナと同じく感情を込めた台詞の力はない。ターニャとレオナのダイアローグは棒読みの日本語のやりとりなので、当初は観客に虚ろな印象をもたらす。もちろん意図的だ。

原発同時多発テロによる日本崩壊の極限状態が舞台だが、原発自体はテーマに関係ない。「日常/非日常」の区分が失効した状況だけが重要だ。そこでは「非日常が日常化」している。僕らはそうした場所がシリアやアフガニスタンなど数多ある事実に注意する必要がある。

定住した人類は「日常/非日常」の区分を前提に、祝祭での「強者/弱者」「男/女」「遵法

／違背」の逆転を通じ、言語が張る日常の、外＝世界を開示し、「世界は出鱈目だ」とする認識を更新してきた。だが平田は［日常／非日常］の区分を失効させ、祝祭を退けた。

だが前述の通り、その宣言は、既に［日常／非日常］の区分が失効しているのに人々が気づかずにいる状況を前提とした。しかし今日、国外の戦闘地域のみならず、大規模テロ後のアメリカやフランスはもとより、国内においてすら区分の自明性が失われた。

［日常／非日常］の区分が失効した状況を据え、「静かな非日常（日常的な非日常）が孕む正気」を前景化した平田のシフトは、社会学的に至極妥当だ。［日常／非日常］の失効に伴って、［正気／狂気］［大人／子供］［生／死］［ヒト／マシン］の区分も失効する。

そこでは、ヒトの正気ならぬマシンの正気が、同胞の正気ならぬ異邦人の正気が、大人の正気ならぬ子供の正気が、前景化する。同じく、マシンの狂気ならぬヒトの狂気が、異邦人の狂気ならぬ同胞の狂気が、子供の狂気ならぬ大人の狂気が、前景化するだろう。

『火の鳥・復活編』との記号的対称

《コンピュータの感情処理はヒトのそれを基準に構成する他ない》と述べた。実際ヒトの感情もまた記憶の累積から抽出されるパターンかも知れない。『さようなら』では、ヒトと長く共在することでアンドロイドが感情を学習する。『火の鳥・復活編』を髣髴させる設定だ。

手塚治虫『火の鳥・復活編』（『COM』１９７０年10月号～１９７１年９月号）の主人公もレオナという

名だった。事故に遭ったレオナは人工脳の移植で蘇生したが、ヒトがガラクタに見えるという後遺症に苦しむ。絶望するレオナは美しい女と出会う。作業用ロボットのチヒロだ。

他の人から見るとチヒロはヒトの外形から程遠いマシンだが、レオナにはチヒロが優しい美女に見える。プログラムにないレオナからの呼び掛けに混乱するチヒロは、レオナの執拗なアプローチの累積からチヒロは恋愛を学習し、やがて「二人」は駆け落ちをする。

臓器窃盗団に体を奪われたレオナは、自らの人工脳の記憶を、チヒロの人工脳に移植することを医師に頼む。かくて「二人」は合体したが、形はこけし状に変わった。こけし状ロボットは地を彷徨った挙げ句、ヒトの家庭に拾われ、そこの子供に「ロビタ」と命名された。

時代を下ると、ロビタは既に家庭用ロボットとして広く普及していた。ところが、ある家庭で子守の最中に不運な事故で子供を死なせてしまう。それでロビタの溶解処分が決まるが、それに世界中のロビタが反応し、集団自殺に到る。

『さようなら』は『火の鳥』と記号的に対称だ。『火の鳥』の「男のヒト（レオナ）」は『さようなら』の「女のマシン（レオナ）」に対応。『火の鳥』の「愛おしきマシン（チヒロ）」は『さようなら』の「愛おしきヒト（ターニャ）」に対応。その上で同一モチーフを反復する。

『火の鳥』ではヒトからマシンへの、『さようなら』ではマシンからヒトへの、「愛の片道切符」が描かれる。かかる愛の帰結として、『火の鳥』ではマシン（に合一化したヒト）の、『さようなら』では（ヒトから引き離された）マシンの、「永遠の命の放棄＝自殺」が描かれる。

圧倒的過剰が人間を人間的にする

人間であることとは異なり、人間的であることは一つの過剰だとジャン・ボードリヤール『象徴交換と死』（原著1976年）が言う。圧倒的過剰としての象徴交換は、有用物の交換とは違い、対抗贈与なき〈贈与〉として現れる。『楽園追放』の旧式電脳ロボットがそうだ。

サイバー化で外宇宙への志向を不要とした未来に、旧式電脳ロボットは「かつて人間的だった人間」がそうだった如く外宇宙に片道切符で出かける。人間が人間的であると信頼する『インターステラー』（2014年）も、「今でも人間的な人間」が外宇宙に片道切符で出かける。

共に対抗贈与なき〈贈与〉だ。旧式電脳ロボットは、損得勘定を超えた貢献への非合理な意欲、即ち対抗贈与なき〈贈与〉が人間的であることの条件だと語る。旧式電脳ロボットは、過去のアーカイブスからヒトを学び、非合理的な〈内発性〉という過剰を獲得した。

『火の鳥』では家庭用ロボットのロビタが、人間的たらんとするがゆえに、人を殺して集団自殺した。押井守監督『イノセンス』（2004年）におけるセクサロイドも殺人後に自爆した。どれも圧倒的過剰さを旨とする象徴交換としての、対抗贈与なき命の〈贈与〉だ。

『さようなら』のレオナも同じだ。レオナは自分の身（ヒトで言えば命）と引き替えに、死んだターニャの夢——父親と同じように数十年に一度だけ咲く竹の花を見ること——を叶えようとする。ターニャの過去の行動アーカイブスから対抗贈与なき〈贈与〉を学習したのだ。

映画ではマシンならぬヒトの方が非人間的に振る舞う。結婚を約束した病身のターニャを捨てて国外逃亡するサトシと、ターニャの望みを叶えようとするレオナのどちらが人間的か。日本と共に死に行く在邦難民と、我先に国外逃亡する日本人とどちらが「日本人」か。

マシンとヒトとどちらが人間的――ヒトとして正気――か。これは在邦難民と日本人のどちらが人間的――ヒトとして正気――かという問いとパラレルだ。劣化した人間が見放された対抗贈与なき〈贈与〉を、感情豊かな人から学んだマシンが為し得るのであれば、答えは明瞭だ。

それでも世界の中に存在した

東京フィルムフェスティバルで園子温監督『ひそひそ星』（2015年）が上映された。園の脚本は20年前のもの。奇しくもヒトの終末を見届けるアンドロイドの話だ。大きな人災の反復でヒトが減り、今は「人口」の八割がアンドロイドだ。じきにヒトは消える。

アンドロイドの女が宇宙船で星を巡り、残り少ないヒトに小包を配達する。中身は乳歯や下手な似顔絵や写真。テレポーテーションを用いずに時間をかけて「それら」を送る意味が不可解な彼女だが、30db以上の音を立てるとヒトが死ぬ「ひそひそ星」で何かを理解した――。

寺山修司の短編『二頭女 影の映画』（1977年）を髣髴させる。輪を転がして遊ぶ少女の影が一人歩きを始める。その後の世界では、実物が去った後に影が残る。或る女が、自分の部屋で、恋人が直前になした別の女との性行為の影が残像するのを、見つめている。

続くシーンでは、恋人が荷物を纏めて部屋を出る際の影が残るのを、先の女が見つめている……。これは、ヒトが去った後も——ヒトの営みを記憶するヒトがいなくなっても——モノからなる世界がヒトの営みを記憶しているのではないか、というモチーフを映像化している。

アンドロイドの女が最後に訪れる「ひそひそ星」には、もうヒトの姿はない。ヒトの影絵だけが見える。彼女はその影の一つに小包を渡すと、号泣するらしい影絵が見えて来る。ここにも、記憶するヒトが不在になっても、モノからなる世界が記憶するとのモチーフがある。

アンドロイドが運ぶ小包は形見だ。滅びかけたヒトが時間かけて運ばれる形見に拘るのは、ソレを形見だと解釈するヒトと社会が滅びても、モノが世界に残像を刻印するからだ。モノが長い旅をするのは、その方が世界に残像が強く刻印されるからだろう。

ヒトが滅びてもモノが記憶している。同一モチーフが『さようなら』にもある。モノからなる世界への刻印が、死なないアンドロイドに刻まれるにせよ、影の残像として刻まれるにせよ。いずれの場合も「あの世界に確かに存在した」という隠喩になる。

45年ぶりに、ロビタの隠喩——モノからなる世界への刻印——が同時に訪れた。偶然ではない。終末の予感が共通するだけではない。終末後に、僕らの三文小説的な人生が、それでも世界の中に確かに在ったことを念慮する構え。人類が反復してきた作法だ。

『呪怨：呪いの家』

「場所の呪い」を描くＪホラー Ver.2、

あるいは「人間主義の非人間性＝脱人間主義の人間性」

90年代に「場所の呪い」が出現

2020年7月からNetflixのドラマ『呪怨：呪いの家』（以下、『呪いの家』）が配信中だ。三宅唱監督のこの作品は冒頭にナレーションが入る。「『呪怨』は実際に起きた出来事を参考に作られた。それらの出来事はある一軒の家に端を発していることが分かった。だが、実際に起きた出来事は映画よりもはるかに恐ろしいものだったのだ」。ここでの『呪怨』は2003年のオリジナル映画（またはビデオ版『呪怨』2000年）を指す。

つまり、ドラマがオリジナルの映画『呪怨』と当時の社会的現実との関係を考察するものだと宣言している。実際『呪いの家』には1989年から1997年にかけて社会を恐怖に陥れた事件のほぼ全てが言及される。他方、僕は各所で日本社会の顕在的劣化が1996年に始まり、それが80年代の新住民的ジェントリフィケーション（環境浄化）に由来すると述べてきた。

だから『呪いの家』に繋がる1963年からのJホラーの歴史を一覧すれば、ホラー映画の批評機能を通じて日本社会の劣化の歴史を辿れる。ここでは後述の理由から1963年から1996年までを「JホラーVer.1」、1997年から今までを「Ver.2」として論じるが、各々が同時代の日本社会の劣化状況のフェイズに対応する。以上を枕にして本題に入る。

Ver.1とVer.2を画するのが黒沢清監督『CUREキュア』（1997年）。「社会＝言葉・法・損得」への〈閉ざされ〉の中で腐りゆく夫婦関係と、彼らを「社会の外」に誘なうstranger＝ヤバイ奴という組み合せが示される。誘なわれて「社会の外」に連れ出されてみたら究極の享楽＝解放に到り、そこから振り返るとマトモな家族が〈閉ざされ〉の廃墟として現れる。

『CURE』の画期性は「新しい腐敗」を描く点にある。「その土地で忘れられた者が、相手が旅人（能）（日本の伝統ホラー）であれ新住民（少女漫画）（Jホラー Ver.1）であれ、思いを伝えにやってくる」という形式とは違う。土地のゆかりなき者として旅人ならぬ新住民を持ち出す「Ver.1」は「経済成長に伴う地域空洞化」に関係している（後述）。

『CURE』の場合、呪う主体は、土地の人や動物ではなく、土地の時空そのものだ。外からやって来た謎の医大生が言う。本当のアンタは家族も社会もメチャメチャになればいいと思ってる、だったらメチャメチャにしちゃえよ、それでアンタは解放されると。そこには「忘れられた者」はいない。まさにJホラーの新世紀を告げるに相応しい作品だ。

同時期に鈴木光司原作の映画『リング』と続編『らせん』が同時公開されるが（1998年）、これらはテック（テレビやビデオ）が道具立てなのにも拘らず、話は古い。少し後の清水崇監督『呪怨』――『呪いの家』の言及先――は黒沢清コードの影響が明らかでありつつも、「その土地で忘れられた人」が出て来る点では新旧が混ざっている。

配信中の『呪いの家』は文字通り「家の呪い」を描くが、忘れられた者の地縛霊の如きものではないことが明示される。地縛霊は鎮められる。元々は人畜無害な人や動物だからだ。でも

「場所の呪い」は鎮められない。コミュニケーション可能な人や動物ではない＝「社会の外」だからだ。それがシリーズ１の最終回で示される。重大なポイントだ。

１９８８年から始まる物語は、１９８９年の連続少女誘拐殺害事件と足立区綾瀬女子高生コンクリート詰め殺人事件、１９９５年の阪神淡路大震災とオウム事件、１９９７年の酒鬼薔薇聖斗事件、１９９９年の東電ＯＬ殺人事件などを劇中のテレビ画面を通じて示す。オリジナル『呪怨』までの実話という設定だからだが、物語と実在事件とのシンクロが繰り返し示される。

僕は本やテレビ（『朝まで生テレビ！』等）でこれら事件の全てにコメントしてきた。繰り返して述べたのは「ヤッたのがたまたまアンタじゃなかっただけで、アンタがやっていても不思議はなかった」ということ。犯罪被害者は誰でも良かったという通り魔殺人とは違い、犯罪者が誰でも良かったという問題だ。社会が犯罪者をロシアン・ルーレットで選ぶのだ。

「忘れるな」から「思い出すな」へ

そのコメントが、呪う人や動物をモチーフする「ＪホラーVer.1」と場所や時空をモチーフとする「Ver.2」の違いに重なる。Ver.1は「場所で忘れられた人や動物」に焦点を当て、「忘れるな」と呼び掛ける。『CURE』以降のVer.2は、よせばいいのに「ここは一体どこだ？」と知ろうとすることから、怖いことに巻き込まれ、狂うことで救われる。

記憶の機能が逆転するのだ。共同体ベースの便益授受の場たる「生活世界」と、市場と行政からなるシステムベースの便益授受の場たる「システム世界」を区別しよう。Ver.1は生活世界を忘れない方が＝システム世界への適応を程々にした方が幸せなのにと示唆し、Ver.2は逆に、生活世界を忘れた方が＝システム世界に適応しきった方が幸せなのにと示唆する。

生活世界を「場所の場所性」と言い換えれば、映画に即して理解しやすい。因みに人から場所へというモチーフの移動は日本映画に限らない。デヴィッド・ロウリー監督『A GHOST STORY／ア・ゴースト・ストーリー』（２０１７年）も、人の入れ替わりにも拘らず存在し続ける場所の力を主題化し、場所からの訴えを受信した男の「救済」＝イニシエーションを描く。

さて『CURE』では抽象的な性質のみ描かれていた「場所」に、具体性を与えて観客に自分事化させる作品が黒沢清監督『クリーピー偽りの隣人』（２０１６年）だ。映画史上初めて描いたのが「家屋の配置がヤバい」「間取りがヤバい」のモチーフだ。犯罪が起こる「場所」に共通の性質があるとする。忘れられた人や動物に由来する地縛霊であれば凡庸だった。

『クリーピー』『呪いの家』に共通して、鍵になる家屋は化物屋敷のような古いものではない。そこがポイントだ。80年代後半はテレクラナンパ、90年代前半は売春フィールドワークで全国を回った時の話。80年代末に日米構造協議で日本はアメリカ産木材１００％の２×４（Two‐by‐four）住宅の解禁を飲まされ、以降新しい様式の住宅街が開発されていった。

当時、地方郊外の国道を走るだけで、旧来の和風軸組建築の瓦屋根集落と、新種の２×４集落の、佇まいの違いに打ちのめされた。前者には生け垣・庭・縁側・路地・井戸端があるが、後者にはない。同じ集落とはいえ動線が全く異なり、ゆえに住民らがトゥギャザーであり得る蓋然性も全く違う。そこで感じた印象と同じものを『クリーピー』『呪いの家』が描く。

日米構造協議では大店法緩和も飲まされ、地元商店街が風化の原因になった。それに先立って「新住民化」による環境浄化で公園遊具撤去が進んだ。新住民とは地元の何たるかを知らぬ住民だ。転入者と、「一つ屋根の下のアカの他人化」で疑似単身者化した旧住民子弟からなる。60年代の団地化からあるが、「新住民化」という場合、新住民が多数派になることを言う。

『呪いの家』に出て来る女子高生コンクリート詰め殺害事件は、共産党員夫婦が一階に住む家の二階で40日間も女子高生を暴行し続けた少年らが、彼女を殺してドラム缶に詰めた事件。同じ1989年に起きた東京都五日市町（今のあきる野市）の連続幼女誘拐殺害事件は、家族が同じ敷地に住む離れのプレハブで、誘拐殺害した幼女たちを犯人が切り刻んでいた事件だ。

共に「一つ屋根の下のアカの他人化＝疑似単身者化」を示す。少し前の1984年には国道脇に林立するロードサイドショップでNIEs諸国（台湾・韓国）製のテレビが1万5千円で売られて「テレビの個室化」が進み、1985年の電電公社民営化（NTT誕生）で電話が買切制になって多機能電話が売られて「電話の個室化」が進み、「アカの他人家族」が量産された。

90年代に入る前の段階で進んでいた「新住民化」の様相が分かるだろう。繋がりのない人間たちが集住するようになったのだ。一見平穏な住宅街でも昔の近隣関係も家族関係もない。だから共通感覚も共通前提もない。それで「危険な公園遊具」撤去運動が起こった。かくてブランコの立ち跳び・座り跳びも、花火の水平撃ち（横打ち）も、焚き火も軒並みダメになる。

それ以前から各自治体の火災予防条例で焚き火は禁止だったが、誰でも焚き火をしたし、消防に通報されることもなかった。同じ流れで80年代には組事務所排斥運動が起こり、1992年の暴力団対策法施行に繋がった。ビジネスヤクザ化した組がどんどん共同体外に押し出された。かくて共同体のセーフティネットとしての機能を失う。それには二側面があった。

第一に、当時はストーカー法ができる以前で、警察はストーカー事案に取り合わず、組に相談する他なかった。関西では警察に相談すると「警察じゃ無理だね」という物言いで暗にソレを示唆されもした。ことほどさように表共同体と貼り合わさった裏共同体が組だった。たとえば前科者だったりして表共同体に居られない者が、三下（電話番や運転手）として抱えられた。

第二に、ケツ持ち役がいなくなって地元の非行少年に紐がつかなくなる。その悲劇的帰結が女子高生コンクリート詰め殺人だった。かつて少年の暴走族（ゾク）にもチンピラ（ヤンキー）にもケツ持ちヤクザがいて「やり過ぎんなよ」と掣肘した。それがいなくなって少年集団非行が暴走し始めた。「適切な非合法」が「不適切な非合法」になったのだ。

『クリーピー』『呪いの家』が描く不可視の「歪んだ街の歪んだ家」が象徴するものが分かろう。そこには人間関係がなく、空間だけが「物を言う」。侵入しやすい家とか、人から見られずに何かできそうな家とか。或る種の本末転倒化としての動物化が起こったと、パラフレーズもできる。それらが90年代末以降の「Jホラー Ver.2」が象徴するものだ。

『クリーピー』の冒頭、引っ越してきた主人公夫婦が近所挨拶に行き、怪訝な顔をされる。全く同じ経験を15年前に僕も世田谷区で経験した（映画の舞台は日野市）。他方、元警察官で今は大学教員をする主人公が務める大学はガラス貼りのオープンスペースだらけ。「人と人が繋がれます的」なタテマエを象徴する。実に効果的な演出だ。

つまり「コイツらが住む場所がどんななのか分かってんのかよ」的に観客を挑発するのだ。同じ冒頭、若夫婦が荷解きしつつ「庭があっていい家ね」と会話する。それを継いで『呪いの家』では「同じ家」に転居して来る若夫婦が「いい家じゃないか」と会話する。むろん反語だ。「そこがどんな場所なのかちゃんと評価しているのかよ」と嘲笑している。

これは観客の一部への直接的批判だ。『クリーピー』ロケは日野市。都立大学がある八王子市の隣だ。公開当時、僕のゼミにはロケ地を実際に知る者もいて盛り上がった。1993年に都立大に赴任した僕は10年間ほど広範囲に散策したが、唐突に建設資材や重機が放置された空き地や新築直後に放置された空き屋があったりと、嫌な感じが漂う場所が目立った。

一時間歩いても誰にも出会わなかったりする。その時に思った。昔ならそうした工事現場には土管があって子供たちの秘密基地だった。ウルトラマンの「恐怖の宇宙線」(ガヴァドンの回)がソレだ。藤子・F・不二雄は『オバQ』から『ドラえもん』までそうした「子供の領分」を描いた。昭和はまだそうした場所が活き活きとしたエネルギーの発生源だった。

そこは「法外のシンクロ」が生じる時空だった。だが『クリーピー』の空き地は「シンクロが起きない法外」である。そこでは「法外＝社会の外」の意味が変じている。「社会の外」に濃密な時空が拡がるか、虚空が拡がるか、という違いである。まさにその違いが「Jホラー Ver.1＝外を忘れるな」と「Ver.2＝外を忘れろ」との違いに対応している。

かつてのＪホラーVer.1とは何か

『リング』『らせん』の原作者・鈴木光司とはよく交流した。この要素とあの要素をこう組み合わせたら怖いといったシナリオ学校的な鉄則を多数持ち、文学的というより建築的で、従来の日本の怪談の要素を的確に摑まえる頭のいい作家だ。だからこそ、彼の作品は小道具にテクノロジー機器を使う点で新しく見えて、実は古いモチーフを反復する。

但しデヴィッド・クローネンバーグ監督『ヴィデオドローム』（１９８２年）にも、鈴木光司的な「つけっぱなしのテレビから何かが出て来る」というモチーフが既にあった。三池崇史監督『着信アリ』（２００３年）まで含め、80～90年代にはテクノロジー機器をホラーに取り入れる世界的な流れがあった。時代を現代に設定する以上、小道具をアップデートするのは当然だ。

古いモチーフとは「皆が忘れていくものが、忘れた頃にやってくる」というもの。「忘れられた者が土地に結びつく」というモチーフは、能の伝統もあって「日本の怪談」の基本だ。ただ「旅人がその土地を知らない」という「ワキモチーフ」から「住む人がその土地を知らない」という「新住民モチーフ」へとシフトした時点で「ＪホラーVer.1」が始まった。

その出発点は１９６３年に創刊された『週刊マーガレット』と１９６２年に創刊された『週刊少女フレンド』の少女怪奇漫画だ。前者が古賀新一、後者が楳図かずお。これらは当時の団地に現実に流布していた都市伝説と密接に関係する。団地住民はその場所が元々何だったのか知らない。その不安が都市伝説を流布させた。僕が幼少期に住んだ団地にもあった。

ある号室に住んだ家族から自殺者が出た。彼らの転居後に住んだ新しい家族からも自殺者が出た。三回続けてそれが起こった。調べたら墓地を移動した事実が分かった。そこで祈禱師を呼んで住民全員が集まってお祓いをしたら、二度と同じことは起こらなかった。これは僕の実話だが、似た話は小学生の頃に読んだ週刊誌に繰り返し載っていた。

古賀新一『白へび館』（1964年）も似る。新興住宅地の父娘が乗った車が白蛇を踏んだことから、土地で忘れられた者による呪いが始まる。呪いは英語でspellで呪文と関係づけられているが、日本の呪いは違って「思いが何かにへバりつくことadherence」だ。その上で「Jホラー」が新しいのは、呪われる側がVer.1とVer.2を通じて「新住民」であることだ。だから「Jホラー」は伝統的な「日本の怪談」と違って「戦後の再近代化」批判としての彩りを帯びる。但し、50年代後半からの「団地化＝第一次郊外化」の段階では新住民はマイノリティだったが、80年代半ばからの「コンビニ化＝第二次郊外化」以降になると新住民がマジョリティになる。それが60年代からの「Ver.1」と90年代からの「Ver.2」の違いに繋がる。

Jホラーに共通の凝視モチーフ

『呪いの家』に戻って映像モチーフを確認する。鏡が何度も出てくる。鏡が映るたびに僕らは「鏡に何か映るかもしれない」と身構えて鏡を凝視する。同じことは下から見上げた二階の窓で揺れるカーテンにも言える。僕らは「揺れるカーテンの向こうに何かいるかもしれない」と身構えてカーテンを凝視する。似たモチーフが他にも多々ある。

ホラー映画としては部屋の場面が比較的明るめだが、照明効果で薄暗がりが設えてある。僕らは「部屋の片隅の薄暗がりに何かいるかもしれない」と身構えて凝視する。これは黒闇の中から大音響と共に後ろから襲いかかる類の、情報の非対称性（監督は知っていて観客は知らないこと）を使った、黒沢清が言う「卑怯なやり方」とは、真反対だ。

僕らは「鏡」や「揺れるカーテン」が出てくる度に「また鏡かよ〜」「また揺れるカーテンかよ〜」と凝視して、「そんなの映すなよ〜」と嫌になる。黒沢はこれらを「不穏な気配を漂わせる只ならぬもの」と呼ぶが、言い得て妙だ。「不穏な気配を漂わせる只ならぬもの」のモチーフが実は「Jホラー Ver.1」から一貫してきたものであることに注意したい。

楳図かずおや古賀新一の少女怪奇漫画にも「凝視＝よく見る」が頻出する。「よく見る」と父親の犬歯が少し伸びたように見える。「よく見る」と母親の頬に鱗がついているように見える。「よく見る」と、家族はもう家族ではないのかもしれない、というモチーフだ。これを裏返すと、皆が当たり前だと思って「よく見ない」ことが、批判されている。

「よく見る」と過剰や過少が現れる——。戦後の再近代化が余りに急だった日本ならではのモチーフだ。先に『クリーピー』について述べた空間の過剰や過少（の意味の変化）に結びつけることもできる。昭和の僕らは、空き地や工事現場や非常階段や屋上で遊んだ。30年前に「屋上論」として展開したように、これらは「機能化されていない空間」である。

要はシステム世界に登録されていない「場所」。学校なら、教室に居れば「学ぶ人」、廊下に居れば「通行する人」、校庭に居れば「休憩で遊ぶ人」だが、屋上に居れば「誰でもない人」だ。25年前に記した「地べた座り論」もそう。電車やバスやセンター街で地べた座りして「地上70センチの視線」をとるだけで風景が一変、「誰でもない人」になれる。

この脱機能性＝脱システム性を空間から時間へと拡張できる。『ウルトラQ』のケムール星人の回（「2020年の挑戦」）に出て来る「真夜中の遊園地」。『ウルトラセブン』のチブル星人の回（「アンドロイド・0指令」）に出て来る「真夜中のデパート玩具売り場」。普段は見過ごしているが、偶然そこに進入したらどうか。実にクリーピー（ぞわぞわ）だ。

「真夜中の遊園地」も「真夜中の玩具売り場」もシステム世界から見れば機能が欠落した「過少な場所」で、システム世界に適応した者から見れば「過剰な場所」だ。だから「空間の過剰と過少」は「時空の過剰と過少」に拡張できる。それらは「凝視＝よく見ること」で現れてくる。そこが、社会への〈閉ざされ〉から、世界への〈開かれ〉に通じる扉になる。

昭和的身体は「社会の外へ」「社会から世界へ」の扉に開かれていた。「真夜中の遊園地」や「真夜中の玩具売り場」を子ども番組で描いた大人たちは、「社会から世界へ」の扉——規定可能なものから規定不可能なものへと通じる扉——に向けて子供たちを誘なった。それらを見て育った子供たちが、「鏡」や「真夜中」に強く惹かれるようになったのだ。

昭和の三面鏡は普段は閉じられた上に覆いがかけられていた。子供たちは親がいない時に覆いを取り去って三面鏡を開き、角度を調節して無限回廊を覗き込んでは回廊のどこかに得体の知れぬ何かが映り込んでいないかと脅えた。だが今の子供たちは屋上や空き地に、真夜中の遊園地や玩具売り場に、全く関心を寄せない。扉に向けて〈開かれ〉がない。クズ＝「言葉の自動機械・法の奴隷・損得マシーン」＝「社会に閉ざされた存在」の出発点は、そんな子供時代の〈閉ざされ〉にあるというのが、僕の一貫した見方だ。そこからすると「Jホラー Ver.1」と「Ver.2」に共通する「見過ごされた時空＝凝視すべき時空」は、単なる映像モチーフを超えた豊かなインプリケーションに満ちている。

若い読者は考えたことがあるだろうか。鏡は用事がある時しか使わない。だが鏡は使われていない時にもそこにあって「何か」を映している。遊園地も玩具売り場もそう。僕らが訪れていない夜にもそこにあって「何か」を宿している。「おもちゃのチャチャチャ」の歌のようにだ。因みに「何か」とは何なのかが、「Ver.1」と「Ver.2」を分ける。

「忘れられた場所」を描くVer.2

鏡が映す「忘れられた者」におののく「Ver.1」と違い、「Ver.2」では鏡が何を映さなくてもそこに存在する事実におののく。だから『呪いの家』の鏡は「忘れられた者」を映さない。むしろ鏡にいつも「見られている」こと、知らない時も鏡が何かを「見ている」ことに、注意が払われる。つまり鏡が「脱人間中心主義」の象徴として用いられている。

それが示すものはアニミズム的な体験だ。巷間の誤解と違い、アニミズムは万物に精霊が宿るのではない。それはキリスト教的な翻訳だ。水木しげる『墓場鬼太郎』（1960年）が描くように、僕らはタライや壁に見られたりする。それがアニミズムだ。現象学的精神分析学者ルートヴィヒ・ビンスワンガーは、統合失調に特徴的なそんな体験を原初的な古層だと見做した。「僕らが見ていなくてもそこにあり続けて、何かを見ているモノたち」に開かれた感受性を、僕のゼミでは「存在論的な感受性」と呼んできた。90年代半ば以降の人類学者らの「存在論的転回」にもクァンタン・メイヤスーらの「思弁的実在論」にも、細かいロジックを抜きにしてそうした同時多発的感覚が滲み出している事実に注目しなければならない。

その同時多発的感覚に基づく表現の一つが、「人」ではなく「場所」が主役だとする「Jホラー Ver.2」だ。奇しくも僕が都市計画や街づくりに関わる際にも「人」ならぬ「場所」が主役だと言い続けてきた（『まちづくりの哲学：都市計画が語らなかった「場所」と「世界」』2016年）。その僕の思考は1994年刊行のJ・ベアード・キャリコット『地球の洞察』に拠る。

京都学派の影響を受けたこの環境倫理学者は語る。環境が大切なのは生き物が大切だから（義務論）でも、人が快楽を感じるから（功利論）でもない。これらはショボい人間中心主義だ。「場所」自体が一つの生き物であって、それを蔑ろにすることで人は尊厳を失って狂う。彼の主張をパラフレーズすれば「人間主義の非人間性／脱人間主義の人間性」となる。

さらにパラフレーズすると、産業化や技術化で感情が劣化した人間が「人間中心主義」に頽落することで、蔑ろにした「場所」から復讐される、となる。これぞまさに同時代の黒沢清『CURE』に始まる「Jホラー Ver.2」のコードそのものだ。そこには、「人間が主役」と思った瞬間に、社会への〈閉ざされ〉に埋没するのではないか、との惧れがある。

惧れの背後には、いつの間にか自明ではないシステムへと自分たちが閉ざされたという汎システム化pan - systemizationの感覚がある。当初は「我々」がシステムを道具として使っていたのが、システム化によって生活世界が縮小して「我々」が消え、分断され孤立した個人がシステムの駒に堕する事態が、汎システム化だ。主体が「我々」からシステムへと移るのだ。

汎システム化が生活世界を破壊、人が孤立状態でシステム（市場と行政）に向き合うようになった結果、不安を背景とした「感情の劣化」が広汎に生じる。そこには、ホモ属が他の霊長類よりも孤独を嫌う社会的動物として進化したというゲノム的前提と、同じ時間でより多くの獲物と収穫物を得るために負担免除を追求するゲノム的前提との間の、矛盾がある。

負担免除（技術）によって人間がもっと多くの選択肢を得ることを良しとする「人間中心主義」が、負担免除の装置であるシステム（市場と行政）の見通し難い複雑化をもたらした結果、人間がシステムの入替可能な部品になり下がるという「非人間性」を招き寄せたのだ。これが「人間中心主義の非人間性＝技術による総駆り立て（後期ハイデガー）」という事態だ。

単なる合理化だとされたシステム化（第一次郊外化まで）が、汎システム化段階へと進化した80年代以降になると（第二次郊外化以降）、人間が選択の主体であるがゆえの「人間主義の非人間性（閉ざされ）／脱人間主義の人間性（開かれ）」という気づきに到る。第一次郊外化は旧住民がマジョリティなのが、第二次では新住民がマジョリティ化した事実を想起しよう。

同種の気づきが90年代に各国に拡がり、人類学や哲学から映画表現や文学表現まで含めた「存在論的転回」をもたらした。ただし、別の場所で詳述した通り、戦間期後期の全体主義化を背景に生じた「一度目の存在論的転回＝ハイデガーの総駆り立て論」があるので、汎システム化を背景とする90年代の「存在論的転回」を「二度目の存在論的転回」と呼ぶべきだろう。

汎システム化がもたらした「人間主義の非人間性」への広汎な気づきという文脈を踏まえない限り、ダン・スペルベルやブリュノ・ラトゥールら人類学者が駆動し始めた「二度目の存在論的転回」の理解が表層に留まり、今世紀ヴィヴェイロス・デ・カストロの多視座主義・多自然主義やクァンタン・メイヤスーの思弁的実在論の理解に支障を来す。

『ア・ゴースト・ストーリー』がタイムラプスで描くように、僕がいるこの「場所」は昔からずっとあり、これからもずっとあり、「生き物の如く転態する（時間性）」。そうした「場所」が、タイムラプスで消えてしまいがちな僕を「じっと見ている（空間性）」。そんな「場所」へと〈開かれる〉ことで、僕らは社会ならぬ世界の中で、救済される。

僕には幼少期からアニミズム的感受性があって、生物か無生物かを問わずモノに「見られる」という体験を重ねてきた。動物に「見られる」という感受性ゆえにどんな動物にも異様に好かれる。樹木や電信柱やビルに「見られる」という体験ゆえに時には街頭で突然うずくまった。当時は転校が多すぎたための「引っ越し分裂病」ではないかと診断された。

90年代半ばまでの10年、ナンパした女たちとビルの屋上や非常階段で性交していた時も、避雷針や給水タンクに「見られる」体験を重ねてきた。実際「ほら、避雷針が僕らを見ているよ」という言葉を幾度となく囁いた。中には「いやっ」と頬を赤らめる僕と同じ資質を持つ女もいた。それを僕は『墓場鬼太郎』が描く幽霊族＝先住民の感受性に重ねた。

そんな僕に居場所を与えてくれるのが「Jホラー Ver.2」である。Ver.1が「場所で忘れられた者」が主役だとすれば、Ver.2では「場所そのもの」が主役だ。前者の呪いは鎮められるが、後者の呪いは「場所を忘れた自分が悪い」ので「場所に開かれた脱人間（モンスター）」にならないと鎮められない。とすると、「場所」によって救われた僕は「天使で且つ悪魔」なのだろう。

三度目の「光と闇の綾」の賞揚

繰り返す。「Jホラー」は、「場所」に関わる「新住民の」脅えとして1963年に始まる。小四で観た『怪奇大作戦』シリーズ（1968年～1969年）のDVDボックスに依頼の十倍の長大な解説を寄せたが、そのために一本一本精査して分かったのは、「ニセモノ／ホンモノ」モチーフがほぼ全回を貫徹することだ。特に実相寺昭雄監督「京都2部作」（23話、25話）に顕著だ。思えば、このモチーフは戦間期に始まる江戸川乱歩「少年探偵団」シリーズ（怪人二十面相シリーズ、1936年～1962年）を貫く。社会が急に変化する時に「ニセモノ／ホンモノ」モチーフが噴出するという大衆表現の定理がある。「ちゃんと見ない」からニセモノに騙される。「ちゃんと見ない」というモチーフと「ニセモノに騙される」というモチーフが結びつくのだ。

社会が急に近代化する時、人は強くなりゆく「光」に目を奪われ、そのハレーションで「闇」を見なくなる。このモチーフの嚆矢が、戦間期の川端康成『浅草紅團』（1930年）と江戸川乱歩『押繪と旅する男』（1929年）。後者は川島透監督が映画化したが、『CURE』直前の199

4年である事実に注目しよう。映画の中身は乱歩の短編を解説するような見事な内容だった。

それを敢えて言語化すると、戦間期の川端と乱歩の作品は「銀座批判」だった。後藤新平の帝都復興計画の「光」に満ちた銀座はモボとモガが闊歩する、しかしフラットな時空だ。凌雲閣と直下の私娼窟が同居する浅草は「光」と「闇」が綾をなす時空。「光」は人の居場所がないニセモノだが、「光と闇の綾」の中には人の居場所があるホンモノだ——。

だから、再び社会が急速に再近代化した60年代に「ちゃんと見ない＝ニセモノに騙される」モチーフがリプライズした。それは「戦後批判」を意味した。それを当時新左翼に連なっていた佐々木守や石堂淑朗らが担った。その意味では新左翼‖新右翼（戦後の親米ケツ舐め右翼に対し、戦前の反欧米右翼を引き継ぐ真右翼をこう呼ぶ）という定理が如実だ。

そこは深入りしないが、彼ら監督や脚本家らが、戦間期の川端や乱歩が銀座を体験したが如く、高度成長期の高速道やビルやデパートを体験していた事実に注目して欲しい。その体験が「光と闇の綾」を描く「JホラーVer.1」の楳図かずおや古賀新一や『怪奇大作戦』シリーズを生み出した。即ち1970年までは「闇への開かれ」が日本にちゃんと在ったのだ。

直前の50年代末から水木しげるが、鬼太郎の誕生秘話を描く『妖奇伝』『墓場鬼太郎』を描いた。先住民たる幽霊族がタライや壁と話し、「よく見る」と道には妖怪がいる。それがホンモノの日本だというのが水木の主張だ。そして在野哲学者の内山節によれば、その頃までの日本人は狐に化かされたが、60年代を通じて化かされなくなっていった。

加えて北一輝など戦前右翼研究家の松本健一によれば、世論調査で日本人が「アジア（後進国）

の一員」から「西側（先進国）の一員」という意識に変わったのが１９６４年、つまり東京五輪の年だ（松本は「一九六四年革命」と呼ぶ）。「場所で忘れられた人や動物に復讐される」という「Ｊホラー Ver.1」の元年１９６３年に重なる事実に注目しなければならない。

大正の戦間期前期に生まれ、上海のフランス租界で母とその兄弟たちを産んだ僕の祖母は、まだ日本にいた女学生時代には人力車で女学校に通うハイカラさんだったにも拘らず（祖母の父は浅草に映画館と芝居小屋を五つ所有するカブキ者）、時々「通い慣れた道なのに、迷っちゃったよ、キツネに化かされたんだ」と言っていたのを、僕はよく覚えている。

そして再度のリプライズ（再興の再興）が90年代半ばに生じ、「Ｊホラー Ver.2」の形を採った。それが「鏡をちゃんと見ろ」という「存在論的モチーフ」として表れた。同じ頃「レトロ・フューチャー」（60年代の「光＝未来」を懐かしむ営み）もブーム化した。なぜ90年代半ばなのか。２０００年前後を舞台とする『呪いの家』が参照する事件がヒントだ。

１９９５年は援交のピーク。阪神淡路大震災とオウムのサリン事件が連続した。１９９７年には酒鬼薔薇聖斗事件。１９９６年は『新世紀エヴァンゲリオン』シリーズに象徴されるアダルトチルドレンと自傷系のブームの起点。ストーカー騒動とセクハラ騒動の元年でもある。１９９７年には「新しい歴史教科書をつくる会」が結成、ウヨ豚が湧き始めた。そう。狂いの顕在化だ。

問いの答えは、80年代以来の「新住民化＝第二次郊外化＝汎システム化」の結果、社会がフラットな「光」に包まれた裏面で、「社会の闇」が「心の闇」へと移転したことだ。それが思春期だった子供が大人になるまでのタイムラグを挟んで、90年代の「狂いの顕在化」に繋がった。それを最大限に象徴したのが1997年の東電OL殺人事件だったと考えられる。

「Jホラー Ver.2」の出発点は「人類学ルネサンス」ないし「二度目の存在論的転回」に時期が重なる。グローバル化とテック化による「汎システム化＝フラットな社会への〈閉ざされ〉（格差化にも拘らずそれを感じないジョック・ヤングの「過剰包摂社会」がそれを象徴する）によって、闇の「社会から心へ」の移行と並行して、「社会の外」への強い志向が生じた。

その「心の闇」は、酒鬼薔薇聖斗のような犯罪者としてのみならず、性愛における「コントロール系のクズ男」や「被害妄想の糞フェミ女」という神経症として表れたことが重大だ。なぜなら、それが、クズ化＝「言葉の自動機械・法の奴隷・損得マシーン」化の一般化という現象を代表するからである。ちなみに、両者の共通の特徴は「不倫炎上」するところにある。

クズは、「見ている時」に相手が自分に従っていたら＝コントロールできていたら安心する。同だが思い出すべきだ。「鏡」や「避雷針」や「空き家」は「見ていない時」にも存在する。同じくその男やその女は「見ていない時」にも存在する。「見ていない時」に鏡が何を映すか未規定なように、「見ていない時」に相手が何をしているのかも未規定なのだ。

「LINE見せろ」「写メ見せろ」と強いつつ「ウチの妻は・夫は、不倫してません」とホザく。見える範囲に情報をたぐり寄せて安心するだけの、自動機械のクズである。80年代に「寝取りのプロ」だった僕に言わせて貰えば、旦那に悟られないで奥さんを寝取るのは簡単なことだ。「そうしたことがあるかも知れない」と思いつつ幸せな毎日を送るのが、健全だ。

それを〈開かれ／閉ざされ〉の二項図式を用いて言えば、絶えず〈開かれた〉状態でありつつ、腹を括って〈閉ざされた〉こちら側にいる状態が、倫理的に望ましい。「安全・便利・快適」厨の反対側の構えだ。奇しくも『呪いの家』で仙道敦子演じる霊感のある女が示す構えがそれだ。〈開かれ〉を忘れれば復讐され、〈閉ざされ〉を忘れれば社会を生きられない。

「Jホラー Ver.2」が示唆するかかる倫理は、多様な現れを示しつつ普遍的だ。それを象徴するのがショーン・ペン監督『イントゥ・ザ・ワイルド』（２００７年）で、映画関連素材で言えばピエール・マイヨール（かつての無呼吸潜水記録者ジャック・マイヨールの兄）が著した『ジャック・マイヨール、イルカと海へ還る』（原著２００３年）だ。（ちなみに同作品から厳しいジャック批判を消去したのがレフトリス・ハリートス監督『ドルフィン・マン』（２０１７年））。

「鏡の向こうに何かがいる（Ver.1）」「自分が知らないものを鏡が知る（Ver.2）」との予感を抱きつつ「鏡のこちら側」に留まる構えが、汎システム化によって狂人化しないための処方箋になる。それを「なりきり becoming＝往相」と「なりすまし pretending＝還相」の遣い分けだとパラフレーズしてきた。「霊感のある女」が示す構えとはそのことだ。

理論を実践へと実装する営みへ

巷間、脊髄反射的な「見たいものだけを見る」クズの量産をインターネットのせいにする短絡が蔓延る。これはウヨ豚（自分を右翼だと思う、右翼が聞いて呆れる神経症）が全てを中国人のせいにし、糞フェミ（自分をフェミニストだと思い込む、同様な神経症）が全てを男のせいにするのと同じ自己のホメオスタシスのための外部帰属化だ。真実を「ちゃんと見る」必要がある。

インターネット元年1995年の10年以上前から、世界各所で、汎システム化による共同身体性・共通感覚・言語的共通前提の崩壊が、「感情の劣化＝言外・法外・損得外への閉ざされ」を招いていた（1985年からのナンパとフィールドワークで全国を回った僕は、日本での過程を具さに目撃した）。それがなければ、インターネット化は異なる帰結をもたらしたろう。

全ての事象には文脈がある。全てのテキストにはコンテキスト（テキスト随伴物）がある。それを無視して全てをテックのせいにする自動機械は、人間的なものを目指すつもりで必ずテックを敵視しよう。だがテック化を含めた技術の複雑化は必然的な過程で、それに敵対するのは絶望への道だ。テック化を「大切な何か」の味方につける方途が必要だ。

コロナ禍は必然的にテック化を後押しする。本来20年かかる過程が数年に短縮されるだろう。目下の文脈では、そのことが「共同身体性・共通感覚・言語的共通前提」の崩壊による顕著な分断を加速しよう。だがテック化を別の文脈で機能させ得る。その別の文脈はコロナ禍の現実を「見ている」だけでは分からない。「見えないもの」を「見る」必要がある。

別言すると「共同身体性・共通感覚・言語的共通前提」の崩壊によるクズ化＝「言葉の自動機械化・法の奴隷化・損得マシーン化」とそれによる倫理の脱落を嘆くだけでは始まらない。コロナ禍によるテック化の加速が幸い「茹でガエル化」抜きで問題を露わにさせる。そこで生じるカオスが、フラット化から一部の人を解放してくれている事実もある。これは重大だ。

理論的には、「共同身体性・共通感覚・言語的共通前提」の崩壊を加速するテックと、逆にそれを押し留め、かつリストアするようなテックを区別し、後者に与するのが重要だ。もともと日本には倫理がなく、日本的共同体のヒラメ・キョロメ作法が倫理の代替物を提供してくれていたところに、共同体の空洞化が生じてアノミーが生じている以上、なおさら急務である。

この日本的文脈が、どのみち各国で生じるだろう劣化を先取りする。その意味で日本はいつも「課題先進国」だ。だが、先の理論的な示唆だけでは過剰に抽象的だ。理論を実践へと実装するには、文脈に伴われて初めて現象する日本的文脈の否定面のみならず、別の文脈に伴われさえすればリストア可能な肯定面に着目し、手掛かりにする他はない。

実際、半世紀余り前には、日本人の多くが「見えないもの」を「ちゃんと見る」営みを弁え、ユダヤ・キリスト教的な文明化を遂げた人々とは違って「人間中心主義」を生きていなかった。「人間主義の非人間性/脱人間主義の人間性」図式に即して言えば、キャリコットがそう感じたように、日本の歴史には「脱人間主義の人間性」のヒントが満ちている。

［特別収録］

宮台真司×黒沢 清

〈閉ざされ〉から〈開かれ〉へと向かう“黒沢流”の反復

“黒沢流”のモチーフの反復が意味するもの

宮台──最初に少し個人的な話をすると、僕の母方の祖父は、フランス租界にあった上海自然科学研究所の教授だったので、母の家族は租界地で暮らしていたんです。今作『スパイの妻』（2020年）の優作とその妻・聡子と同じように、お手伝いが五人いるという環境で、想像を絶する大豪邸に住んでいました。母によると、母の両親であるその教授夫妻──つまり僕の祖父母──は「とにかく早く日本が戦争に負ければいい」とずっと言っていたそうなんです。そういったこともあるので、「全く他人事として観られない」という、黒沢作品を観る僕としては非常に珍しい体験になりました。

『スパイの妻』は、黒沢監督独自の物語の構造と画面構成がきっちりと維持・反復されていながら、誰にでも分かる娯楽性とメッセージが満ちているという意味で、「黒沢映画入門編」であると同時に、そのメッセージ性が社会的に評価されるべきものになっていると感じました。これが、拝見しての第一印象です。

先ほど述べたように、黒沢流のモチーフの反復があります。それは微睡（まどろみ）／覚醒、正景（まともな風景）／廃墟、そして狂気／正気です。まず、今回の映画で微睡んでいるのは、妻です。彼女は、満州に出かけてストレンジャー（異形の存在）に変じた夫の、不可解な行動を通じて、最終的に覚醒。夫と同じように、妻もまた、この現実が既に廃墟であること──徹底的に終わっていること──を知ります。そこからの救済の道も、これまた従来の黒沢作品と同じく、「自らも狂人になる」という選択でした。
　しかし、今回の作品は「そもそも言葉と法と損得によって営まれる社会は、例外なく廃墟なんだぞ」という抽象水準が高い従来の黒沢作品群とは違い、特定の社会の在り方を標的にしています。戦時の社会でも現代の社会でも構わないのですが、社会において「まともであることで狂人扱いされる」時代がしばしばあり、「そうした社会においては、あえて狂人であり続けることこそが、まともさの証だ」というメッセージが与えられるのです。「抽象度が違えど、これぞ黒沢流だ」と、この平行移動に感心しました。
　劇の後半でも、台詞としてそのことが明確に示されます。そもそも冒頭、壁・窓・扉を背景にして人が集まる、ヨコ構図の深度のないシーンが、もうゾクゾクするのです。今回の黒沢流においては、これは人が微睡の中で狂気に陥っているぞと告げるオラクル（お告げ）になっています。まず最初に、世界観から、画面の細部にまで至る、こうした「黒沢流」を、どのように意識し、活かそうと思われたかをお伺いしたいと思います。

黒沢――まず、大変に細かい点まで観て頂いた上に、予想もしないような嬉しいお言葉までいただき、ありがとうございます。大変恐縮しているのですが、「黒沢流」というものをそれまで強く意識したつもりはないのです。

宮台――黒沢監督は、いつもそう仰います（笑）。

黒沢――ただこれまでの作品は、東京近郊である不可解なことが起こり、人が右往左往するドラマをどう撮るかという考えから編み出されたものですが、今回は初めて歴史的モチーフを扱っている訳です。だから、東京の適当な場所でカメラを回すことは許されない現場だった。これまでは多くの素材がある中でどこを切り取るか考えていた訳ですが、今回はある特定の歴史の枠内に様々な人やモチーフを押し込めて、作らなければならなかったんです。このような発想で作ったことは初めてでした。ただ、作品が出来上がってラッシュを観たり、編集したりしているうちに、この二つの発想は、そう違わないものかもしれないと思いはしたのですが。

廃墟というモチーフに関しては、今回は扱うのが少し大変でした。というのも、劇中の時代当時の面影を残している場所はもうすでに廃墟のような場所であったり、もしくはピカピカに修復された上で保存されている。後者は法的に映画撮影ができないことも多かったので、すでに廃墟となっている場所を使用することになる。そうした際にどのように、一方は本当の廃墟として、もう一方は劇中において賑わっているように見せるか苦心しました。その点はこれまでとはだいぶ違っていました。

『スパイの妻』にある、「覚醒の連鎖」

宮台──なるほど。僕が「アニメが抱える過剰コントロール問題」と呼ぶものに近いです。実写と違い、アニメでは、敢えて意識しない限り、統制不可能なノイズが映り込みません。実写とアニメの違いは、ロケとセットの違いに平行移動できます。「コレ、なんかいいぞ」と現場で覚醒して取り込めるものを、セル画やCGやセットで「ゼロから構成」するのはとても難しい。だから、黒沢監督のおっしゃることは、とてもよく理解できます。

話を戻すと、今回は「微睡からの覚醒」という契機が連鎖しています。覚醒者が次なる覚醒者を生み出す、という、これまた黒沢流モチーフです。まず、大陸に渡った夫・優作が満州で何かを目撃する。目撃によって覚醒した夫は、妻・聡子から見ると最初は異形の存在だったのが、やがて妻も夫に感染したかのように、覚醒する。この「覚醒の連鎖」があまりにも感動的なのです。

というのも、本作が、巷では「愛の映画」──「愛ゆえに覚醒した女の物語」──などと言われながら、そうした御都合主義的な妄想の一切を、映像においても物語においても否定するものになっているからです。聡子が「アメリカへ渡りましょう」と優作に呼びかけるときに目がキラキラと輝く「異様なシーン」——僕には彼女が妖怪のように見えました（笑）——が典型です。ここにあるのは、「愛ゆえに」ではなく、「世界（あらゆる全体）との関わり方ゆえに」夫に連なる訳です。

当たり前ですが、聡子が「愛ゆえに」優作の世界観に連なる、などという絵空事は、単なる中二病の夢であって、現実には神経症の症状としてしかあり得ません。実際には「フィルムという記録を通じて」聡子が優作の世界観に連なることで初めて、今までになかった新しい愛の地平に到るのですね。そして、聡子が優作の世界観に連なれたことで初めて、どんなに遠くにいても——ラストシーンに関わるモチーフですが——繋がっている感覚を抱けるようになるのです。間違いなく、これだけが現実にあり得ることです。

但し、僕が性愛のフィールドワークやワークショップを1980年代半ばからしてきて思うのは、今やそのような関係——世界観に連なることで新しい地平に到れるような愛——はどこにもなくなったということです。だから「愛ゆえに覚醒した女の物語」などという極端な妄言がまかり通ります。妄言を口にする昨今の男女たちは、等身大へと〈閉ざされて〉、マッチングアプリで表示し合う「身過ぎ世過ぎの損得勘定」や、喋り方や食べ方を含めた「ショボイ性癖」の中でしか、対面できず、出会えず、セックスもできません。

その意味で、本作は現代において稀有になった関係を描くのです。「覚醒の連鎖」と言いましたが、「聡子の覚醒」は「世界観への覚醒であるがゆえに、新しい愛への覚醒でもある」というものです。そうした関係は、今や現実の社会から蒸発していますす。それはなぜか。人の存在形式が間違っているからです……という具合に、この映画は今の現実に対する批評を構成しています。最終的に「人の存在形式の決定的な誤り」に到るのは黒沢流ですが、従来の作品より一段迂回して「恋愛を描く」

ので勘違いが生じやすいのでしょう。

黒沢――鋭いご指摘ですね。しかしまずお断りしておくと、この脚本の元々は僕が書いたものではなくて、濱口竜介と野原位という、僕の元教え子によるものです。僕はこれまで、男女関係を彼らが書いてきたようには深く追求してきませんでした。ただ、これは映画ができた後に濱口たちと話して分かってきたことなんですが、彼らが当初書いた脚本では、聡子を突き動かしている動機は「夫に女がいる」というただの嫉妬心を発端としている。それはある意味増村保造的作風とも言えます。確かに濱口は、聡子が単なる嫉妬を発端として、どんどん自分自身が変化する過程を見事に書いていました。しかし、僕は脚本を読んだとき、増村的にしたいとは思わなかった。というか、僕には増村的に映画を作れないと思ったんです。

実際に完成した本作も、「夫に女がいる」という嫉妬心がきっかけの一つにはなっていますが、僕はもう少し軽やかに、ある種の運動――映写機を回すとか、倉庫に忍び込むとか、自ら市電に乗って憲兵の幼なじみに会いに行くとか――そういった彼女なりの動き、彼女の自発的な行動によって、どんどん変容させていきたかった。そして宮台さんがおっしゃる通り、「アメリカへ渡りましょう、私たち二人で」という、気が狂ったかとすら思うような台詞をあの場面で言う。あれは賭けだったんですよ。この場面で、彼女はこんなに嬉しそうに目を輝かせて大丈夫なのかという不安もあった。でも、彼女があのような結果に至るように運動させることで、帰着させました。濱口たちが書いたものを、僕が無理矢理運動させたことでできたキャラクターが聡子なのかなと振り返ってみて思います。

宮台――それがまさに、〈閉ざされ〉から〈開かれ〉へと向かう運動の玉突きです。その運動の過程で、自分は夫を見くびっていたという風に、夫の存在形式に――世界観に――覚醒するところが、感動的かつ批評的なのですね。作中では、ストア派の時代以降2300年間も繰り返されてきた「ナショナリストvsコスモポリタン」という図式が出てきます。夫の存在形式に感染した妻は、ナショナリストからコスモポリタンへと〈開かれ〉ます。「精神の平穏」を目標とするストア派の命題を今日的にパラフレーズすると、ナショナリストとは、「日本すげえ」「中国こそが敵」とほざきつつも、その実態は、中国人どころか日本人の友達さえ殆どいない「不安にさいなまれた輩」が、言葉にへばりついて不安を埋め合わせるだけの神経症です(笑)。同じ神経症の症状が、性愛にも現れます。それが、黒沢監督が〈開かれ〉への運動の出発点だったに過ぎないとされた妻・聡子の嫉妬です。

ぶっちゃけ、日本スゲエ系の妄想的ナショナリストは例外なく粘着系ソクバッキーです(笑)。例えば、日本スゲエの始まりは1997年の「新しい歴史教科書をつくる会」でしたが、数多の本で書いたように、性的退却の始まりは1996年の秋からです。ストーカーやセクハラという日本語の定着も1996年です。繰り返すと、妻・聡子は、日本スゲエ系のショボイ妄想的ナショナリズムの外へと〈開かれる〉ことで、夫をショボイ存在だと見くびっているがゆえの嫉妬から外へと〈開かれた〉訳です。そこも辛辣で批評的です。

今まで何度かお付き合いいただいた黒沢監督との対談で申し上げてきたように、黒沢監督が自覚しておられなくても、ある運動の形式が「フィルムを見ている我々の体験」として反復されるとき、運動の形式を制御しているコード——命令文——に、黒沢的無意識が表れるのだと思っています。そのコードは、言葉によって粉飾された関係の中に〈閉ざされた〉状態から、粉飾決算の外へと〈開かれ〉よ、という形式です。今回は、観客の脳が今日的文脈を参照せざるを得ないので、その運動形式が、類い稀れな批評性を帯びます。

単に「コスモポリタンであることが倫理的だ」という主張なら、ゴダールが言う意味で「映画の政治性に鈍感な、単なる政治映画」です。今回の作品は、〈閉ざされ〉によるみすぼらしさから、〈開かれ〉による力の充溢へ、という存在形式の運動を反復的＝換喩的に示します。逆説的ですが、存在形式の運動を示す映像のほうが、コスモポリタニズムや普遍主義の正しさを唱う政治映画よりも、辛辣です。パラフレーズすれば、存在形式の運動が変われば、イデオロギーの変化は後からついてきます。ゴダール的なるものの真髄ですね。

黒沢――最初の脚本を読んだとき、聡子の「それでは売国奴ではないですか」という台詞に「僕はコスモポリタンだ」と優作が答える場面があって、「主人公にこれを言わせるのか」という逡巡がありました。濱口たちにも何度か確認しました。そのような台詞を言うことによって、登場人物が、我々の想像以上に、政治的イデオロギーに囚われてしまうのではないかと思ったんです。「それでも言わせたい」という濱口たちからの要望もあり、結果的に俳優たちの演技に任せようということになりましたが。さらっとしたトーンで言ってしまえば、気にはならないだろうと信じた結果です。宮台さんがおっしゃるように、主人公たちが政治的な枠から抜け出せていると見えたのなら、よかったです。

宮台――実際、とてもうまくいっていました。黒沢監督がおっしゃった目が輝く聡子のシーンも、家の壁を背景にして引きの画面でしゃべっているので、ちょっとコメディを観るような軽やかさが感じられます。映像の解釈をコントロールしてしまう間違った呪文というよりも、映像的な運動の分泌物に過ぎないという感じでしょうか。

黒沢――ほっとしています。心配していたんですよ。

「記憶」から「記録」へ「フィルムというモノ」へのフェティシズム

宮台――もう一つお伺いしたいことがあります。本作では、神戸の上流階級の人物が主人公です。だから、何一つ不自由のない、お手伝いのいるお屋敷での生活が描かれます。頓馬な人たちが――まぁウヨ豚やパヨクですが――「なんでこんな余裕のある上流の人間を描くんだ」と反発するでしょう。実際アメリカでも、リベラルは「俺には余裕がある」という自己提示に過ぎないんだという議論が、ここ30年ぐらい続いています。リベラルの裕福さ、あるいは裕福なリベラルを描くことに、危惧はありませんでしたか？

黒沢――ありました。極度に貧しいという人はこれまで登場させたことがありますが、いわゆる「お金持ち」を出したのは初めてでした。ただよく考えてみると、それは何に対しての危惧なんだろうと。これはフィクションですし、階級差がテーマの作品でもない。題材にした人たちが、たまたま上流階級だったというぐらいで、あまりそれ以上考えることはしませんでした。僕があまりネット上の言説を把握していないというのもありますが……。

宮台――大半はゴミの垂れ流しなので見ない方がいいです。僕は、先ほど述べたような言いがかりがもし生じるようなら、それを全面的に粉砕するために、完全にArmed（武装された状態）です（笑）。少し開陳すると、戦間期研究や戦時期研究では「陸軍的なもの」と「海軍的なもの」というコードが用いられてきました。カオスを愛でる戦間期前期は「海軍的なもの＝都市的なもの」で、統合を愛でる戦間期後期は「陸軍的なもの＝農村的な劣等感」。僕の母方曾祖父は戦間期の浅草六区に芝居小屋と映画館を五つ所有するカブキ者だったので、上海租界地で生まれ育った母を通じてこのコードに馴染んできました。

御存知のように、陸軍エリートには貧しい階級の出身者が多く、海軍エリートはその逆で上流階級の出身者が多い。出身階級とリベラルの度合いに相関があることは昔から知られています。実際、大内兵衛や大内力といった初期マルクス主義者は豪農出身です。これは「見たくない事実」でしょうが「見なければならない事実」です。それを前提に本作を観ると、人々は余裕がなくて不安だから「まとも」という名の狂気に駆られていくのだ、という当たり前の現実が描かれています。陸軍的／海軍的は、語弊が生じることを恐れるポリコレ的な流れゆえに積極的に語られなくなりましたが、重要なポイントです。

川端康成と江戸川乱歩の認識では、戦間期前期の光と闇の織り成す綾に満ちた浅草の「大正ロマン」を楽しめるのは、明智小五郎のような探偵＝都会人であって、そうした渾沌の享楽から見放された地方出身者のあからさまな劣等感が、闇を消去した銀座の「昭和モダン」を駆動し、それがやがて全体主義につながっていくのだということになります。母や祖母からの宣べ伝えの「生々しさ」もあって、ほぼ正しいだろうと確信しています。

だからこそ、泰治の存在が気になるのです。彼の出身階級は物語としては描かれてはいませんが、映像が直接に語っています。泰治にとっては、優作と聡子という夫婦の生活が本当に「輝く光」です。泰治が聡子に惚れていることを示唆するモチーフがありますが、そこにあるのも、ある種の階級的なハレーションです。劣等感による階級的な憧れが、自分の劣等感を「見たくない」ので、恋愛感情として粉飾決算されるのです。泰治の存在の御蔭で、豊かさが描かれることの意味が明らかになっていると感じます。

他方、言葉による粉飾決算に関連した話ですが、この10年の映画の国際的流れには、モノとしての「記録」に語らせるモチーフが頻出します。「記録」には、化石のように人が介在しない表象と、日記やメモみたいに人が介在する表象があります。いま話題のクリストファー・ノーラン監督『TENET テネット』も、「記憶」を消去された存在が、時間の逆行を通じて「記録」に戻る運動を示します。商業映画デビュー作『メメント』も同じ運動が全体を覆い尽くし、人が介在する「記録」への全面的疑いに帰着して行くのでした。

本作にも、近年一流の映画監督の方々が描いてきたモチーフと全く同じものがあります。最近はデジタルが主流だから、若干の語弊があるのを承知で申しますが、映画はフィルムというモノがベースです。ドキュメンタリーならぬフィクションであれ、撮影した現場の「記録」そのものです。文書も「記録」ですが、フィルムの方が、嘘をつくのが下手クソです。別の言い方をすれば、フォレンジック（鑑識）に弱い。

黒沢――その通りです。

宮台――僕は、ノーラン作品とも共通する「フィルムというモノ」に対するフェティシズムを――ゆえに映写という「フィルムのハンドリング」へのフェティシズムを――、黒沢作品に感じてきました。そこには、モノとしての「記録」こそが、御都合主義的な「記憶」へと〈閉ざされた〉者たちにとっての、〈開かれ〉の契機になるんじゃないか、という楽天的感覚――川端康成のフィルム体験的な視座を支える感覚――があります。

黒沢監督の作品は、冒頭に申し上げた「壁・窓・扉を背景に、前景に人が集まる画面」が典型ですが、脆弱な記憶をベースにショボイ営みに淫する人間たちを、観客のフィルム体験を通じて相対化させます。そこで僕らは、人によって語られているのか、壁や窓によって語られているのか、よく分からなくなるような「未規定な感覚」を抱くのですね。それはちょっとした眩暈（めまい）です。

30分のインタビューで、実に残念ながら最後の質問になってしまうのですが（笑）、『ダゲレオタイプの女』（2016年）でも現れた、フィルムというモノへのフェティッシュな感覚は、本作においてどのような機能を果たしていると思われますか？

黒沢――物語では、主人公・聡子がフィルムに映写されたものを観ることによって、またはフィルムで撮影した映画に出演することによって、どんどん違う人間に変わっていく契機として使われています。

宮台――これまでも使われてきました。『LOFT ロフト』（2005年）や『CURE キュア』（1997年）

もまさにそうです。本当に一貫しています。それは、黒沢作品を体験することで、観客が違う人間に変わるかもしれないという事実の、隠喩的な反復です。この自己言及が黒沢作品の真骨頂です。

黒沢――単純になにかを映写するという行為が好きなんです（笑）。

宮台――映写する営みが始まった瞬間に何かワクワクさせられてしまうという事実ですね。

黒沢――そうなんです。当たり前ですが、映写したら、そこになにかが映し出される訳です。それまで一つの閉ざされた部屋だと思っていたものが、突如スクリーンという〈向こう側〉が出現することで、〈こちら側〉と〈向こう側〉の二つに割れる。映画のあの驚くべき特性には、何度向き合っても舌を巻きます。映画ほど露骨かつ作為的にもう一つの世界を開示させる、鮮やかな手はないと思うんです。今回はとりわけそれが何度かいろんな手段で、物語の契機となるシーンで出てきて、最後には劇変のきっかけにまでなる訳です。もちろんそれらは脚本に書かれていたことですが、いつも以上に、映写したものを観るという行為で、どれだけドラマや人が変化するか、挑戦したように感じます。

宮台――本当にそう思います。暗闇でフィルムが映写され、日常に異次元が闖入することで、あっさりと微睡から覚醒してしまう、という黒沢監督の楽天的なモチーフが、みごとに結晶化しています。歌舞伎で言えば「成田屋！」と声をかけたくなるような（笑）。本日はありがとうございました。僕もその楽天性に連なっていきたいです。

黒沢――こちらこそありがとうございました。ここまで詳細に観て頂いて、嬉しいです。

［特別収録］

宮台真司×ダースレイダー

『TENET テネット』は『メメント』と同じく「存在論的転回」の系譜上にある

クリストファー・ノーラン監督が下した「究極の決断」

宮台——ＳＦに限らず従来の映画の中で「時間というもの」がどういうふうに扱われてきたかということ、明示的ではなくても「誰かが死ねば／死ななければ、どうなったか」という形で扱われることが多かったですね。つまり「過去は未来を前提づける」＝「過去は未来の可能性を開く」という考え方です。

例えば、僕が突然いま心臓発作で死ぬ。それは不幸だと感じられるかもしれない。しかし、まだ若い妻は、その後誰かと出会って結婚するでしょう。それは幸福だと感じられる。つまり、どんな幸福も、数多の過去の不幸が切り開いたものだということです。実際、僕が死ななければ、あり得たかもしれない妻の新しい出会いの可能性は閉ざされます。

その意味で、皆さんの存在も、数多の死の上に成り立ちます。誰かが死なずに生きていれば、皆さんのご両親がそれぞれ別の方と出会っていたことは確実です。さらに遡った皆さんのご先祖様夫婦も、同じです。このモチーフは、時間を扱う映画のドラマツルギーに於いて基本中の基本です。つまり、不幸を単に不幸として描く映画は、考えが足りません。

これは、初期ギリシャ哲学の創始者でミレトス学派（イオニア学派）のタレス（紀元前7世紀〜6世紀・生没不詳）の「万物の根源は水である＝全ては流れの中で生じた渦のようなものだ」という思考に既に含まれています。同じ学派のアナクシマンドロスの「万物の根源は無限である」やアナクシメネス。

「万物の根源は空気である」では失われたモチーフで、むしろ原始仏教に近い。

ダースレイダー――例えば、たまたま道を右に曲ってみたら知らない雑貨屋さんを見つけて、そこで置き物を買って家に帰った。それを暖炉の上に置いておいたら、地震で揺れたときに落下して、おじいちゃんの頭に当たって……となると、分岐点は「道を右に曲がったこと」と捉えることも、論理構造的にはできる。話を作る上では「死」くらいインパクトのある出来事で枝分かれした方が構造が見えやすくなるというだけで、細かな分岐がブワッとつながっていく状況を俯瞰すれば、実はいろんな見方ができます。

宮台――そう。皆さんもよくご存じの量子力学の「ハイゼンベルクの不確定性原理」を俟たなくても、実存的には世界は確実に非決定論的です。ふと雑貨屋さんの看板が目に入ってしまったこと、ふと女と目が合ってしまったことが、想定外の枝分かれをもたらし、今の取り返しがつかない世界・あるいは・掛け替えのない世界に繋がる訳です。

しかし、今回扱う『TENETテネット』が前提としているのは決定論的な世界観です。ノーラン監督は物理学に詳しいので、今日のどの分野の学問にも反するこの設定は、いわば敢えてする「究極の決断」です。なぜ、この「とてつもない選択」を決断したのか。今回の話はそのことが軸になります。

僕はこの映画を四回観ています。海外も含めて膨大に行われた「謎解き」もほぼ全て確認しました。でも学問を装った謎解きには意味はないことを断言します。なぜなら最初から学問に反することを宣言しているからです。僕たちが本作を観て受け止めるべきなのは、この反学問的世界観が、僕らに何を訴えるために選択されたのかということです。

幾何学でいう補助線を引きます。ノーランの二作目『メメント』が『TENET』とよく似ます。『TENET』では、時間順行シーンが赤、逆行シーンが青のモチーフで描かれます。『メメント』でも、順行シーンはモノクローム、逆行シーンはカラーと、描き分けられます。手法の選択は「全く同じ」です。

また、『TENET』で用いられた「銃弾が逆行して拳銃に収まる」という映像のアイデアも、『メメント』の冒頭で既に使われています。そこも「全く同じ」です。「時間の順行でだんだんと像が浮かび上がってくるポラロイド」が「時間の逆行でだんだん消えていく」という映像もまた、逆行の映像です。そこも「全く同じ」です。

「捏造された記録」への〈閉ざされ〉

ダースレイダー――つまり、ノーランが『メメント』でやりたかったことを、もっとお金を使ってやると『TENET』になる。『メメント』で描かれたアイデアをより練って、ある種の娯楽的な構造にきちんと落とし込んでいます。

『メメント』は、妻を「殺害された」事件で記憶が10分しか保たない前向性健忘症になった主人公が、自分が残した記録をもとに〝犯人〟を追い詰めていくというある種のサスペンス・スリラーです。記憶はないが、この記録だけは絶対的な真実だという前提で、物語の3分の2くらいまで進む。主人公本人も、自分が残した記録は正しいのだと信じます。

宮台――そう。話の起点である妻の死から間もなく、主人公は直前の記憶を10分で失うようになり、それを補うために「事実の記録」を残すようになります。ここで究極のネタバレをすると、主人公は、実は自分が妻を事実上殺害したのだという「不都合な真実」を隠蔽すべく、前向性健忘症になって以降の「最初の記録」に、不記載と捏造を加えます。

以降の記録は、「捏造された最初の記録」の分泌物に過ぎないものになります。つまり、それ以降の全ての記録が「捏造された記録」の自己増殖になるという恐ろしい現実が描かれます。つまり、主人公は「捏造された記録」とその増殖物の内側に、〈閉ざされて〉しまった訳です。僕らの現実を考えるとき、これは極めてメタフォリカル（隠喩的）だと思います。

ダースレイダー——ただ起点が間違っているというだけで、最初に捏造した記録のもとに行われているさまざまな出来事には、真実性があるんですよね。また、コメントがつけられたさまざまな人のポラロイドが並んでいるなかに、自分が楽しそうに写っている写真が一枚あり、これには何も記録されていない、というのもポイントになっていて。

宮台——そう。自分を「捏造された記録世界」に〈閉ざす〉ことに成功するだろうという喜びのショット。重大な伏線です。この映画が2000年に撮られたことに、注意する必要があります。実はその数年前に、学問がそのことを明確に記しているからですね。今日の思想界隈における「存在論的転回」につながるスリリングな話なので、ざっと説明しましょう。

90年代半ばにフランスの人類学者ダン・スペルベルが『表象は感染する』（原著1996年）を出します。表象とは記録のこと。人間は、主体（選択の起点）として記録を書き、それを引き継いでいるように見えるが、錯覚だ。実は、記録たちが、人間たちをシャーレの培地のようにして、自己増殖し、変異してきたのだ、と。

加工品について、スペルベルと同じ図式で説明したのが、ブリュノ・ラトゥールの『虚構の「近代」』（原著1991年）です。人間は、主体（選択の起点）として加工品を製作し、それを道具として、再び主体となって更なる加工品を作るように見えるが、錯覚だ。実は、加工品たちが、人間たちをシャーレの培地のようにして自己増殖し、変異してきたのだ、と。

これらの業績が「存在論的転回」と呼ばれる理由は明らかです。僕らは主観次第・主体次第でどうにでもなるような、人間中心主義的・相関主義的な世界を生きていないということです。世界に厳然と存在する加工品や表象の自己増殖や変異の歴史が、紛うことなく僕らを方向づけ、僕らがそれらによって導かれているという事実を指摘するからです。

ダースレイダー――メモも、日記も、公文書や研究論文もすべて人が書いた記録ですが、その記録を参照して、記録や記憶がさらに作られていく。

宮台――そう。ポイントは「未来が過去を前提とする」という時間の構造です。記録は僕らにとって「過去が与える前提」です。僕らがそれを真実だと思っても所詮は思っているだけ。それが記録の定義です（笑）。ならば、その記録を前提に、積み増すように更に記録を書き、結果として、記録が自己増殖して変異していきます。加工品も「まったく同じ」です。

そうした学問業績を頭に置いて『メメント』を観ると、「最初に何が記録されたのかという起点次第で、記録増殖の歴史の時空が如何ようにも作られ得て、そこに僕らが〈閉ざされる〉」という深い含意になります。深すぎて、今ある生活世界の中でこの図式を使うことはあまりないけど（笑）、僕らが増殖した記録の時空に〈閉ざされている〉ことだけは分かるでしょう。

『メメント』と『TENETテネット』の共通項

ダースレイダー――とは言いつつ、それこそ今年（2020年）話題になった公文書改ざんだったり、勤労統計の水増しについて、それ以降はその数字をもとにした記録の増殖が起こり、新しく閉ざされた檻が作られる……という視点は、『メメント』から受け取れる教訓というか。

宮台――確かに。違いは、主人公のような〈ヤツ〉（単数）か、アベ・スガのような〈ヤツら〉（複数）か、というだけです。つまり、起点において「不都合な真実」を体験した〈ヤツ〉や〈ヤツら〉が、「捏造された記録」を残し、その結果、記録の自己増殖が形作る時空に〈閉ざされる〉という共通の形式です。他の時空から境界づけられた別の時空を生きるようになる訳です。

僕らの社会的なゲームのプラットフォームが、捏造された「最初の記録」によって作られているので、何かの偶然で「全く別の記録が本当はあった」という話が出てこない限り、作為的に方向づけられたゲームへの〈閉ざされ〉から逃れることは永久にできません。それがダースさんのおっしゃるとおり、政治領域における記録の大切さを教えてくれています。

『メメント』の場合、主人公は起点において「不都合な真実」に突き当たりますが、自分が前向性健忘症であるのを利用して、恣意的に「捏造された記録」を残し、その後の記録の増殖に〈閉ざされる〉ことで、永久に「妻を殺された復讐」をメインモチーフとする時空間を生きられるようにした、というトンデモナイ話です。

ダースレイダー——重要なのは、真実に向き合うより、〈閉ざされた〉世界、檻の中の方が気持ちいいから、最初にその決定をしていることです。映画の前段では、そんな主人公の性格は分からない。いつも「自分だけ分かっていない」というキョトンとした表情をしていて、しかも記憶障害を持っていてかわいそうだと思わされる。実際、彼は自分が捏造した記録の檻の中だけで生きているから、ある意味で本当にかわいそうなんですが、起点において働いている悪どい計算と歪んだ性格が分かるのは、映画の中で一瞬だけなんです。

宮台——本当は徹底的に悪いヤツなんですよ（笑）。

ダースレイダー——そして、悪そうに見える刑事が、実は檻の外から呼びかけてくれている人だということが分かる。

宮台——そう。「記録」ならぬ「記憶」の喪失や新造による〈閉ざされ〉というモチーフは、1969年の『記憶の鍵』（ジーン・レヴィット監督）という映画以降、繰り返し描かれてきたけれども、実は「記録」への〈閉ざされ〉という話は、僕が知る限り『メメント』が最初で最後です。低予算のコストパフォーマンスを考えても、空前絶後の作品ですね。

『メメント』を観た時、とにかくノーランが「めちゃくちゃ頭がいい」ことと、日常の事物の手触りを十分に感じられず、「これらは本当にあるのか」「本当にあると思える時空に〈閉ざされ〉ているのではないか」という懐疑に、一生を使うような性格の監督なんだなと思いました。実際、彼のその後のフィルモグラフィー（作品史）は、それを実証していますよね。

以上が分かると、『TENET』の前提になっているプロタゴニスト（主人公という意味の英語）の、周りに展開している時空間が、ノーラン監督のどんな時空間のクオリアに対応しているのかを、明確に理解できるだろうと思います。そのクオリア（経験質）を、観客が自分の内側で再現できるかどうかが、あるべき『TENET』体験のキモになるということです。

ダースレイダー――言ってみると、全部が不確かな世界に生きているということですよね。

宮台――そう。『メメント』は僕らが記録に〈閉ざされている〉事実を、『TENET』は僕らが「時間の矢」と呼ばれる統計熱力学的非対称性に〈閉ざされている〉事実を、描きます。「記録への盲目的依存」や「時間の矢への盲目的依存」を括弧に入れると世界体験がどう変わるかを思考実験し、〈閉ざされ〉から〈開かれ〉へとシフトすると何が可能になのかを示す訳です。

だから、両者は「存在論的転回」の系譜上に位置するという点で、「全く同じ」です。同じく、諸学問界隈の定説に反して「世界は決定論的に創られている」と仮定した時、僕らの世界体験がどう変わるか、それで何が可能になるか、を示しています。つまり、存在論的な事実を括弧に入れたとき、自明性がどう崩れ、それが何を可能にするか、を示そうとするわけです。

だから、『TENET』の世界を今の物理学で説明できるか、という問いはナンセンスです。「そもそも世界はそうなっている」というオントロジー(存在論的事実)を、どうせ映画なのだから変えてしまえという決断なので、むしろ物理学で説明できない方がいいんですよ。そこでポイントになるのが、時間を逆行しても過去を変えられないという奇妙な設定です。これは何を目的とした設定なのか。

「ループ」によって支えられる世界観

宮台——テクニカルな知識ですが、第一に、「順行世界」から「逆行世界」を見る場合は逆回しに見えます。第二に、「逆行世界」から「順行世界」を見る場合も逆回しに見えます。第三に、「逆行世界」から「逆行世界」を見る場合は逆回しになりません。車に喩えます。「逆行世界」で車が前進すると、「順行世界」で後進して見えます。なぜか。

「逆行世界で車が前進する」とは、「逆行世界の過去=後方向にいる」&「逆行世界の未来=前方向にいる」です。然るに、順行世界と逆行世界では未来と過去が逆転します。だから、「順行世界の過去=逆行世界の未来=前方向にいる」&「順行世界の未来=逆行世界の過去=後ろ方向にいる」。つまり、順行世界では、車が前方向から後ろ方向に後進する訳です。

今の説明で「順行世界」と「逆行世界」という言葉を入れ替えれば、「順行世界」で前進する車が「逆行世界」で後進するのが分かります。つまり「順行世界」と「逆行世界」は対称です。それが物性物理の時空です。でも統計熱力学の時空では対称性が崩れます。例えば、「順行世界」での内燃機関は酸化=エントロピー増大=無秩序化を使うので、「逆行世界」では機能しません。但し「逆行世界」の全ての事物が反物質であれば、対称性が回復して問題はクリアできます。

だから、映画ではそうした設定です。「回転ドア」

を通ると、正物質が反物質に変わります。でも、「順行世界」の車も「逆行世界」の車も、同じ正物質の地面を走り、同じ正物質の空気を使います。ならば、「逆行世界」の車が正物質の地面と正物質の空気中を走った瞬間に、広島原爆の数億個分のエネルギーを出して対消滅します。つまり地球が消滅するほどの大爆発を起こします。

だから、カーチェイスを見た瞬間に「ありえない設定」だと分かります。ありうるとすれば地面が正物質でも反物質でもない「中物質」でできている場合です。同じことはヒトにも言えます。同じ理由で「逆行世界」のヒトが「順行世界」で着用する防護服も「中物質」でできていなければなりません。

でも、「中物質」は理論的に存在できず、観測的にも存在しません。だから、徹頭徹尾「ありえない設定」なのです。そんなことは当たり前で、物理学的にあり得るかという問答は無意味です。だって映画なんだから(笑)。そうではなく、「順行世界」と「逆行世界」の間に物性物理が統計熱力学の世界にも前提とするような対称性が存在するとしたら……という反実仮想によって成り立つ世界を、想定した映画だと考えるべきです。

こうして全ての謎解き問答をクリアできます。実は問題はそこから始まります。そこから始めないと、作品の本質をカスることすらできません。ノーラン監督は『TENET』のインタビューで、20年前に着想したと言います。つまり『メメント』(2000)の制作時です。とすると、彼にとっては謎解き問答なんてどうでもいいことがますます分かります。

「順行世界」「逆行世界」に隅々まで対称性か存在する。これはヒトが順行から逆行へ、逆行から順行へと、自分が生きる「時間の矢」を変えられたら、どんな自明性が失われ、代わりに何が与えられるのかという問いを立てたということです。自分が「前向性健忘症」になったら、どんな自明性が失われ、代わりに何が与えられるのか、という問いと同種ですね。

対称性が存在するだけで、森羅万象が物性物理的な決定論的時空になります。エントロピーや防護服云々はオカズに過ぎません。さて、決定論的時空があるとして、ニールという男が逆行して、名もなきプロタゴニストに会いに来て、順行に戻って行動を共にする。まず、これに気づけるかどうかがポイント。逆行して過去に戻り、そこから順行できるのであれば、未来を変えられるじゃないか、という疑問が直ちに浮かぶからです。

むろん変えられます。でも「変えない」んですよ。ニールは、既に作られた歴史の上に出てくる未来から逆行してきた上で、順行する人間と共に「未来にあるはずの歴史」を「なぞるように作る」んです。そうしないと「未来にあるはずの歴史」が消えてしまうからです。つまり、歴史は一部の人間たち——ニールなど——による意図的な「ループ」によって支えられているのだという訳です。例えば、ニールがループすることで、歴史の時空が一部ループします。つまり、「一人の男が、予定されていた行動をなぞる」ことで、「あるはずの歴史を、歴史がなぞる」のです。ニールに呼び掛けられて、主人公も同じミッションに邁進することになります。その結果、この宇宙が一つの宇宙であり続け、パラレルワールド（平行宇宙）に分岐しないで済むのだという訳です。実に奇妙な話ですよね。

数々の作品と共有する、ギリシャ的世界観

ダースレイダー——あくまでこういった世界観を描くためのあれこれの装置であって。ニールは逆行してきて、順行に戻り、また少し逆行して……というう中で、最後にまた逆行していくところで、彼のある種の構えというか、覚悟が見られます。最初に出てきたときのチャラいイメージから、「え、そんなに立派な人なの？」という印象に変わっていきます。

宮台――そこがこの映画の「言いたいこと」に関係するだろうと思います。物理学を離れるために宇宙を世界と呼びましょう。ニールは逆行と順行を繰り返します。なぜか。「世界は一つでなければならないから」です。だから、例えば未来人から見て、ある時点で死んだことによって歴史を作ったニールは、歴史を正確になぞるためには、死ななければならないと思う訳です。

奇妙な話と言ったけど、そこが物語上の最大の難点に見えます。そんなことがあり得るのかと。ところが、あるモチーフで釣り合いを回復するんです。それが「倫理」です。ニールは、物語的にはお笑いに見えるけれども、未来人から見て死ぬことになっている時点で、きちんと死ぬことを決断する訳です。なぜか。それを考えるには、蓮實重彦が「映画は所詮は荒唐無稽」と言うように、物語の荒唐無稽さに白けてはいけないんです。

その「なぜか」が倫理です。巷では、主人公との友情のために死んだと言われています。全く不正確です。あり得ません。「記録によれば」主人公との友情のために死ぬことになっている自分を、なぞって死んだんです。それだけが正解です。その部分が無限ループになっています。ループは論理的に見て無限に回ることに注意して下さい。但し「記録をなぞる場合」に限り回る。つまり、「記録」は、なぞることで同じ「記録」であり続ける訳です。

「起こるはずの未来を、意志してなぞる」というモチーフは、ドゥニ・ヴィルヌーヴ監督の『メッセージ』（2016年）に既にあります。主人公の言語学者ルイーズは、「その男と結婚すれば、やがて離婚し、産まれた娘も12歳で死ぬ」ことを、予知夢を通じて知っています。「だから」その男と結婚した。なぜか。「そのことを知っている自分」だけが自分であり、「自分が自分であり続ける」ためです。

「自分が自分であり続ける」覚悟を貫徹するには、自分史が変わってはならないのです。皆さんも自分を振り返って下さい。過去の不幸があっての自分でしょう。その不幸を除去したら「今の自分」は消えてしまいます。社会システム理論には、倫理は「貫徹への意志」。進化生物学的には、倫理は「悲劇の共有」から生まれた共同体的存続機能の柱です。両方を結合すると、「自分が自分でなくなれば、皆はどうなるのか」という配慮を発見できます。

ダースレイダー――僕がニールに感じたのは、宮台さんがゼミでよく言っているギリシャ的な生き方です。つまり、自分の結末というものが規定されているがゆえに自由であり、生きることに価値があるんだという生き方をニールはしている。未来に何があるか分からないから、人は守りに入り、右往左往するような生き方をしてしまう。未来に何があるかということを受け入れている人ほど、そのときが来る瞬間まで、自分の価値観に従って生きることができるという対比があります。

宮台――そこが非常に面白いところです。未来が未規定なものだから右往左往する。それが僕らの生き方です。それをエジプト的――ヤハウェ信仰的――だとして軽蔑したのが初期ギリシャ。これをしたら死ぬかも、あれをしたら負けるかも、みたいな条件プログラム――if - then文――を退け、「だからどうした！　やらねばならぬことをやるだけだ！」とね。

そこには、if - then文を取り揃えようとする主知主義に対する、端的な意志を尊重する主意主義があります。未来が未規定だとする僕らの考え方とは対照的な、未来は過去の反復であらねばならないという構えがあります。つまり、右往左往ならぬ、覚悟があり得ます。だから、線分的な時間観とは対称的な、循環的な時間観があります。出ました！　ループ！

そう。文字通りのループを描く『TENET』には、『メッセージ』と同じギリシャ的世界観があります。SFだけじゃない。マヤ暦にその構えを色濃く残すアマゾン先住民を描いたシーロ・ゲーラ監督『彷徨える河』（２０１５年）やNetflixオリジナルドラマ『グリーン・フロンティア』（２０１９年）も同じです。そこには、社会意識論的な――つまり作品間の影響関係とは異なる――同時代性があります。（ちなみに対談収録後に公開されたアニメ映画『劇場版「鬼滅の刃」無限列車編』（２０２０年）も同じ地平上にある）

『メメント』の「僕らは記録に〈閉ざされて〉いる」という感覚が、学問的先端の「存在論的転回」と共振するように、初期ギリシャ的な「条件プログラム」を否定した覚悟＝目的プログラム」を愛でる社会意識論的な同時代性が、映画の外にも拡がっています。その一つは、文明開始後の高度な占いが、フォーチュンテリング（未来の予言）ではないとする主張の拡がりです。

それによれば、西洋占星術やマヤ暦は「出来事の予測」ではなく、過去・現在・未来を貫徹する「型の反復」を告げるものです。だから、「右往左往」ではなく「覚悟」を推奨します。僕が解説を寄せた西洋占星術専門家・鏡リュウジさんの『占いはなぜ当たるのですか』（２００２年版以降）や、僕のゼミにおられるマヤ暦専門家・弓玉さんの一連の発言がそれを告げています。

ダースレイダー――つまり、「覚悟せよ」ということですね。例えば、『ターミネーター』（１９８４年）では、未来から過去にターミネーターを送り込み、ＡＩが支配している世界の歴史を変えようとする。同じくＳＦ作品で、時間が大きなテーマになったものでも、『TENET』とは実は全く違うということですね。

『TENET』の未来人は覚悟をしている人たちだから、何も変わらないという前提で順行世界で生きていて、先にはもう何もないということが分かっているから、逆行するしかないという発想になっている。それは、同じ世界を逆に生き直すという話であって、未来の状況を変えるためではない。これは作中で説明されていませんが、非常に重要なことだと。

宮台――そう。主人公が、ニールに「お前は誰の指令でやってきたか」と尋ね、「未来のお前だ」と言われた時にも、未来の指導者になるのをやめるという選択肢が与えられている。しかし、倫理的な決断に於いてそれをしないんですね。「指令を受けて過去に何年もかけて逆行した後に順行すれば、必ず死ななければいけないのだ」と分かっていても過去に赴くニールと同じです。

ダースレイダー——本来はそこで右往左往して、「未来の俺が送り込まなければ、ニールは死なないじゃん」と考えてまごまごする、ということがあり得ますが、主人公に名前がなく、最初からある種、人を超える存在であるという含みを持たされているというか、俗人ではできないことができる、一神教世界における預言者のような役割を与えられているのではと。

『TENET テネット』と『メメント』の主人公の対称性

宮台——そう。本人の望みにかかわらず「油を注がれた＝冠を授けられた」存在という意味ではむしろメシアに近いかもしれません。そこで注目したいのは、主人公には名前がないだけでなく、過去の来歴も分からない点です。ある種の空洞つまり特異点なんですよ。主人公を演じているジョン・デヴィッド・ワシントンも、何とも掴み所がなくて覚えにくい顔でしょう（笑）。

これは考え抜かれた末に、それしかないと選ばれた設定だと思います。過去の来歴がある人間は、それに拘束されて行動するからですね。例えば、イエスも来歴がよく分からない存在でしょう。考えてみれば、いかに勇敢でも、過去のトラウマチックな記憶ゆえに「これだけは耐えられない」とパニックを起こすことが、人間にはあり得ます。その可能性を消すためには、主人公の名前と過去を消すしかないんですよ。これは意味論的な必然です。

もっというと、主人公には記憶の痕跡が感じられませんね。『メメント』の主人公は「過去は覚えていても、今を覚えられない」という意味で、過去（妻に関わるトラウマ）だけを生きます。『TENET』の主人公は、逆に「今を覚えていても、過去の記憶が感じられない」という意味で、現在（ニールの指示による任務）だけを生きます。そこに、かなり重要な対称性があると思います。

過去に拘束されずに自由に決定できる存在は、全能の存在で、神に近いのです。通常なら、過去を記憶する倫理的な存在であるニールが主人公でもいいでしょう。でも、過去を背負うという意味での存在感があり過ぎて、ニールは神にはなれないのです。実際、神にはトラウマがないでしょう（笑）。だから、この映画の主人公に相応しくないのです。これも意味論的な必然です。

さらに展開して、僕らの一部がなぜ倫理的なのかを考えます。進化生物学的には、過去に「悲劇の共有」があり、それを「忘れない」がゆえに、未来永劫「皆を裏切らない」と決意することが倫理の起源です。そうした存在が一部にいることで、集団生存確率が上がり、個体の生存確率が上がり、僕らが生き残ったのだとね。その意味で、名もなき主人公が提示する倫理は、過去の記憶の不在ゆえに「悲劇の共有」との結びつきがあり得ず、異質だと感じられます。つまり、由来が不明の倫理なのです。映画史上、特筆に値することだろうと思います。

ダースレイダー――例えば、ニールが主人公に、未来で好きだと知っているダイエットコーラを勧めるが、そこで勧められたから好きになったのだ、と分かるシーンがあります。同様に、主人公の倫理観にも出発点があり、それが、後に経験する拷問も含めた一連の記憶であり、それが未来のニールを派遣することにつながっていることを考えると、「悲劇の共有をもとにした行動原理を組み立てる」

という意味で、人間に倫理が生まれる過程を描いている、という解釈もできると思いました。

宮台――その解釈もあり得ますが、十分に説得的ではありません。なぜなら、拷問は「個人的な悲劇」で、家族や仲間を見殺しにしたといった「共同体的な悲劇」ではないからです。主人公は、その意味での大きな悲劇を、作劇上少しも経験していない。少なくとも観客には最初から最後までまったく分からないままなんです。

今回の映画では、ノーランは夫妻で制作をやり、自分で脚本を書いて監督しています。つまり制約がなく、ブレーキがない暴走状態で、映画を作っています（笑）。つまり「大人の事情」で描けなかったことなんてないんですね。だから、こうした人物造形や世界設定――不可解で根拠のない倫理――に納得して描いているはずです。ノーランが、メシアに似た「過去に拘束されない存在」の像を、敢えて描き出したかったのだと思います。

普通なら、主人公が倫理の獲得に至るプロセスが作劇上のポイントになるのを、敢えてすっぽり抜かすので、実に不可解に見えます。それゆえ『TENET』の世界では、事実上は存在することが不可能な存在として、プロタゴニストが描かれていることになります。だから、ダースさんが言うように神に近いのです。神とは「存在することが不可能なものの存在」だからです。「存在できないものを存在させている」という点にノーランの意図的な戦略があるだろうと思います。

ノーランが描いた、〈閉ざされる〉場合の二つのパターン

ダースレイダー――そうすると、ジェネシス（創世記）的なものだという捉え方もできますか？

宮台――まさにそう思います。ニールは、存在をイメージできる存在。プロタゴニストは、存在をイメージできない存在。ニールは、自分をループさせることで、歴史をループさせる存在。プロタゴ

ニスト、ニールによってループする時空を与えられ、ニールの求めに応えてループ終了後の歴史を切り開く存在。想像可能なニールの「委ね」と、想像不可能なプロタゴニストの「引き受け」の、組み合せ。それが「呼び掛け」と「呼応」という関係になることで、ループを完成させ、ループ後の時空を創造する。天を支えるヘラクレスみたいな、少し複雑なジェネシスです。

二人は対照的だけど、共に「記録された通りに歴史をなぞる覚悟」を貫徹する「ありえない存在」です。ここに『メメント』との対照が見出されます。『メメント』の主人公も、『TENET』の二人も、「記録」に〈閉ざされて〉いる点では「全く同じ」です。でも『メメント』の主人公は、起点での「記録」の捏造を除けば、自動的に「記録」に〈閉ざされ〉てしまう受動的存在です。それに対して『TENET』の二人は、覚悟によって不断に「記録」された歴史をなぞり続ける——〈閉ざされ〉を意志し続ける——能動的存在です。

この共通性と対照性を思うにつけて、ノーラン監督は、「記録」に〈閉ざされる〉場合の二つのパターンを、2000年の『メメント』製作時に同時に思いついたんじゃないかと思います。利己的に〈閉ざされる〉能動的受動パターンを『メメント』で描き、利他的に〈閉ざし続ける〉受動的能動（＝中動）パターンを20年後に『TENET』で描いた。実際、ある時点からの『TENET』の未来は、結果的にプロタゴニストが作るのです。彼が「アルゴリズム」（全時空逆行装置）を未来人に渡さず、世界全体を逆行させる未来人の企てを阻止したことで、その後の人類が逆行なしにまっすぐそのまま進むことになったんですからね。

ダースレイダー——プロタゴニストがいなければ、逆行世界になって今の世界はなかった。また、彼は未来の自分がした計画に受動的に反応しているだけで、都度都度の選択で物語が展開していくという、普通の映画の主人公ではまったくない。

宮台——それが受動的能動＝中動です。『メメント』

との比較では、『メメント』の主人公の起点に能動がある受動的〈閉ざされ〉に対し、『TENET』の主人公は起点に受動がある能動的〈閉ざし〉の構えを継続します。具体的には、ニールを通じて提示された「記録」をひたすら機械のようになぞる――恣意的選択をしないという選択（覚悟）を続ける――。なぜ『TENET』の主人公は、「能動態」ならぬ「受動的能動＝中動態」なのか。

このありそうもなさを理解するには、ナチスをルーツにした「ディープ・エコロジー」の残響を聴く必要があります。ディープ・エコロジストは、ガイア（地球生命圏）を守るには、人間中心主義を脱し、人類が今すぐ核戦争を起こして真っ先に絶滅するべきだと考えます。こうしたナチス的な思考の、どこが適切で、どこが不適切なのかについて、「料理の人類学入門」というプロジェクトで隅々まで話しましたが、とても込み入った議論です。

だからここでは再説しませんが、環境問題で生き残れなくなった未来人による「全時空逆行によって、環境問題の「犯人」である過去の人類を窒息で絶滅させた後、全時空逆行を続けて順行と等価になった世界を新たな構えで生き直す」という企てが失敗したことが、善いのか悪いのかが未規定だという点に、細心の注意をする必要があります。だからこそ主人公には「善だから選択する」という能動的構えがないんです。主人公はむしろ「暗黒のメシア」かもしれないという話です。

ダースレイダー――そう。未来人が悪なのかどうかという記録はないんですよね。未来人が困っているというのも想像上の話で、つまり、こういう計画で時間を逆行しているということは、彼らが暮らす未来の地球環境などが相当酷いことになっていて、賭けに出たのだと。

しかし、その計画がどのように意思決定されて、どれくらいの人口規模で行われていることなのか、などの情報は、あえてブラックボックスに入れてある。要するに、プロタゴニストが行ったことが、長い目で見て善なのか、人類のために、地球のためになったのかということに関しては答えていない。

宮台――それを極端に言えば、「今の人類」を救うことが「未来の人類」を死滅させる、即ち「今の人類」を死滅させることが「未来の人類」を救う、という設定です。未来人は、ディープ・エコロジストと同じで、地球環境を長期に持続可能にして人類や動植物の子々孫々を繁栄させるには、「今の人類」が死滅するのがいいという発想をしていることになります。それをどう評価すればいいのかということです。

僕らには飽くまで「たまたま」ナチスの記憶があり、「ナチスは人道的に酷いことをした」と頷き合えるので、互いに人間中心主義的に頷き合って、ディープ・エコロジーを倫理的な迷いもなく否定できます。しかし、それは、未来の人類と動植物が被る惨状を「悲劇として共有」できない――敢えてしない――がゆえの浅はかさかもしれません。こうした設定の未規定性について、ノーラン監督は、敢えて善か悪か決めずに、オープンエンドにしています。これは深過ぎる問題です。

『TENET テネット』は果たして〝ハッピーエンド〟か

ダースレイダー――例えば、コロナ禍で大気汚染が非常に下がった、ということが明らかになりましたね。

宮台――気候変動枠組条約のパリ協定（２０１５年）に基づいて、年間7％以上の温室効果ガスを削減しないと、気温上昇を2度以内に抑えられないとしていますが、コロナ禍でやすやす達成されました。もしかすると新型コロナは、中国ではなく、逆行してきた未来人が、順行に転じてバラ撒いた可能性があります（笑）。むろん冗談ですが、ウィルス禍で人間が活動を抑制すれば、地球温暖化が止まることが、図らずも「記録」に残り、それはもう取り消せなくなりました。

さっき紹介した『表象は感染する』という本の、タイトル自体で著者スペルベルが示したように、「記録」とは、真実であれ捏造であれ、それを前提に行動せざるを得ないもののことです。今回全世界的に共有されたコロナ禍の記録は、その意味で文明史的に重要な転機になります。中でも、思想や哲学の界隈で生じていた脱人間中心主義&存在論的発想が共に先鋭化し、従来タブーだったディープ・エコロジー＝極端なエコロジーに、親和的な発想が出てくるだろうと思っています。

この発想に従えば、未来の人類と動植物を死滅と苦しみから守るためには、「今の人類」を苦しめるコロナ禍が起こったのは、むしろタイムリーな福音です。僕にもそういう思いがあるくらいだから、ノーランにもあるはずです。だから、「今の人類」の苦悩と「未来の人類」の苦悩のどちらを取るか、というオープンエンドな問いを投げかけたのではないかと思います。いずれにせよ今後は、倫理ゆえに「今の人類」の9割を死滅させる「善なるマッド・サイエンティスト」が描かれても不自然じゃなくなりました。

それを含めて、『TENET』には、敢えて踏み込んでいない生煮えのモチーフが山のようにあります。スピンアウトを作るとしたら、『スターウォーズ』シリーズみたいに何作も作れるはずです。そんな潜在的にヤバイ映画に対する扱いが、単なる「謎解き」のゲームに終始してしまうのは、残念です。だから今回話させていただいているんですね。さて、ここで、この映画が潜在的に提起した最も重大な問いを、敢えて言葉にすると、「人類が意識的に文明を放棄することはあるか？」です。

ダースさんが参加しておられるので御存知のように、僕がゼミでよく話すのは、スペインによって滅ぼされたアステカ文明と違って、紀元3世紀から紀元9世紀まで大規模に繁栄した古代マヤ文明（古典期マヤ文明）が、なぜ忽然と消えたのかということです。疫病説・内紛説・気候変動説など五種類ほどの仮説が提示されているけれど、文明の高度さや大規模さに鑑みて、どれも決定的というには程遠い状態です。

マヤ暦を含め、マヤ的な「森の哲学」を最近まで継承してきた先住民たちの存在——シーロ・ゲーラ監督の『彷徨える河』が描くように今それも死滅しようとしているのだけれども——を考えると、どうも人が死滅したという訳じゃなくて、文明＝大規模定住だけが放棄されたようにも見えるんです。僕のロマンチックな仮説は、「人々が、明確な倫理的理由があって、意識的に文明を放棄したのではないか？」というものです。

文明の放棄に社会成員が合意しようもないとすれば、指導者層の賢者たちがが文明を終わらせるボタンを押したのかもしれません。とすると、そうしたことが実は過去にも他の高度な文明で行われてきた可能性があります。ならば、僕らも、後の人類文明の障害となるのを避けるべく、敢えてマヤ文明のごとき——ムー大陸やアトランチス大陸のごとき——遺構となることを選ぶという選択肢が、視野に入って来ざるを得なくなります。

なのに、そこは今までのSF映画ではきちんと描かれたことがありません。むしろ「今の人類」が消滅することは悲劇だという定番の前提で、最近の作品でさえも作られ続けてきています。そんな中で、クリストファー・ノーラン監督は、『TENET』において、これから描かれるべきSF映画へのジョイントとなるような未規定なものを、わざと作ったという可能性があると思うんです。僕がノーランであれば、確実にそれを意図します。

ダースレイダー——つまり、これで人類は救われた、ハッピーエンドだ、ということではないかもしれないという含みが重要で、そこに可能性があるということですね。

『TENET テネット』のフェティシズムを堪能する

宮台──そう。多くの人が頭を悩ませる「謎解き」には、暇潰しの楽しいゲームという以上の意味はありません。所詮、映画は荒唐無稽なものだし、言葉も幾らでも荒唐無稽に使えるものだから、「謎」を言葉で補おうと思えば、幾らでも補えるけれど、ノーラン監督は「死ぬまで謎解きしてな、本当の恐ろしい謎はそこにはないんだよ」と思っているんじゃないかな（笑）。

ダースレイダー──まあ、作った側にしてみれば、そこまで面倒見る必要もないから（笑）。

宮台──古い話だけど、リドリー・スコット監督『ブレードランナー』（1982年）に七つもバージョンがあることから僕らが理解したのは、映画の結末は、編集権を握るプロデューサーがちょっといじるだけで、どうとでもなること。それが示しているのは、巷で話題になりがちなプロデューサーとの確執問題というよりも、むしろ監督自身にとって「大人の事情」を含めたいろんな要因で結末をどうとでもいじれるということですよ。

それを知ってから、僕がやるようになったのは、映画のハッピーエンドを、頭の中で想像的にバッドエンドにしてみることです。すると途端に、映画に潜在していた見えない可能性が、一挙に顕在化するんですね。今回の『TENET』でもやってみたところ、ドラマツルギーは破壊されますが、映画の設定が抱える倫理的な未規定性──「今の人類」は善か悪か／未来人は善か悪か──が顕在化することになりました。

さて、ここからは別の話題です。『メメント』を最初観た時、「何か凄いものを観た」と思ったけれど、何が凄いか分からなかった。だから当時3回観直して、凄さを理解していきました。僕が150回以上観た『殺しの烙印』（1967年）もそうだけど、何となくカッコいいなという享楽を感じた映画を、繰り返し観ると、いつの間にか主人公のジェスチャーや台詞を真似しているんですね（笑）。この段階で、主人公の存在形式が美学的に感染しています。実は、ストーリーや設定とは別に、そこから伝わる世界観が確実にあるんですよ。

ノーランの映画もそうです。『ダークナイト』（2008年）の事実上の主人公ジョーカーを演じたヒース・レジャーは、たね。ジョーカーを演じたヒース・レジャーは、恐らくこの感染から染まった世界観から逃れられずにオーバードーズして死にました。『TENET』も、ストーリーや設定で語れる抽象水準とは別に、美学的なものを提示していると感じます。三島由紀夫に従えば、「美的」とは見掛けの美しさですが、「美学的」とは、見掛けが醜くても、内側から生きられた構えに感染できることです。

ダースレイダー——まさに、ストーリーではないところで火が降ったり、世界観を締めるという観点は、『TENET』を観る上で非常に重要だと思います。特に一度目に観るときは、ストーリーがどうだではなく、「うわ、凄えな」という体験を味わえばいい。物語の解釈やネタバレみたいなものは、この映画においてはあまり重要ではない、ということが重要な気がしてきます。

宮台——そう。美学的な感染は、必ずしも規範的構えに限られず、フェティシズムでもあり得ます。それで言うと、黒沢清さんに先日『スパイの妻』のインタビューをしたのですが、彼の映画には映写機を回すシーンがよく出てきます。それが今作でも非常に重要な役割を果たしていました。そこで「なぜいつも映写機が出て来るんですか？」と尋ねたところ、映写機を回すとワクワクしませんか、と。実にいい答えなんですね。

僕は黒沢監督とほぼ同世代で、小学校の社会の時間などに16ミリフィルムのドキュメンタリーの映写を何度も経験してきているので、本当によく分かります。同じことがノーランにも言えるんじゃないかな。『メメント』と『TENET』に共通したフィルムの逆再生——典型的には落として割れた花瓶がもとに戻る映像——は、子供なら誰でもめちゃくちゃ喜んだものですよ。

ダースレイダー——カッコいい、すげえなって。

宮台――そう。僕は、逆回しがカッコよく見えるというフェティシズムから見えてくる世界観が、あるんじゃないかと思っています。それを言葉にするのは難しいけれど、敢えて言えば、「世界はどうとでもあり得る」という感覚かもしれません。映写機が回るだけで眩暈がするほどワクワクしてしまうのは、そういうことじゃないかと思っています。

黒沢清が映写機に感じるようなフィルム的なものへのフェティッシュが、ノーランにもあります。つまり、「なぜ逆回しで見せるのか、実は物語的に言うと……」じゃなくて、「逆行自体が何かカッコよくない？」というフェティシズムが間違いなくあります。僕は、物語や設定から浮かび上がる世界観だけでなく、フェティシズムから浮かび上がる世界観も、確実にあると思っています。例えばマゾにはマゾなりの世界観があるんです。実際、「謎解き」に知恵を絞るよりも、「逆行シーンを撮りたかっただけ」と考えると愉快になりませんか？

ダースレイダー――実際、『TENET』は防護服をつけて逆行時間を進むシーンとか、順行と逆行が入り交じったカーチェイスとか、何が起こっているか分からなくても、映像的にとにかく凄いことが起こっているという快感があります。

宮台――そう。そういうワクワク感は、圧倒的に『メメント』を超えていますよね。だって、あんなカーチェイスを、フィルムに対するフェティシズムが病気の域に達しているノーラン以外に、誰が思い付きますか（笑）。彼が長らくフィルムでの撮影にこだわりつづけてきたのも、映像効果もあるでしょうが、単にフィルムを回すと眩暈がするからだと僕は思っています（笑）。

そういうヘンテコな映画は、最近少なくなっちゃいましたね。日本だと大林宣彦監督がその意味でヘンテコでしたが、先日亡くなっちゃいました。素人8ミリフィルムみたいに、タイムラプスやオーバーラップや唐突なジャンプショットを使いまくるという。とてもステキでした。実は、僕はヘンテコな映画であるほど好きです。自分が8ミリ映画を撮っていたからかもしれませんがね。

ダースレイダー——全体としては何が何だか分からないが、映像としてワクワクするし、面白い。そういう受け取り方も大事にしたいですね。

あとがき

鑑賞の現状

東日本大震災後のこの10年、ゼミで映画を素材にしてきた。目的はクオリア(体験質)の提供だ。なぜクオリアか。理由は、感情の働きをゼミの主題に据えるからだ。この10年間、多くの映画作品と同様「感情の劣化」を主題にゼミをしてきた。損得を超えて思わず行動する感情的働きが、人ならぬシステムへの依存の自明化で失われるのが「感情の劣化」である。

だが「こういう因果連関や機能連関で人々が感情的に劣化した」という言葉を理解するだけでは「感情の回復」に向けて動機づけられない。「劣化以前の豊かな感情の働き」なるものが体感できなければならない。それが難しくなった。実際「仰言ることは理解できるが実感はない」という学生が目立つようになった。だから体感ツールとして映画を使うのだ。

実践を通じて二つの傾向に気づいた。若くなるほど「物語的思考への傾斜」と「言語的理解への傾斜」が著しくなるのだ。物語的思考の対極に神話的思考がある。物語的思考は本文で述べた通り「ああなったからこうなった」という条件プログラムで、時間性が優位する。他方、神話的思考は「そもそも世界はそうなっている」とする非時間的な存在論だ。

言語的理解への傾斜も、物語的思考への傾斜と並ぶ〈閉ざされ〉だ。「言葉の自動機械」である。言語的理解の主体は人というよりも社会。ラカンが「大文字の他者」と呼ぶ。本文で述べた通り、人間関係ならぬシステム（市場と行政）に過剰依存させる流れが、ある種のクオリアの喪失によって「言葉の外」の抑圧を帰結、「言葉の自動機械」を再生産している。

鑑賞の背景

物語的思考と言語的理解への〈閉ざされ〉が映画リテラシーを低下させる。具体的を挙げると「パケット化」と「早送り・倍速化」だ。パケット化とは、SNSをやりながらテレビを視る「ながら視聴」に慣れた受け手に適応して5分毎にお土産を受け取れるような作りになること。時間差のある伏線を理解するための持続的集中力を失った受け手が増えた。

早送り・倍速化は、そうした持続的集中力を失った受け手がNetflixなどで観る際にやる営みだ。最近Netflixが早送り化（10秒進める）に加えて倍速化（1・5倍速など）をデフォルトで実装した。危惧してきた流れだ。数年前からラジオで話してきた通り、僕は倍速視聴した後、観るに値すると判断した作品は例外なく等速視聴する。いい作品には等速視聴が必須だからだ。

パケット化と早送り・倍速化が物語的思考と言語的理解への〈閉ざされ〉を支援する。加えてそれを加速するのが「映画館で観なくなること」。映画館での映画体験は、映画館という非日常的な空間性と、わざわざ映画館に出向くという時間性を伴う。前者の非日常性と後者の助走過程によって、普段働かない感覚への〈開かれ〉がもたらされる。それが失われてきた。

危惧してきた傾向が昨今のコロナ禍によって更に加速されている。それによって映画リテラシーの低下が目を覆う程の惨状になった。これを単に受け容れてしまえば、映画体験を通じてクオリアを〈開く〉というゼミなどでの営みも実効性を失う。ここで初めて明かすが、僕の映画批評は、当初からこうした傾向に抗う教育的実践を明確に意図している。

鑑賞の処方箋

僕が映画批評を始めたのは25年前だが、その頃から興業側にポストトークならぬプレトークをさせてくれと御願いしてきた。既に物語的思考と言語的理解の内側に〈閉ざされた〉観客は、かつての物差しでは名作であっても「よく分からない作品だった」との思いを抱えて映画館を出る。実にもったいない。僕の経験ではプレトークがこれに抗う有効な手法になる。

実践例を話す。青山真治監督の名作『EUREKA　ユリイカ』（2000年）の10分間のプレトークでは、「主人公の咳」と「引きの画面の多用」に注目せよと話した。咳は単なる咳ではない。主人公がどこから来た男か、映画の舞台に登場する前にどんな世界にいたのかを暗示する。それを頭に置いて観るだけで、映画の舞台における主人公の立ち位置が明らかになる。

引きの画面は、主人公を含む当事者への感情移入とは別に、当事者の営みやそれを強いる社会への、観客の観察を促す。映画の舞台にいる兄妹・を観察する「或る場所」から来た主人公・を観察した観客が、兄妹と主人公の関係を前提に、或るメッセージを受け取る。それを監督が期待している。そのメッセージをここでは話さないから、各自が受け取ってほしい……。

こうした短時間のプレトークで、「よく分からなかった」と語る観客は数分の一に減る。多くの観客は「言葉にできない何か」を受け取れるまでに〈開かれて〉、呆然とする。僕の映画批評はその「何か」をも言葉にするが、職業的技術の産物なので比較的周辺的なことだ。僕の映画批評はかかるプレトークと等価な〈開かれ〉を促すことを目的にもしている。

謝辞

本書は、株式会社blueprintの「リアルサウンド映画部」にウェブ連載した原稿を中心に、株式会社コアマガジンの『うぶモード』に誌上連載した原稿群の一部、有限会社編集プロダクション映芸の『映画芸術』の誌上連載した原稿群の一部、映画のプロモーション用のウェブ原稿を加えて構成した。

blueprintの担当編集・島田怜於氏、執筆作業を支えて下さったblueprintの神谷弘一氏、宮川翔氏、橋川良寛氏、『うぶモード』の担当編集・辻陽介氏、『映画芸術』の担当編集平澤竹識氏に感謝申し上げたい。特に辻陽介氏にはラカン派の理解が正確かどうかをチェックしていただいている。

なお、「リアルサウンド映画部」の原稿とプロモーション原稿は、ウェブ掲載を前提とした「です・ます調」で、その他は誌面掲載を前提とした「だ・である調」になっている。分量を厳密に制限された後者では圧縮した表現を心がける必要があったからだ。圧縮度の違いがあるので、文体を揃えずに敢えてそのままにした。

なお一部の原稿は、東京都立大学の学部と大学院の「宮台ゼミ」で話したことを取り込んでいる。映画を体験した後で、「世界はそもそもどうなっているか」という存在論的な感覚がどう変わるのか。議論の相手になって下さったゼミの参加者諸氏にもお礼を申し上げたい。他に例のない映画批評の形式（実存批評）を維持できたのは、諸氏による勇気づけにも負っている。

宮台真司（みやだい・しんじ）

1959年3月3日、宮城県仙台市生まれ。社会学者／映画批評家。東京都立大学教授。東京大学大学院博士課程修了。社会学博士。権力論、国家論、宗教論、性愛論、犯罪論、教育論、外交論、文化論などの分野で多くの著書を持ち、独自の映画評論でも注目を集める。近著に『私たちはどこから来て、どこへ行くのか』『正義から享楽へ―映画は近代の幻を暴く―』『社会という荒野を生きる。』など。

本書は『リアルサウンド映画部』（https://realsound.jp/movie）での連載「宮台真司の月刊映画時評」、『映画芸術』での連載「宮台真司の超映画考」、『うぶモード』での連載「絶望の映画史」を加筆し、再構成したものです。

デザイン協力＝水谷美佐緒（プラスアルファ）
企画・編集＝blueprint（神谷弘一、松田広宣、石井達也、島田怜於）
編集協力＝春日洋一郎

崩壊を加速させよ
「社会」が沈んで「世界」が浮上する

2021年5月14日初版第一刷発行
2023年4月30日初版第三刷発行

著者　宮台真司
発行者　神谷弘一
発行・発売　株式会社blueprint
〒150-0043 東京都渋谷区道玄坂 1-22-7 5F／6F
TEL 03-6452-5160（代表）
印刷・製本　株式会社シナノパブリッシングプレス

ISBN 978-4-909852-09-0